Die franziskanische Idee bewegt

Die franziskanische Idee bewegt

Schwester Diethilde Bövingloh
Michael Fischer

In Auftrag gegeben von der Kongregation der Krankenschwestern
vom Regulierten Dritten Regel des hl. Franziskus
anlässlich ihre 175-jährigen Bestehens

Münster 2019

Inhalt

Schwester Herbertis Lubek
    Vorwort . . . . S. 10

Schwester Diethilde Bövingloh, Michael Fischer
    Hinführung . . . . S. 12

1. Die Mauritzer Franziskanerinnen auf ihrem Weg

Schwester Diethilde Bövingloh
Das Selbstverständnis der Gemeinschaft
    Leben und Wirken der Mauritzer Franziskanerinnen . . . . . . S. 19
    Leben in demokratischen Strukturen . . . . S. 20
    Leben aus dem Geist des hl. Franziskus und der hl. Klara . . . . S. 21
    Leben aus dem Evangelium . . . . S. 23
    Leben nach den evangelischen Räten . . . . S. 24
    Leben in frei gewählter Bindung . . . . S. 26
    Leben mit einem sich wandelnden Selbstverständnis . . . . . . S. 27

Schwester Diethilde Bövingloh, Schwester Birgitte Herrmann,
Schwester Maria Sieverding, Schwester Irmgardis Taphorn
Wandel des Zusammenlebens in der Gemeinschaft
    Gestaltung des gemeinsamen Lebens . . . . S. 33
    Formation: Einführung in das Ordensleben . . . . S. 34
    Leitungsdienst in der Gemeinschaft . . . . S. 38
    Sorge für die alten und pflegebedürftigen Schwestern . . . . . . S. 41

Schwester Diethilde Bövingloh
Internationale multikulturelle Gemeinschaft
    Ausbreitung der Kongregation . . . . S. 49
    Struktur und Organisation der Gemeinschaft . . . . S. 51

    Verankerung in der Kirche und in der franziskanischen Familie S. 53
    Leben mit unterschiedlichen Sprachen . . . . S. 54
    Internationale und multikulturelle Begegnungen. . . . . S. 54

*Schwester Diethilde Bövingloh, Schwester Theodore Hofschen,
Schwester Walfriede Schlautmann*
Leben aus dem franziskanischen Geist – Die Weggemeinschaft
    Kirchliche und ordensrechtliche Verankerung . . . . S. 59
    Weisungen für die Weggemeinschaft. . . . . S. 60
    Voraussetzungen für die Mitgliedschaft . . . . S. 60
    Aufnahme und Verbindlichkeit. . . . . S. 61
    Leitung der Weggemeinschaft. . . . . S. 63
    Verwurzelung in der Ordensgemeinschaft . . . . S. 63
    Ehrenamtliche Dienste der Mitglieder. . . . . S. 63

Klaus Goedereis, Michael Fischer
Die Übergabe der Werke in die St. Franziskus-Stiftung Münster
    „Wir sind nicht Besitzer, sondern die Verwalter". . . . . S. 68
    Die Stiftungsurkunde . . . . S. 70
    Weiterführung des Auftrags. . . . . S. 71
    Gemeinschaftliche Gestaltungsaufgabe . . . . S. 76

*Schwester Diethilde Bövingloh, Schwester Hannelore Huesmann,
Schwester Birgitte Herrmann, Schwester Maria Magdalena Jardin*
Neue Orte der heilenden Gegenwart
    Rückbesinnung auf die Wurzeln . . . . S. 83
    Hospizarbeit für Menschen mit AIDS in Berlin. . . . . S. 84
    Ort des Gedenkens und Erinnerns – Kloster Esterwegen . . . . S. 87
    Mit-Leben in der Stadt Kiel . . . . S. 90

Schwester Diethilde Bövingloh, Schwester Herbertis Lubek
„Neues wächst …"
    Impulse aus dem Provinzkapitel 2013 . . . . S. 95
    Einsatz für die Menschenrechte. S. 96

    Erweiterung des pastoralen Dienstes . . . . S. 97
    Zusammenarbeit mit anderen Ordensgemeinschaften . . . . . . S. 98
    Interfranziskanischer Konvent in Münster . . . . S. 98
    Begleitung und Leitung der Elisabeth-Schwestern in Essen . . . S. 99
    Das Mutterhaus im Spiegel der Ordensentwicklung S.101
    Projekt 2000-X S.101
    Neues wächst … S.102

Michael Plattig
Die Mauritzer Franziskanerinnen im Zeichen des Tau
    Das Tau bzw. Taw S.107
    Franziskus und das Tau-Zeichen S.108
    Zingulum mit Knoten S.109
    Ordensleben S.110
    Die Evangelischen Räte S.111
    Geist des Gebetes S.118
    Individuum und Gemeinschaft S.119
    Gelübde S.120
    Leben im Zeichen des Tau S.122

Niklaus Kuster, Martina Kreidler-Koos
Ein theologisch-literarisches, fiktives Gespräch
    Franz von Assisi im Gespräch mit Elisabeth von Thüringen
    über die Mauritzer Franziskanerinnen S.125

2. Die franziskanische Idee wirkt weiter

Cornelius Bohl
Spannende Vielfalt – Zur Aktualität des franziskanischen Charismas heute S.137
    Spannende Lebenserfahrungen S.138
    Ein spannendes Weltverhältnis S.140

Eine spannende Gottesbeziehung S.143
Eine spannende Kirche S.146
Eine aktuelle Einladung für heute: Spannungen fruchtbar
machen S.149

Annette Kehnel
Zur Aktualität der Franziskanischen Armut
Freiwillig arm – der neue Trend des 21. Jahrhunderts? S.153
Freiwillig arm – frivol angesichts der dramatischen Not
der unfreiwillig Armen?. S.154
Die freiwillige Armut der franziskanischen Bewegung. S.155
Zur Rolle der Franziskaner in der Kultur- und Wirtschafts-
geschichte der freiwilligen Armut S.156

Udo Friedrich Schmälzle
Orden und ihre Werke
– Fragmente einer Positionsbestimmung S.165
Ordenseinrichtungen im Transformationsprozess S.166
Profilierung caritativer Einrichtungen in der säkularen
Zivilgesellschaft. S.168
Die spirituellen Herausforderungen bleiben S.170
Der Weg von Franziskus mit seinen Schwestern und Brüdern . S.173

Nadia Rudolf von Rohr
Sterbeprozesse und Aufbrüche in franziskanischen
Laienbewegungen. S.177
Es knospt unter den Blättern S.178
Schritte Richtung Zukunft. S.178
Schlüssel zur Zukunft S.181
Geschwisterliche Verbundenheit schafft weiten Raum. S.182
Heilende Gegenwart S.183
Wovor wir uns hüten müssen. S.186
Um ein Stück Leben reicher. S.186

Stefan Federbusch
Die Zusammenarbeit franziskanisch inspirierter Menschen . . . S. 189
    Interfranziskanische Arbeitsgemeinschaft . . . . S. 190
    Zusammenarbeit von Ordensgemeinschaften . . . . S. 191
    Kooperationen der Mauritzer Franziskanerinnen . . . . S. 192
    Interfranziskanische Projekte . . . . S. 194
    Werkstatt Zukunft Orden – Werkstatt franziskanischer
    Charismen . . . . S. 194
    Zusammenarbeit mit „Laien" . . . . S. 195
    Ausblick . . . . S. 196

Anhang

Statistische Daten von 1994 – 2019
    Entwicklung der Mitgliederzahlen . . . . S. 203
    Generaloberinnen und deutsche Provinzoberinnen . . . . S. 204
    General- und deutsche Provinzkapitel . . . . S. 205
    Niederlassungen und Tätigkeiten in Deutschland und in
    den Niederlanden . . . . S. 206
    Konvente und Einsatzorte, die zwischen 1994 und 2019
    geschlossen wurden . . . . S. 209
    Besondere Ereignisse . . . . S. 214

Glossar . . . . S. 217
Abkürzungen . . . . S. 226
Literatur . . . . S. 230
Autoren . . . . S. 234
Impressum/Fotonachweis . . . . S. 236

Vorwort

Wir schreiben das Jahr 2019!
Welche Wichtigkeit es für die Weltgeschichte, die Kirchengeschichte, unsere Ordensgeschichte und für uns selbst hat, wird die Zukunft uns und den Generationen nach uns zeigen.

Wir leben im Heute!
Vergangenes ist nicht mehr zu verändern oder neu zu schreiben, vielleicht noch gerade zu rücken. Es ist anzunehmen mit Dank und Freude, mit Bedauern und Reue. Die Zukunft ist zu erwarten mit offenem Blick, bereitem Herzen und mutiger Gestaltungskraft. Das Heute schenkt Gott, damit wir „wo immer wir sind und was immer wir tun" (Generalkonstitutionen Art. 67) glaubwürdig sein Evangelium leben.

Wir feiern 175 Jahre Kongregation der Krankenschwestern vom Regulierten Dritten Orden des heiligen Franziskus!
Wir danken GOTT, dass ER mit uns geht und uns SEINE Wege erschließt (vgl. Thema des Provinzkapitels 2017).
Wir danken Franziskus von Assisi, dessen Lebenszeugnis uns inspiriert und motiviert.
Wir danken dem Franziskanerpater Christoph Bernsmeyer, der schlicht und demütig den Ruf Gottes, der an ihn erging, in seinem Leben verwirklichte und den Mut hatte unsere Gemeinschaft zu gründen.
Wir danken unseren Schwestern, die vor uns gelebt haben und deren Herz danach drängte, Gottes Liebe weiter zu schenken an arme, kranke und Heil suchende Menschen in unserem Land und Kontinent und über deren Grenzen hinaus.
Wir ermutigen unsere Schwestern HEUTE neue Wege zu gehen: an die Ränder der Stadt, zu den Hungernden, den Verzweifelten, den Ausgestoßenen, den Geächteten, zu denen, die niemand haben will, zu unseren von Gott geliebten Schwestern und Brüdern.
Wir laden alle ein, die mit uns Heute und in Zukunft die franziskanische

Idee engagiert leben und begeisternd weitergeben wollen für ‚Friede und Gutes' in unserer uns von Gott geschenkten Welt.

Danke an die Herausgeber dieses Buches, Herrn Prof. Dr. Michael Fischer und Schwester M. Diethilde Bövingloh, und an alle Autorinnen und Autoren, die daran mitgewirkt haben. „Die franziskanische Idee lebt" ist aus Anlass des 175-jährigen Bestehens der Mauritzer Franziskanerinnen entstanden. Wir möchten Einblicke geben, wie die franziskanische Idee wirkt, wie sie Menschen inspiriert und neue Wege finden lässt: in unserer Gemeinschaft – insbesondere in den letzten 25 Jahren – und für die Welt von heute.

pace e bene

Schwester M. Herbertis Lubek

Schwester M. Herbertis Lubek, Provinzoberin

Hinführung

Die franziskanische Idee lebt und wirkt. Sie tut dies in vielfältiger Weise: in Ordensgemeinschaften, die sich in die Nachfolge von Franz von Assisi gestellt haben; in zahlreichen Einrichtungen des Gesundheits- und Sozialwesens, die sich erkennbar an ihrer Namensgebung dem franziskanischen Geist verpflichtet fühlen; im breiten Feld der Bildungseinrichtungen, die sich auf die franziskanische Inspiration und Weite beziehen. Sie wirkt bei vielen Menschen, auch außerhalb der Kirche, die den franziskanischen Lebensstil als Vorbild für ihre eigene verantwortungsbewusste Lebensgestaltung verstehen. Nicht zuletzt hat in jüngster Zeit und erstmalig das Oberhaupt der katholischen Kirche den erneuernden Impuls des heiligen Franziskus zur Chefsache erklärt.

Die franziskanische Idee lebt in der Gemeinschaft der Mauritzer Franziskanerinnen, die in diesem Jahr ihr 175-jähriges Jubiläum feiern. Die vergangenen 25 Jahre waren für die Mauritzer Franziskanerinnen eine bewegte Zeit. Sie waren unter anderem durch intensive Reflexionen geprägt, die schließlich zu einer Neuorientierung der Gemeinschaft führten. Dabei hat sich die Anzahl der Schwestern in diesem Zeitraum fast halbiert, sowohl in der internationalen Gemeinschaft als auch in der deutschen Provinz. Darauf hat die Ordensgemeinschaft in vielfältiger Weise reagiert.

Fragestellungen, mit denen die Gemeinschaft in den vergangenen 25 Jahren intensiv gerungen hat, werden im ersten Teil des Buches („Die Mauritzer Franziskanerinnen auf ihrem Weg") beschrieben. Dabei geht es beispielsweise um Überlegungen zum Selbstverständnis der Gemeinschaft, um ihr Zusammenleben, um neue Aufbrüche und um die Übergabe eines großen Teils ihrer Werke in die St. Franziskus-Stiftung Münster. Die Auswahl und die Darstellung der relevanten Themen im ersten Teil des Buches beschränken sich bewusst auf die vergangenen 25 Jahre. Diese Zeitspanne ermöglicht einen interessanten Einblick in das Ringen und

Werden der Ordensgemeinschaft in jüngster Zeit. Wer sich intensiver mit der Geschichte dieser Gemeinschaft seit ihrer Gründung im Jahr 1844 bis in das Jahr 1994 beschäftigen möchte, sei auf das umfangreiche Werk ‚Die Mauritzer Franziskanerinnen' verwiesen, das zum 150-jährigen Jubiläum der Gemeinschaft im Jahr 1994 erschienen ist.[1] Zuvor war bereits anlässlich des 100-jährigen Jubiläums des Ordens ein Werk über dessen Historie erschienen, das heute seinerseits als geschichtliches Dokument betrachtet werden kann.[2]

Den Übergang zum zweiten Teil des Buches schafft ein theologisch-literarisch, fiktives Gespräch über die Mauritzer Franziskanerinnen, das Franz von Assisi und Elisabeth von Thüringen miteinander führen.
Im zweiten Teil des Buches („Die franziskanische Idee wirkt") öffnet sich der Blick von der gegenwärtigen Situation der Mauritzer Franziskanerinnen zu weiteren Lebenswirklichkeiten und Kontexten, in denen die

franziskanische Idee heute Menschen bewegt und in deren Denken und Handeln hineinwirkt. Hier geht es beispielsweise um die Aktualität des franziskanischen Charismas, die Spuren franziskanisch inspirierter Armut heute, um die Zusammenarbeit und Aufbrüche franziskanisch inspirierter Menschen und Gemeinschaften und um eine Positionsbestimmung franziskanisch geprägter Werke.

Im Anhang finden sich statistische Daten über die Mauritzer Franziskanerinnen, die sich primär auf die Deutsche Provinz zwischen 1994 und 2019 beziehen. Sie unterfüttern die Darlegungen des ersten Kapitels.

Die Jahre zwischen dem 150- und 175-jährigen Jubiläum der Mauritzer Franziskanerinnen markieren eine bewegte Zeit, in der in dieser Ordensgemeinschaft grundlegende und weitreichende Entscheidungen gereift sind und umgesetzt wurden. Wir danken allen Ordensschwestern dieser Gemeinschaft, die aus ihrer Perspektive einen Beitrag geliefert haben. Im zweiten Teil des Buchs haben Autorinnen und Autoren ihre Gedanken und Ideen ins Wort gebracht haben, die sich mit dem Wirken und der Zukunft der franziskanischen Idee in unterschiedlichen Lebenskontexten beschäftigen. Auch hierfür bedanken wir uns sehr herzlich.

Schwester Diethilde Bövingloh, Michael Fischer

Anmerkungen

1 Frese, W. (Bearb.), Die Mauritzer Franziskanerinnen, Münster: Ardey-Verlag 1994 (Schriftenreihe zur religiösen Kultur, Bd. 2).
2 Elsner, S. (Bearb.), Die Genossenschaft der Krankenschwestern des Heiligen Franziskus von St. Mauritz-Münster, Münster 1958.

1. Die Mauritzer Franziskanerinnen auf ihrem Weg

Schwester Diethilde Bövingloh

Das Selbstverständnis der Gemeinschaft

Leben und Wirken der Mauritzer Franziskanerinnen

‚Mein Gott und Alles'[1]. Durch dieses Wort des hl. Franziskus inspiriert, haben seit 1844 fast 10.000 Schwestern, von Telgte ausgehend, weltweit ihr Leben in den Dienst der Ordensgemeinschaft gestellt. Der Franziskanerpater Christoph Bernsmeyer gründete die Gemeinschaft der Mauritzer Franziskanerinnen gemeinsam mit den ersten Schwestern, um den Kranken zu helfen, die unversorgt waren. So wurde der Krankendienst im umfassenden Sinn die primäre Aufgabe der Schwestern. Sie verstanden ihn immer als einen ganzheitlichen Dienst, der sowohl das leibliche als auch das seelische Wohl der bedürftigen Menschen einschließt. Das spiegelt sich im offiziellen Namen der Gemeinschaft wieder: ‚Kongregation der Krankenschwestern vom Regulierten Dritten Orden des heiligen Franziskus'. Dieses Charisma hat sich im Laufe der Zeit und mit den sich ändernden Herausforderungen entwickelt und erweitert. Auf die Not der Menschen haben die Franziskanerinnen immer wieder neu reagiert, ihre eigene Antwort gegeben und ihren Dienst darauf eingestellt. Inzwischen können die Schwestern den Krankendienst aus Altersgründen nur noch vereinzelt wahrnehmen. Ihre Geschichte des heilenden Dienstes wurde in den letzten Jahren mit unterschiedlichen Schwerpunkten aufgearbeitet und veröffentlicht[2], so dass sie hier nicht wiederholt werden soll. Die Verschriftlichung hilft den Mitarbeiter/innen, die den Dienst für die Mauritzer Franziskanerinnen weiter tragen, dabei, die Wurzeln ihres Handelns kennenzulernen und den Baum weiter wachsen lassen zu können.

Es lag nahe, dass Pater Christoph Bernsmeyer den Schwestern als Grundlage für ihr gemeinsames und persönliches Leben und auch für den

Dienst an den Menschen die Regel des franziskanischen Dritten Ordens[3] als Leitlinie und Orientierung an die Hand gab. Hier heißt es u.a.: „Die Lebensform der Brüder und Schwestern … ist diese: unseres Herrn Jesu Christi heiliges Evangelium zu beobachten durch ein Leben in Gehorsam, in Armut und in Keuschheit. In der Nachfolge Jesu Christi und nach dem Beispiel des heiligen Franziskus sind sie gehalten, mehr und Größeres zu tun, indem sie sie Gebote und Räte unseres Herrn Jesus Christus beobachten."[4]

Auf dieser Grundlage haben die Schwestern sich für alle verpflichtende Weisungen gegeben, die in den Generalkonstitutionen[5] niedergelegt sind. Sie haben weltweite Gültigkeit für alle Ordensmitglieder. Jede Provinz adaptiert sie in den Provinzstatuten[6] an die Situation in den jeweiligen Ländern.

Leben in demokratischen Strukturen

Das Leben nach Regeln und Weisungen ist ein dynamischer Prozess, der immer wieder reflektiert und an die Herausforderungen der unterschiedlichen Kulturen, der jeweiligen Zeit und die kirchlichen und örtlichen Bedingungen angepasst werden muss. Die Kontinuität und die Dauerhaftigkeit des Ordenslebens unterliegen dem stetigen Wandel, um lebendig, lebens- und liebenswert zu bleiben. Diskussionen darüber werden in der gesamten Gemeinschaft geführt. Sie fließen ein in die offiziellen und von der Kirche geforderten und geförderten Kapitel[7], die in regelmäßigen Abständen stattfinden. Die Delegierten werden demokratisch von allen Ordensangehörigen gewählt und bilden so die Vielfältigkeit der Mitglieder ab. Die Kapitel haben zwei große Aufgabenschwerpunkte.

1) Im Wahlkapitel werden die Mitglieder der Ordensleitung gewählt, die jeweilige Oberin, deren Stellvertreterin, Vikarin genannt und die Ratsschwestern. Gemeinsam sind sie für ihren Zuständigkeitsbereich verantwortlich.

2) Das Sachkapitel hat die Autorität, die Weisungen zu ändern und an die jeweiligen Gegebenheiten anzupassen.[8] Dort werden auch die Ziele

für die nächste Amtsperiode festgelegt, die die Leitung dann umzusetzen hat. Diese werden im Schlussdokument veröffentlicht, meistens angereichert durch einen spirituellen Text, der sich im Laufe des Kapitels aus dem jeweiligen Kapitelsthema entwickelt hat.

Die Generalkonstitutionen von 1988 enden mit dem schönen und befreienden Wort: „Legt nicht alles fest! Lebt!" und: „Unser Leben findet seine verpflichtenden Normen im Evangelium. Es ist das Fundament dieser Generalkonstitutionen, sie selbst sind eine Hilfe, gleich Franziskus den Lehren und Fußspuren unseres Herrn Jesus Christus beharrlich zu folgen."[9]

Leben aus dem Geist des hl. Franziskus und der hl. Klara

Vergleicht man die Generalkonstitutionen im Spiegel der Zeit, so ist zu erkennen, dass in den ersten Jahren der apostolische und karitative Dienst im Vordergrund standen. Die zugrundeliegende Spiritualität wurde als so selbstverständlich angenommen, dass sie nur in groben Zügen verschriftlicht wurde. Nach dem II. Vatikanum (1962-65) besann die Gemeinschaft sich verstärkt auf ihre franziskanischen Wurzeln und ihre franziskanische Tradition. Dazu hat sicher beigetragen, dass die franziskanischen Quellenschriften[10] ab 1963 durch die Franziskaner Lothar Hardick und Engelbert Grau aus dem Italienischen ins Deutsche übersetzt wurden. Gemeinsam mit Pater Kajetan Esser haben sie sie in den 1970er Jahren durch zahlreiche ‚franziskanische Rüstzeiten' bekannt gemacht. Viele Schwestern haben daran teilgenommen, um sich tiefer mit der franziskanischen Spiritualität bekannt und vertraut zu machen. Das II. Vatikanum gab auch den Anstoß dazu, einen weltweiten interfranziskanischen Dialog in Gang zu setzen, um die eigene Tradition und die franziskanische Verwurzelung der Gemeinschaften im Lichte der Zeichen der Zeit neu zu lesen und damit sie für unsere Zeit fruchtbar zu machen.

Daraus entstand als weiteres Instrument der Weitergabe das aus der Mitte der Brüder und Schwestern erarbeitete Kursprogramm ‚Grundkurs zum franziskanisch-missionarischen Charisma' (CCFMC),[11] das das franziskanische Missionscharisma neu zu beleben und die franziskanisch-klarianische Bewegung weltweit zu erneuern half[12]. In diesen Reflexions- und Arbeitsprozess haben sich die Mauritzer Franziskanerinnen intensiv eingebracht.

Das alles hatte Auswirkungen auf die Gesamtgemeinschaft. Seit 1988 wird jedem inhaltlichen Kapitel der Konstitutionen nach dem biblischen Text und einer theologischen Aussage ein franziskanischer Impuls angeschlossen. So heißt es 1988 in der Präambel: „Im Geiste des heiligen Franziskus bekennen wir uns durch die Profess zu Christus, zu einem Leben nach dem Evangelium. In seiner Liebe zur Armut und in der Hinwendung zur leidenden Menschheit war Franziskus dem gekreuzigten Christus ähnlich."[13] In den Konstitutionen von 2006 wird auch die heilige Klara mit in den Blick genommen. Sie hat uns Ordensfrauen besonders viel zu sagen. Hier heißt es: „Wir leben nach dem Evangelium im Geist des hl. Franziskus und der hl. Klara von Assisi. Sie sind uns Vorbild für ein Leben in vollkommenem Einklang mit dem gekreuzigten Christus."[14] Und später: „Franziskus und Klara suchten unermüdlich das Heil der Menschen, umfingen alle in der Liebe Gottes und scheuten weder Arbeit noch Mühe, um ihnen zu helfen."[15]

Aus dem Umgang mit den franziskanischen Quellenschriften entwickelte sich wiederum ein franziskanischer Fernkurs, der federführend von dem Kapuziner Leonhard Lehmann ofmcap erarbeitet und von der interfranziskanischen Arbeitsgemeinschaft (INFAG) betreut und verbreitet wurde.[16] Mit diesen Themen haben sich viele Schwestern intensiv auseinandergesetzt und sie in die Gemeinschaft getragen. Daraus entstanden 1989 die sogenannten Regionaltreffen. Alle Schwestern waren eingeladen, sich in regionalen Gruppen mit der franziskanischen Spiritualität auseinander zu setzen. Die ersten Mentorinnen dieser Gruppen waren Schwestern, die den franziskanischen Fernkurs absolviert hatten, den die Interfranziskanische Arbeitsgemeinschaft (INFAG) anbietet. Das Projekt kam bei den Schwestern so gut an, dass diese Gruppen in veränderter Zusammensetzung bis heute bestehen. Waren anfangs wegen der großen Zahl der Schwestern 26 Gruppen erforderlich, so sind es heute immer noch 14, über die alle interessierten Schwestern erreicht werden. Die Gruppen arbeiten inzwischen nicht mehr nur an franziskanischen Themen, sondern nehmen auch aktuelle Themen auf, die die Gemeinschaft beschäftigen. Sie bieten einen guten Raum, miteinander ins Gespräch zu kommen und die Schwestern mit den Kapitelsbeschlüssen vertraut zu machen.

In neuerer Zeit wurde auf Anregung der INFAG der ‚franziskanische Spiritualitätsweg' entwickelt, der 2010 erstmals veröffentlicht wurde und einen vertieften Einblick in franziskanische Spiritualität gewährt. Dabei werden die Erfahrungen und die Werte der hl. Klara mit einbezogen[17]. Wir nutzen diese Impulse für die Vertiefung der franziskanisch-klarianischen Werte in der Gemeinschaft und für die persönliche Meditation. Darüber hinaus bieten die Mauritzer Franziskanerinnen sie den Mitarbeiter/innen, den Mitgliedern der Weggemeinschaft und weiteren Interessierten in Form von Gesprächsgruppen und Kursen an.

Leben aus dem Evangelium

Das Ordensleben macht sich fest am Evangelium Jesu Christi, das es im persönlichen Leben auszugestalten und zu vertiefen gilt. Der verstorbene Prior von Taizé, Frère Roger, sagt: „Lebe das, was du vom Evangelium verstanden hast. Und wenn es noch so wenig ist. Aber lebe es."[18] Damit wird deutlich, dass Gott niemanden mit diesem Leben überfordern will und dass auch keine theologischen Studien erforderlich sind, um zu verstehen, welchen Weg Gott den Menschen führen will, der sich auf seinen Ruf einlässt und der sich von ihm an die Hand nehmen und leiten lässt.

In der Mutterhauskirche in Münster ist über dem Altar ein Mosaik des Münsteraner Künstlers Paul von der Forst[19] angebracht. Jesus sitzt aufrecht auf einem schlichten von einem Regenbogen getragenen Thron, die Hl. Schrift in der Hand, mit den Worten in lateinischer Sprache: ‚Ich bin der Weg, die Wahrheit und das Leben' (Joh 14,6). Seine Haltung zeigt, dass man sich auf ihn verlassen kann, dass seine Worte wahr sind, dass er der Weg ist, der zum Leben führt. Neben ihm sitzt ein Mensch, eine Frau, seine Mutter, genauso groß, mit ihm auf Augenhöhe. Sie neigt ihren Kopf demütig Christus zu, sie hört hin auf das, was er sagt.[20] Bei der Hochzeit zu Kana fordert Maria die Diener auf und sagt: „Was er (Jesus) euch sagt, das tut" (Joh. 2,5). Dieses Hinhören auf den Ruf Gottes sollte uns immer mehr zur Grundhaltung werden. Dazu bedarf es einer inneren Ruhe und einer großen Selbstlosigkeit, seine Stimme wahrzunehmen und den Lebenskompass immer wieder nach ihm auszurichten. Wer sich darauf einlässt, der wird frei und kann irgendwann aus vollem Herzen mit dem hl. Franziskus sagen: „Mein Gott – Mein Alles."

Leben nach den evangelischen Räten

Die evangelischen Räte der Armut, des Gehorsams und der Ehelosigkeit um des Himmelreiches Willen sind die Wurzeln des Ordenslebens und die Grundlage für den Weg in die radikale Nachfolge Christi. Um ein Kompass für die Herausforderungen der jeweiligen Zeit zu bleiben, müssen sie immer wieder neu justiert und interpretiert werden, damit sie ihre Kraft nicht verlieren.
Der Münsteraner Theologe Johann Baptist Metz hat 1986 die gesellschaftspolitische Dimension der evangelischen Räte besonders herausgearbeitet, die das Verständnis der Mauritzer Franziskanerinnen bis heute prägt.

- Er betont, dass die Armut als evangelische Tugend der Protest gegen die Diktatur des Habens, des Besitzens und der reinen Selbstbehauptung ist. Sie drängt in die praktische Solidarität mit jenen Armen, für die Armut gerade keine Tugend, sondern Lebenssituation und gesellschaftliche Zumutung ist.
- Gehorsam als evangelische Tugend ist die radikale unkalkulierte Auslieferung des Lebens an Gott, den Vater, der erhebt und befreit. Sie drängt in die praktische Nähe zu denen, für die Gehorsam gerade keine Tugend, sondern Zeichen der Unterdrückung, der Bevormundung und Entmündigung ist.
- Ehelosigkeit als evangelische Tugend ist Ausdruck einer unabfindba-

ren Sehnsucht nach dem „Tag des Herrn". Sie drängt in die Solidarität mit jenen Ehelosen, für die Ehelosigkeit, sprich: Einsamkeit, sprich: „keinen Menschen haben" gerade keine Tugend ist, sondern gesellschaftliches Lebensschicksal. Sie drängt zu den in Erwartungslosigkeit und Resignation Eingeschlossenen.[21]

Die aktuellen Generalkonstitutionen der Mauritzer Franziskanerinnen betonen folgende Aspekte der evangelischen Räte:

- Armut: „Das Gelübde der Armut ruft uns auf, prophetisch zu leben wie Franziskus. Bereitwillig lassen wir uns in Anspruch nehmen von allen, die der Hilfe bedürfen, wobei wir nichts für uns selbst zurückhalten, sondern Gott dem Herrn alles zurückerstatten. Diese Grundhaltung macht uns frei für das Reich Gottes, den Dienst an der Kirche und den Menschen. Darum verpflichten wir uns zur Solidarität mit den Armen; wir fördern eine gerechte Gesellschaft und setzen uns dafür ein, die Ursachen des Elends in der Welt zu bekämpfen."[22]
- Gehorsam: „Persönlich und gemeinsam haben wir die Verantwortung, nach dem Willen Gottes zu suchen, und dafür legen wir Zeugnis ab. Wenn wir Hörende sind, gibt er sich uns zu erkennen durch die Heilige Schrift, die Kirche, die Zeichen der Zeit, unsere Gemeinschaft, durch unsere Regel, die Konstitutionen, die Leitungsverantwortlichen sowie durch aufrichtigen und durch Liebe getragenen Austausch. Gedanken, die im offenen Dialog geäußert werden, führen zu tieferem und umfassenderem Verstehen. Wir setzen unsere von Gott gegebenen Fähigkeiten ein, um die uns anvertrauten Aufgaben zu erfüllen."[23]
- Ehelose Keuschheit oder Ehelosigkeit um des Himmelreiches willen: „Ehelose Keuschheit ist ein Geschenk göttlicher Gnade. Als Antwort auf Gottes Liebe weihen wir ihm unsere Kraft zu lieben, die Energie unserer menschlichen Sexualität, jede Zuneigung, alle Gefühle und unsere ganze Sehnsucht. ... Sie macht uns frei, eine gesunde Wertschätzung unseres Frauseins zu leben. Sie befähigt uns, authentische Frauen zu sein, Leben spendend, nährend und mitfühlend für die Menschen, mit denen wir in Berührung kommen."[24]

Leben in frei gewählter Bindung

Die Verbindlichkeit des Lebens nach den evangelischen Räten in der Gemeinschaft der Mauritzer Franziskanerinnen wird in der Profess bekundet. Die Schwestern legen vor der Kirche und der Ordensgemeinschaft ihre Gelübde ab, nachdem sie im Postulat die Gemeinschaft kennengelernt, und sie sich im Noviziat mit diesem Leben auseinandergesetzt und es schon ein wenig eingeübt haben. Nach diesen etwa drei Vorbereitungsjahren entscheidet sich die junge Frau frei, ob sie die Lebensform annehmen möchte. Dann bittet sie die Gemeinschaft, vertreten durch die Provinzoberin, die Profess ablegen zu dürfen. Stimmt die Gemeinschaft dieser Bitte zu, dann kann sie die Profess in einem öffentlichen Gottesdienst ablegen mit den folgenden Worten:
„Im Vertrauen auf Gottes Hilfe stelle ich mein Leben in die enge Nachfolge Jesu Christi. Darum gelobe ich, Schwester M. N., Gott dem Allmächtigen vor den hier Anwesenden und vor Dir (General- oder Provinzoberin) in Armut, Gehorsam und eheloser Keuschheit zu leben gemäß der Regel und den Konstitutionen der Kongregation der Krankenschwestern vom Regulierten Dritten Orden des hl. Franziskus. Um dem Reich Gottes zu dienen, stehe ich dieser Gemeinschaft uneingeschränkt zur Verfügung."[25]
Es ist sicher ein sehr hoch angesetztes und anspruchsvolles Versprechen, das in der Gemeinschaft der Schwestern gegeben wird. Im Vertrauen darauf, dass Gott mitgeht und er seine Hilfe anbietet, ist es möglich, dass der Weg gelingt. Viele Schwestern haben im Laufe der Ordensgeschichte dieses Versprechen gelebt und sich so zu großen Persönlichkeiten entwickelt. „Die Gelübde sind eine Leben spendende, tiefe und fruchtbare Weise, am Sendungsauftrag Christi teilzunehmen."[26]
Obwohl sich heute nur noch wenige Frauen dazu entschließen und den Mut haben, diesen Weg nach dem Dreiklang: „mit Gott | in der Ordensgemeinschaft | für die Menschen" zu gehen, so verliert er doch nichts von seiner Bedeutung und seiner aktuellen Notwendigkeit.

Leben mit einem sich wandelnden Selbstverständnis

Der Krankendienst, der das Selbstverständnis der Mauritzer Franziskanerinnen über viele Jahrzehnte weltweit geprägt hat, musste durch die veränderten Bedingungen der Zeit und die internationalen Aufgaben erweitert werden, damit alle Schwestern sich hier wiederfinden können. Vor dem Generalkapitel 2000 wurde ein Reflexionsprozess angestoßen, der dazu führte, dass die Kapitularinnen eine Definition erarbeiteten, die das derzeitige Selbstverständnis der Ordensfrauen in den unterschiedlichen Ländern und Kontinenten aufnimmt und den Sendungsauftrag neu formuliert. So entstand das ‚International Mission Statement', das das neue Selbstverständnis und den Sendungsauftrag der Kongregation aufzeigt.

- „Wir sind Mitglieder einer internationalen, multikulturellen Kongregation von Franziskanerinnen.
- Wir haben uns verpflichtet, das Evangelium im Geiste des hl. Franziskus von Assisi, unseres Gründers Pater Christoph Bernsmeyer, unserer ersten Schwestern und aller, die ihnen folgten, zu leben.
- Wir haben uns verpflichtet zu einem einfachen Lebensstil in Gemeinschaft. Wir fühlen uns herausgefordert durch die Werte des franziskanischen Dritten Ordens: Umkehr, Kontemplation, Armut und Demut.
- Wir sind dem gemeinsamen Auftrag verpflichtet, Christi heilende Gegenwart den Menschen zu bringen und kreative Wege als Antwort auf Menschen in Krankheit, Armut und Not zu unterstützen.
- Wir geben Zeugnis von unserer franziskanischen Spiritualität, indem wir der ganzen Schöpfung Ehrfurcht entgegenbringen, Frieden und Gerechtigkeit leben und fördern und die Würde aller Menschen respektieren."[27]

Hier wird der Begriff der Krankenpflege erweitert auf den umfassenderen Auftrag, den Menschen Christi heilende Gegenwart zu bringen.

Das Generalkapitel 2000 stand unter dem Thema: „... für das Leben der Welt" (Joh 6,51)[28]. Es nahm bewusst die Herausforderungen der internationalen Gemeinschaft in den Zeiten wachsender Globalisierung in den Blick. Auf diesem Hintergrund formulierte das Kapitel: „Der Sendungsauftrag der franziskanischen Schwestern lautet: „… für das Leben der Welt". Zu unserer franziskanischen Spiritualität gehört es, das Leben mit den Menschen zu teilen und eine Haltung zu entwickeln, die alle einbezieht. Das ist eine Herausforderung an uns, auch gemeinsam mit anderen Menschen durch Gebet, Präsenz und Apostolat nach neuen Möglichkeiten und Erfahrungen zu suchen und so die Sendung in der Kirche zu fördern. Dieses Bewusstsein sollte uns auch zu einer aktiven Hinwendung[29] zu den Problemen der Frau in der Gesellschaft und in der Kirche von heute führen."

Bis dahin hatte im Vordergrund gestanden, dass wir den Menschen unseren Dienst anbieten, die zu uns kommen. Jetzt soll der Dienst so erweitert werden, dass wir nicht nur auf die Menschen warten, die zu uns kommen, sondern dass wir aktiv auf die bedürftigen Menschen zugehen und uns auch vermehrt in Dienste einbringen, die von anderen initiiert wurden. Auch können wir uns vorstellen, nicht nur mit anderen Menschen zusammen zu arbeiten, sondern das Leben mit ihnen teilen. Das ist ein echter Paradigmenwechsel, der bis heute aber nur ansatzweise vollzogen wurde. Im Geist des hl. Franziskus bleibt das Ziel aber immer erstrebenswert. Die aktive Hinwendung zu den Frauen in Gesellschaft und Kirche, die um ihre Stellung und Anerkennung mehr kämpfen müssen als wir Ordensfrauen, ist eine neue politische Aufgabe, der sich besonders die Schwestern in Indien und Afrika verpflichtet fühlen.

2006 wurde dieses Anliegen in die neuen Generalkonstitutionen aufgenommen. Sie weisen auch darauf hin, dass zu einem ganzheitlichen Dienst, der auf Dauer angelegt und vom Geist Gottes getragen sein soll, neben der Aktion auch die Kontemplation, ja das ganze Leben gehören. „Vom hl. Franziskus und von der hl. Klara lernen wir, dass heilender Dienst nicht nur aktives Tun bedeutet, sondern aus dem Dasein jedes Menschen Christi heilende Gegenwart ausstrahlen kann, auch und gerade wenn das Leben durch leidvolle Erfahrungen belastet und begrenzt ist.

Wenn wir krank oder alt sind oder nicht mehr arbeiten können, unterstützen wir doch weiterhin den heilenden Dienst unserer Gemeinschaft durch unser Dasein und Leiden."[30]

Die Deutsche Provinz macht in den Provinzstatuten von 2009 noch auf einen weiteren Aspekt aufmerksam, der durch das Älterwerden der Schwestern an Bedeutung zunimmt, die sich immer mehr auf das Leben in der Gemeinschaft zurückziehen müssen. „Den ‚heilenden Dienst' übertragen wir auch für unser Konventsleben, indem wir heilend füreinander da sind. Wesentliche Werte dafür sind Achtsamkeit, Aufrichtigkeit, gegenseitige Wertschätzung und Verständnis."[31]

Anmerkungen

1. Actus beati Francesco, 1,21. Dort heißt es: „Deus meus et omnia! – Mein Gott und Alles!" Das Wort wurde zum Wahlspruch des Ordens. In den Fioretti spricht Franziskus mit erhobenen Händen zum Kreuz gewandt: „Mein Gott! Mein Gott" (2,10), in: Franziskus-Quellen, Kevelaer, 2009. In der franziskanischen Tradition wird auch das Wort „Mein Gott – Mein Alles!" gebraucht. Der Kapuziner Leonhard Lehmann übersetzt es in seinem Buch: Franziskus – Meister des Gebets (2007) mit: „Mein Gott und alle Dinge". Die Begriffe werden oft synonym gebraucht, obwohl ihnen eine unterschiedliche Theologie zugrunde liegt. Ausgesagt werden sollen immer die Verbundenheit mit Gott und die Hingabe an ihn.
2. Schwester Diethilde Bövingloh: Die Bedeutung der Orden für die Entwicklung des christlichen Krankendienstes (2004) und Michael Fischer: Das konfessionelle Krankenhaus – Begründung und Gestaltung aus theologischer und unternehmerischer Sicht (2010) und Barmherzigkeit provoziert – Vom heilenden Dienst zum kirchlichen Dienstleistungsunternehmen (2012).
3. Regel und Leben der Brüder und Schwestern vom Regulierten Dritten Orden des hl. Franziskus, letzte Änderung in Kraft gesetzt durch Papst Johannes Paul II. am 8. Dezember 1982.
4. a.a.O. Art. 1.
5. Generalkonstitutionen der Kongregation der Krankenschwestern vom Regulierten Dritten Orden des heiligen Franziskus, letzte Fassung genehmigt vom Generalkapitel in Münster / Deutschland 2006 und approbiert durch die Kongregation für die Institute des geweihten Lebens und die Gesellschaften des apostolischen Lebens in Rom am 6. Juli 2007.
6. Im Folgenden wird sich bezogen auf die Provinzstatuten (PS) der Deutschen Provinz zur Regel (Reg) und zu den Generalkonstitutionen der Kongregation der Krankenschwestern vom Regulierten Dritten Orden des hl. Franziskus (GK), Anpassung auf dem Provinzkapitel 2009.
7. Vgl.: Codex Juris Canonici des kanonischen Rechts, Hier: Buch II, Cann. 631 ff Kapitel, von 1983.
8. Änderungen der Generalkonstitutionen sind der Römischen Kongregation für die Institute des geweihten Lebens vorzulegen und von ihr in Kraft zu setzen. Die Provinzstatuten unterliegen der Genehmigung der Generalleitung.

9   GK 1988, Schlusswort, S. 101.
10 Hardick, L. / E. Grau (Hg.), Die Schriften des heiligen Franziskus von Assisi, Werl, 1963, 1972 und 1980. Sie sind heute zusammengefasst und kommentiert in: Berg, D. / L. Lehmann (Hg.), Franziskus-Quellen 2009.
11 Herausgeber: CCFMC e.V., Würzburg, 2008.
12 www.ccfmc.net, Stand:13.09.2018.
13 GK 1988, Präambel Art. 4.
14 GK (2006), Präambel Art. 4.
15 GK (2006), Kap. 4: Unser Lebenszeugnis im Apostolat, Art. 62.
16 www.infag.de,Stand: 13.09.2018.
17 Der Franziskanisch-klarianische Spiritualitätsweg, www.infag.de, Stand:11.09.2018.
18 https://www.aphorismen.de/zitat/72309, Stand: 11.09.2018.
19 Paul von der Forst (1899 - 1975), Mitglied der freien Künstlergemeinschaft Schanze in Münster, in: Heres, Horst, Dachauer Gemäldegalerie, Museumsverein Dachau e.V., 1985, S. 296.
20 Vgl.: P.W., Neue Kirche der Franziskus-Krankenschwestern, Münsterischer Stadtanzeiger, 19. April 1952.
21 Vgl.: Metz, J.B., Zeit der Orden? – Zur Mystik und Politik der Nachfolge, Kevelaer 2014.
22 GK 2006, Art. 12.
23 GK 2006, Art. 22.
24 GK 2006, Art. 26 + 29.
25 GK 2006, Art. 31.
26 GL 2006, Art. 9.
27 Internationales Mission Statement der Krankenschwestern vom Regulierten Dritten Orden des hl. Franziskus (Internationales Selbstverständnis und Sendungsauftrag) GK 2000, SD S. 3.
28 GK 2000, SD Einleitung, S.1.
29 GK 2000, SD Nr. 4 Apostolat, S. 4.
30 GK 2006, Kap. 4 Unser Lebenszeugnis im Apostolat, Art. 70.
31 PS 2009, Kap. 4 Unser Lebenszeugnis im Apostolat, Art. 60.

*Schwester Diethilde Bövingloh, Schwester Birgitte Herrmann,
Schwester Maria Sieverding, Schwester Irmgardis Taphorn*

Wandel des Zusammenlebens in der Gemeinschaft

Gestaltung des gemeinsamen Lebens

Die Generalkonstitutionen 2006 beschreiben das Leben in der Gemeinschaft als einen dynamischen, dauerhaften Prozess, der von allen Mitgliedern gestaltet werden muss: „Die Ordensgemeinschaft ist nicht nur eine schon existierende Wirklichkeit, die uns angeboten wird, noch ist sie ein Rahmen, dem alle neu hinzu Kommenden eingepasst werden müssen; sie ist vielmehr eine Aufgabe, die durch einen fortwährenden, lebendigen Austausch untereinander zu erfüllen ist. Wir sind uns bewusst, dass es Differenzen und Konflikte unter uns gibt und sind bestrebt, ihnen realistisch und offen zu begegnen. Jede Schwester hat dabei eine einzigartige Rolle und Aufgabe, Gemeinschaft zu fördern durch gegenseitiges Vertrauen und durch eine Sorge, welche die gesamte Atmosphäre der Gemeinschaft durchdringt. Aufrichtige Beziehungen, die im Zusammenleben und durch gemeinsame Erfahrungen entstehen, bauen Gemeinschaft auf. Wir bemühen uns ernsthaft, täglich Gemeinschaft zu leben, um Gemeinschaft zu schaffen."[1]
Alle Schwestern leben in einem Konvent oder, falls sie allein wohnen, gehören sie einem Konvent an, dem sie sich verbunden fühlen und der für sie sorgt. Im Laufe der Zeit haben sich neben den kleinen Konventen mit zwei bis vier Schwestern zunehmend Großkonvente gebildet mit 80 bis 100 Schwestern. Deren Zahlen sind in den letzten Jahren wieder stetig zurückgegangen. Große Konvente bestehen heute noch im Mutterhaus mit 65 Schwestern und in den Altenheimen.
Das gemeinsame Leben braucht eine Ordnung und Struktur, damit es nicht dauerhaft zu Reibungsverlusten kommt. Früher war das Konventsleben in fast allen Niederlassungen gleich organisiert und wurde weitge-

hend durch die Provinzstatuten vorgegeben. Das hatte den Vorteil, dass die Schwestern sich schnell in die neue Gemeinschaft einleben konnten, wenn sie versetzt wurden. Diese Strukturen, die für viele eine entlastende Funktion hatten, sind heute so nicht mehr lebbar. Die Zeit hat sich geändert, die Wohn- und Lebensverhältnisse der Schwestern ebenfalls. Die Aufgaben, die die Schwestern wahrnehmen, sind differenzierter geworden. Deshalb legt jeder Konvent seine Tagesordnung und seine Lebensweise in den Konventskapiteln selbst fest. Dazu ermutigen die Generalkonstitutionen von 1988, wenn sie zum Schluss sagen: „Legt nicht alles fest! Lebt!"[2]

Die Änderungen werden besonders deutlich bei der Gestaltung der Mahlzeiten, der eine wichtige gemeinschaftsstiftende Funktion zukommt. Früher wurden alle Mahlzeiten, die aus der Küche der jeweiligen Institution kamen, in denen die Schwestern lebten, gemeinsam im Refektorium eingenommen. Der Anfang und das Ende wurde durch das gemeinsame Tischgebet angezeigt. In den kleiner werdenden Konventen, die oft keine Schwester mehr haben, die das Refektorium versorgt, essen immer mehr Schwestern in der Mitarbeitercafeteria. Wenn möglich, treffen sie sich zu bestimmten Zeiten und speisen gemeinsam an einen Tisch. Die Konvente, die in Wohnungen außerhalb der Einrichtungen leben, müssen selbst für ihre Mahlzeiten sorgen, einkaufen, kochen und eine Vorratshaltung aufbauen, wie jede Familie es auch macht. Das heißt, dass die Schwestern, die sich früher ganz auf ihren Dienst konzentrieren konnten, heute auch die Sorge für den Haushalt übernehmen. Das entspricht dem heutigen Lebensgefühl und trägt zur Flexibilität und Offenheit bei. Das Leben der Ordensschwestern nähert sich so immer mehr dem Leben der Menschen ihrer Umgebung an und ermöglicht ganz neue Begegnungen und Erfahrungen, die das Leben bereichern.

Formation: Einführung in das Ordensleben

Formation – dieser Begriff wurde international bereits seit Langem verwendet, doch in Deutschland fand er erst in den späten 1990er Jahren

Einlass. Dabei umschreibt er sehr treffend, dass es um eine Formung geht; darum, dem geistlichen und spirituellen Leben in der Gemeinschaft eine eigene Form zu geben, die dann im Laufe des Lebens immer mehr kultiviert werden kann und sollte.

Die Phasen, die am Beginn des Ordenslebens stehen und dem Einleben und Einüben dienen, haben je ihren eigenen Namen und ihre eigene Gestaltung: Postulat, Noviziat, Juniorat und das Reifen im Leben, heute weiterführende Formation. Jede Ordensgemeinschaft ist frei, Dauer und Inhalte dieser Stadien des beginnenden Ordenslebens zu bestimmen. Das Kirchenrecht legt nur fest, dass es ein Noviziat, das sogenannte Kanonische Jahr, geben muss. In besonders intensiver Weise dient es, sich frei von anderen Verantwortlichkeiten und ablenkenden Verpflichtungen ganz dem Einüben des gemeinsamen und persönlichen geistlichen Lebens zu stellen. Das davor angesiedelte Postulat bietet noch Zeit, manches zu klären, abzuschließen und grundsätzlich zu prüfen, ob dies der eigene Weg sein kann. Hier geht es um einen dialogischen Prozess, da auch die Gemeinschaft prüft, ob ein gemeinsames Leben möglich scheint.
Nach dem sogenannten Kanonischen Jahr hat unsere Gemeinschaft ein zweites Noviziatsjahr vorgesehen, das vor der Bindung durch die Profess eine Möglichkeit bietet, zusätzliche Erfahrungen im Zusammenleben und in unterschiedlichen beruflichen Kontexten zu machen. Dann steht die erste gegenseitige Bindung an: die zeitlich begrenzten Gelübde. Seit den 1970er Jahren schließt sich nun das Juniorat an, welches auf dem Weg zur Ewigen Profess (nach ca. 3 bis 5 Jahren) nochmals besonderes Augenmerk darauf legt, der Schwester Unterstützung zu bieten. Der Kontakt zu Gleichaltrigen bzw. Ordensleuten in ähnlicher Situation, weitere Angebote ihr geistliches Leben zu nähren durch Fortbildungen und eine Alltagsgestaltung, die die anfängliche Form des Ordenslebens weiter festigen und reifen lässt, sind Beispiele dafür.

Diese klassischen Schritte haben immer wieder Anpassungen in der Gestaltung und in den vermittelten Inhalten erfahren. Seit den 1990er Jahren wurden diese Veränderungen sehr viel deutlicher vorgenommen und entwickelten sich im Laufe der Jahre zu einer Art Experimentierfeld – bis heute! Grund ist vor allem die Erfahrung, dass sich vorwiegend einzelne Frauen auf den Weg in eine Ordensgemeinschaft machten, so dass es vorkommen konnte, dass sich in jeder Phase der Formation nur eine oder hin und wieder auch keine Schwester befindet. Dadurch mangelt es an Austausch, gegenseitiger Ergänzung und Korrektur. Durch intensivierte Kontakte zu den Mitgliedern anderer Gemeinschaften versucht man, das seit Jahren auszugleichen. Die einzelnen Eintritte ziehen aber auch nach sich, dass die Phasen der Formation individueller gestaltet und an die jeweilige Situation im Orden, in der Gesellschaft und der eintretenden Person angepasst wurden. Darin liegt natürlich eine große Chance, es ist aber auch eine Herausforderung für alle Beteiligten.

Gemeinsame Ausbildungsabschnitte, die überregional und für mehrere Diözesen angeboten werden, bieten einen Raum für Gemeinschaftserfahrungen und sorgen für einen fundierten theologisch-geistlichen Input. Dennoch finden sich die eintretenden Frauen in der eigenen Gemeinschaft oft im Verhältnis 1:1 mit ihrer Leiterin vor und sind in der Konventsgemeinschaft ausschließlich von „Müttern" und „Großmüttern" umgeben. Natürlich kann auch solch eine Konstellation gelingen und fruchtbar sein, doch nur, wenn dafür Sorge getragen wird, dass auch ausreichend Freiraum, Eigenverantwortung und Kontakt zu Gleichaltrigen möglich sind.

Schwestern nach der Ewigen Profess haben sich zu Gruppen zusammengeschlossen, die sich wenigstens zweimal jährlich zu Austausch und gemeinsamen Unternehmungen treffen. Dies ist eine Weise, die weiterführende Formation zu gestalten, sowie sich selbst ansprechbar und offen zu halten. Dazu heißt es in den Provinzstatuten:

„Zeitlebens bleiben wir Lernende. … Alle Schwestern sind aufgefordert und ermutigt, sich ihrer Situation entsprechend verantwortlich weiterzubilden."[3] Um diesem Auftrag zu entsprechen, bietet das ordensinterne Bildungsreferat im Mutterhaus unterschiedlichste Möglichkeiten. Dabei

handelt es sich um Angebote spiritueller, fachlicher, persönlichkeitsbildender und kreativer Art für Mitschwestern und Interessierte.
Auf internationaler Ebene wurden 1997 Richtlinien für die Formation verabschiedet, die 2001 an die Situation der Deutschen Provinz angepasst und seitdem angewendet werden.[4]

Das Provinzkapitel 2017 reagierte auf die Tatsache, dass sich seit einiger Zeit niemand in einer der Formationsphasen befindet. Das empfinden wir als schmerzlich, doch bietet uns diese Situation auch die Chance, nach geeigneten Wegen zu suchen, um Frauen in unsere Gemeinschaft einzuladen. Angesichts der Fremdheit unseres Lebens für viele heutige Menschen, ist eine große Weite unsererseits wünschenswert. Das Kapitel formulierte deshalb die weitreichende Empfehlung, zunächst keine Schritte vorzugeben, sondern einen offenen Raum anzubieten, unser Leben nach dem Evangelium und in franziskanischer Ausrichtung kennen zu lernen. Zudem entschied es, nicht mehr in der klassischen Art jeder Ausbildungsphase eine Person als Leiterin zuzuordnen, sondern einem Team die Verantwortung für die Gestaltung des gesamten „Anfangsweges" zu übertragen.[5]
Zur Konkretisierung hat die Provinzleitung folgende Aufgabenbeschreibung formuliert:
„Das Formationsteam möge sich folgender Aufgaben annehmen:
- Unsere Gemeinschaft offen zu halten für Frauen, die zu uns kommen.
- Andere Lebensformen ermöglichen, entwickeln und ausprobieren.
- Moderate Ausbildungskonzepte zu entwickeln, die zur Mitte des Ordenslebens führen, Freiräume schaffen, Inhalte und Ziele der einzelnen Formationsphasen beschreiben. Dazu die derzeitigen Formationsrichtlinien der deutschen Provinz überprüfen.
- Alle Schwestern in diese Entwicklung mit hinein nehmen."[6]

Gemeinsam mit weiteren Schwestern, die sich durch Ideen, aktiven Einsatz und Vernetzung mit anderen für die Fruchtbarkeit der Gemeinschaft stark machen, versucht das Formationsteam, einen ‚Empfangsraum' zu gestalten für neue Mitglieder und zugleich die gesamte Schwesternschaft einzuladen, diesen Raum in die Gemeinschaft hinein zu erweitern und zu beleben.

Schon bei mehreren Provinzkapiteln und bei vielen Begegnungen unter den Schwestern ist der mangelnde Nachwuchs in der Gemeinschaft ein Thema. Nur wenige Frauen glauben, dass Ordensleben für sie ein möglicher und lohnender Weg ist – und nur wenige versuchen ihn.

Während des Einlebens, des Ausprobierens und des Versuchs sich damit dem konkreten Leben unserer Gemeinschaft zu stellen, entscheiden sich dann immer wieder einige von ihnen, diesen Weg zu beenden. Auch wir als Gemeinschaft spüren, dass es zwar Geschenk, aber auch Herausforderung und bisweilen Störung ist, mit neu hinzukommenden Frauen das Leben zu teilen – dazu kommt die Enttäuschung und der Schmerz, wenn diese sich verabschieden. Und doch glauben wir selber an die Zukunft unseres Ordenslebens und sind uns sicher, dass es auch ein Weg für heutige Frauen sein kann.

Immer neu einladend und offen zu sein, das ist die eine Seite, sich für neue Mitglieder einzusetzen. Die andere, ebenso wichtige ist, selbst vom eigenen Leben überzeugt zu sein; ihm eine Gestalt zu geben, die echt, freudvoll und glaubwürdig ist. Und das Wichtigste überhaupt ist und bleibt: Gott ist es, der ruft und beruft! Wir dürfen einladend sein und vertrauen, und dann erschließt sich der Weg im Gehen.

Leitungsdienst in der Gemeinschaft

„Die höchste beschlussfassende Instanz der Kongregation ist das Generalkapitel."[7] Beschlüsse, die hier gefasst werden, sind für alle Mitglieder bindend. „Es (das Kapitel) soll so gebildet werden, dass es das ganze Institut repräsentiert und ein wirkliches Zeichen seiner Einheit in Liebe ist."[8] Es ist die vornehmste Aufgabe der Kapitel, die Ordensleitungen (General-, Provinz- und Regionalleitung) zu wählen, die von hier aus ihre Autorität erhalten, die Gemeinschaft zu leiten und zu führen. Alle Schwestern sind in unterschiedlicher Weise an den Entscheidungen der Kapitel beteiligt: als Kapitularinnen von Amts wegen, durch die Wahl zu Delegierten, durch die Möglichkeit, Vorschläge zu machen, durch schriftliche Eingaben und das unterstützende Gebet.

Die Mauritzer Franziskanerinnen orientieren sich an dem Leitungsverständnis des hl. Franziskus, der hl. Klara und an der franziskanischen Tradition. Auch haben sie das veränderte Leitungsverständnis des II. Vatikanums für sich reflektiert und angenommen. Das Generalkapitel 2000 hat sich intensiv damit auseinandergesetzt und ein Dokument[9] für alle Mitglieder herausgegeben, das das heutige Verständnis beschreibt. „Die Leitungsphilosophie erkennt sowohl die Autorität des Amtes, als auch die Autorität des persönlichen Gewissens als wesentlich an. Alle Schwestern sind gerufen, sich am Dienst der Leitung zu beteiligen."[10]

In der franziskanischen Tradition wird das Leitungsamt als ein Dienstamt an den Brüdern und Schwestern verstanden. Franziskus beruft sich auf das Wort Jesu: „Wer bei euch groß sein will, der soll euer Diener sein, und wer bei euch der Erste sein will, soll euer Sklave sein" (Mt 20,26f). Das erfordert von dem Leitenden eine Haltung der einfühlsamen Liebe, Freundlichkeit und Demut. „Die Minister aber sollen sie (die Brüder) liebevoll aufnehmen und ihnen mit so großer Herzlichkeit begegnen, dass sie mit ihnen reden und tun können wie Herren mit ihren Knechten."[11] So wird jedes Mitglied in Wirklichkeit zum Diener und Untergebenen des jeweils anderen. Der oberste Leitsatz der franziskanischen Menschenführung lautet: „Verneig dich vor der Würde jedes Menschen, der dir anvertraut ist, denn ‚Ehrfurcht gebührt allem Lebendigen'."[12]

Die hl. Klara hat alle Angelegenheiten, die das Wohl des Klosters betrafen, mit allen Schwestern beraten.[13] Diese Tradition führen die Mauritzer Franziskanerinnen fort in den Kapiteln, die auf allen Organisationsebenen der Gemeinschaft stattfinden. Für das konkrete Leben vor Ort hat das Konventskapitel eine besondere Bedeutung. Grundlage dieses Führungsmodells ist ein partizipativer Führungsstil, der alle Schwestern in geeigneter Weise in die Entscheidungsfindung einbezieht.

Für die Leitenden, die sich an dem Vorbild des hl. Franziskus ausrichten, hat der Franziskaner Heribert Arens die folgenden Leitlinien herausgearbeitet:

1. „Deine Position macht dich zum „Vorgesetzten" – doch du bist „Minister", Diener; dein Amt ist ein Dienstamt.
2. Du stehst im Dienst des Einzelnen ebenso wie des Gesamten.
3. Lass dich leiten von der Frage: „Was dient dem Gelingen – für den Einzelnen und für das gemeinsame Anliegen (und nicht: Was dient mir)?"
4. Kläre für dich, was dir wichtig ist. Tue selber das, was du von anderen erwartest.
5. Mach dir bewusst: „Wer führen will, muss selber gehen." Dein Beispiel erreicht mehr als dein Befehlen und Kommandieren.
6. Du motivierst andere zum Handeln, indem du deine eigenen Entscheidungen durchsichtig machst.
7. Unterlasse jedes Machtgebaren und Imponiergehabe. Es macht dich nicht größer, den/die andere/n aber kleiner.
8. Das Gewissen des Einzelnen setzt deiner Autorität als Leitungsverantwortlichem/r Grenzen. Respektiere diese Grenzen. Das bewahrt vor Willkür und Machtmissbrauch."[14]

Das heutige Selbstverständnis der Mauritzer Franziskanerinnen ist ebenfalls vom II. Vatikanum geprägt, das den Schwerpunkt darauf legt, Zeichen und Werkzeug der Einigung des Menschen mit Gott und der Einheit untereinander zu sein, sich der Welt und der Menschen von heute in allen gesellschaftlichen Belangen zuzuwenden und für die unbedingte Würde aller Menschen einzutreten.[15] Das geschieht, wenn die Leitung der Gemeinschaft

1. den Wandel von der sozial-geistlichen Ursprungsidentität hin zu einer sozial-geistlichen Identität in der Kirche und für die Welt von heute begleitet,
2. das Teilen von Verantwortung unter allen Mitgliedern und Gremien innerhalb der Gesamtgemeinschaft fördert und
3. jede Schwester zu Wachstum und Reife ermutigt und unterstützt, die eigenen Gaben einzubringen und so zu einem gelungenen Menschsein zu gelangen.
4. Diese Entwicklungen wirken im Leben der Gemeinschaft weiter und lassen sie wie eine Spirale in die Zukunft wachsen.[16]

Sorge für die alten und pflegebedürftigen Schwestern

Viele Schwestern lebten über Jahrzehnte im gleichen Konvent. Deshalb war es für die Mitschwestern selbstverständlich, die alten Schwestern mit zu versorgen, wenn diese pflegebedürftig wurden. Große Konvente hatten eine eigene Kranken- und Pflegestation meistens innerhalb des Klausurbereichs. Wenn die Betreuung vor Ort nicht geleistet werden konnte, gingen die Schwestern in ein Altenheim des Ordens.[17] Zunehmend übernahmen angestellte Mitarbeiterinnen die Versorgung der älteren Schwestern, wenn die Mitschwestern das nicht mehr leisten konnten. Im Laufe der letzten Jahre nahm die Zahl der pflegebedürftigen Schwestern zu, und die Betreuung konzentrierte sich immer mehr auf die Altenheime.

Alle Schwestern sind seit 1995 pflegeversichert. Die Pflegeversicherung übernimmt inzwischen einen großen Teil der pflegerischen Betreuungskosten.[18] Das führte zu einem Paradigmenwechsel im Denken der Schwestern und in der Organisation der Heime. Die Versicherung fordert eine hohe Transparenz für die Pflegeleistungen, z.B. durch die computergestützte Pflegedokumentation, die die Schwestern nicht gewohnt waren. Die Pflegebedürftigkeit wird objektiv durch den Medizinischen Dienst der Krankenkassen (MDK)[19] festgestellt, und die sich daraus ergebenden pflegerischen Leistungen müssen nachgewiesen werden. Das erforderte eine immer stärkere Strukturierung und Professionalisierung der Pflege. Schwester Adelharda Sieve erarbeitete im Rahmen ihrer Verantwortung für die Innerbetriebliche Fortbildung (IbF) des Ordens entsprechende Konzepte und etablierte sie in den ordenseigenen Altenheimen.
2007 ging die Ordensgemeinschaft einen weiteren Schritt, um die Pflege dauerhaft auf dem gewohnt hohen Niveau zu halten. Die Provinzleitung entschied sich dazu, die Altenheime St. Heriburg-Haus in Münster (63 Plätze), Franziskus-Haus in Nordwalde (75 Plätze) und St. Anna-Stift in Lohne-Kroge (55 Plätze) zu vollstationären Pflegeeinrichtungen im Sinne des Pflegeversicherungsgesetzes[20] auszubauen und anerkennen zu lassen. Das zog einschneidende Veränderungen nach sich. Die Häuser mussten an die Standards der Versicherung angepasst werden, z.B. barrierefrei

werden und mit behindertengerechten Bädern und entsprechenden Pflegearbeitsräumen ausgestattet werden. Die elektronische Bewohnerakte hielt Einzug, und es können nur noch Schwestern aufgenommen werden, die in eine Pflegestufe eingruppiert sind. Mit Beginn des Jahres 2018 hat das Pflegestärkungsgesetz II[21] die neue Definition der Pflegegrade[22] eingeführt, das heißt, dass die Beurteilung der Pflegebedürftigkeit weiter an die realistischen Defizite der zu Pflegenden angepasst wurde. Neben den körperlichen Beeinträchtigungen werden jetzt auch kognitive Einschränkungen und demenzielle Erkrankungen berücksichtigt.

Nach einem vorgegebenen Schlüssel mussten dafür mehr Pflegefachkräfte eingestellt werden, um die Pflege „rund um die Uhr" zu gewährleisten. Die Leitung der Pflege wurde von den Oberinnen an erfahrene Pflegedienstleiterinnen weitergegeben, die mit den speziellen Bedürfnissen der Ordensfrauen vertraut sind, bzw. in Fortbildungskursen vertraut gemacht wurden. Die Schwestern haben sich schnell an die neuen Mitarbeiterinnen gewöhnt und bringen ihnen großes Vertrauen entgegen.

Das klösterliche Leben wird, soweit es möglich ist, unter der Leitung der Ordensoberinnen beibehalten. Die Tagesordnung muss dabei auf die Pflegesituation abgestimmt werden. Die Schwestern nehmen weiterhin an den regelmäßigen Gottesdiensten in der Hauskapelle teil. Wenn das nicht mehr geht, ist eine elektronische Übertragung in die Zimmer möglich. Die Mahlzeiten werden weiter im Refektorium eingenommen, und es werden die klösterlichen, kirchlichen und persönlichen Feste feierlich begangen, wie es Tradition in der Gemeinschaft ist. Exerzitien, religiöse Vorträge und Besinnungstage sind den Möglichkeiten der Schwestern entsprechend angepasst worden. Besonders in Nordwalde und in Kroge haben die Altenheime einen engen Kontakt zu den Gemeinden. Sie werden zu deren Veranstaltungen eingeladen und die Dorfbewohner kommen ins Kloster, z.B. beim Schützenfest, zum Karneval, und auch St. Nikolaus und St. Martin besuchen sie. Die Schwestern kaufen im Ort ein und nutzen die ortsansässigen Ärzte und Handwerker.

Als die neuen Pflegeheime ihren Dienst aufnahmen, wurden die kleinen Pflegeeinrichtungen in Kamp-Lintfort und in Telgte Maria Frieden geschlossen. Die Schwestern zogen, ihrer Pflegebedürftigkeit entsprechend, noch einmal um in die neuen Heime oder nach Seppenrade. Hier bleib das St. Josefs-Haus ein Altenheim in der tradierten Form. Schwestern, die dort leben, müssen allerdings noch einmal umziehen, wenn sie nicht mehr ambulant versorgt werden können. Das heißt, dass der Konvent zunehmend leerer wird. 2015 konnte eine Etage an allein reisende Flüchtlingskinder abgegeben werden, die vom DRK des Kreises Coesfeld betreut werden. Unten im Haus spielen zur großen Freude der Schwestern Kinder in einer Kitagruppe. Die pflegebedürftigen Schwestern des Konventes Maria-Hilf in Telgte müssen ebenfalls in eines der ordenseigenen Pflegeheime umziehen, wenn das erforderlich wird.

Das St. Anna-Stift in Lohne-Kroge ist einen anderen Weg gegangen. Für die Mauritzer Franziskanerinnen war das Haus in der Bauernschaft Kroge mit großer Kirche, die von den Dorfbewohnern mit genutzt wird, mit einem eigenen Wald und einer kleinen Landwirtschaft lange eine beliebte Urlaubsadresse im Oldenburger Land, in das besonders die Schwestern gern kamen, die hier ihre Heimat haben. Die Plätze wurden im Laufe der Zeit aber immer seltener genutzt und es standen oft Zimmer frei. Außerdem wurden einige Schwestern des Hauskonventes pflegebedürftig. Sie wollten Kroge auch im Alter nicht gerne verlassen. Die Betreuung durch die Mitschwestern wurde dabei zunehmend beschwerlicher.
Diese Situation traf auf das Anliegen des örtlichen Pflegedienstes Zerhusen & Blömer, in Kroge eine weitere Tagespflegeeinrichtung zu eröffnen. Es fanden viele Gespräche mit der Ordensleitung, der Hausoberin und den Kroger Schwestern statt, die 2011 dazu führten, dass der Pflegedienst sich in das St. Anna-Stift mit 60 % einkaufte. Die übrigen 40 % blieben in der Ordensgemeinschaft. Daraus entstand die heutige St. Anna-Stift Kroge GmbH.[23] Die Verträge sind so angelegt, dass der Orden das Haus sukzessive weiter abgeben kann, wenn es nicht mehr für die eigenen Belange gebraucht wird. Über den Zeitpunkt der Abgabe entscheidet die Ordensleitung.

Mit dem Verband der Pflegekassen konnte ein Vertrag geschlossen werden, der die Einrichtung im Sinne des Sozialgesetzbuches XI[24] als stationäre Pflegeeinrichtung anerkennt, in der die Ordensschwestern gemeinsam mit anderen Bewohnern gepflegt und betreut werden. Diese Entscheidung hat zu einer zukunftsorientierten Weiterentwicklung der Einrichtung geführt. 2009 sind die ersten pflegebedürftigen Kroger Bürger/innen temporär in die leer stehenden Zimmer eingezogen. Der Gesellschafter Ulrich Zerhusen ist gleichzeitig Geschäftsführer der GmbH und seine Tante Elisabeth Blömer Mitgeschäftsführerin und Pflegedienstleiterin. Die beiden haben das operative Betriebsmanagement und die Verantwortung für die Pflege übernommen. Die Ordensgemeinschaft konzentriert sich auf die Gesellschaftsentwicklung und ist vor Ort über die Konventsoberin vertreten. Sie vertritt die Belange der Schwestern und sorgt für das klösterliche Leben im Konvent.

Die St. Anna-Stift Kroge GmbH hat zusätzlich zur stationären Pflege im Haus eine Kurzzeitpflege aufgebaut und bietet im Wohnbereich Silvia eine spezielle Wohnmöglichkeit für dementiell erkrankte Menschen an. Grundlage ist die Silviahemmet®-Philosophie[25]. Deren Konzept zielt darauf ab, dementiell veränderten Menschen eine neue Struktur, Orientierung, Geborgenheit und Sicherheit zubieten.

Die großen Besuchszimmer und Gemeinschaftsräume im Erdgeschoss des Klosters wurden nur noch selten genutzt. Die neuen Gesellschafter kamen auf die Idee, hier ein Klostercafé einzurichten, das den Schwestern und auch den Besuchern zur Verfügung stehen sollte. 2012 war es so weit, die Räume waren gemütlich eingerichtet und der erste Kuchen in der Klosterbäckerei gebacken. Durch das Klostercafé[26] werden viele Besucher auf das St. Anna-Stift aufmerksam, und das Haus wird noch einmal anders wahrgenommen. Mit dem Café wurde ein Raum der Begegnung geschaffen für die Kroger Bürger/innen und für viele Menschen aus der Umgebung. Fahrradgruppen halten hier genauso an wie Menschen, die sich einfach treffen wollen. Es kann auch genutzt werden für Familienfeste wie Taufen, Geburtstage, Jubiläen und Beerdigungen. Fast immer trifft man hier auf Ordensschwestern, die ihren Kaffee trinken oder die im Service helfen. Diese niederschwelligen Begegnungsmöglichkeiten mit den Schwestern werden von beiden Seiten hoch geschätzt.

Die Franziskanerinnen haben sich in Kroge gut daran gewöhnt, dass ihr Kloster auch anderen Menschen offen steht. Ihre Kirche war es immer schon. Es ergeben sich andere Gesprächsthemen und neue Kontakte werden geknüpft. Die Schwestern nehmen gerne an den Angeboten des Hauses und des Dorfes teil. So ist eine neue intensivere Nachbarschaft entstanden, bei der man sich gegenseitig im Blick hat. Man weiß inzwischen z.B., wann „Schwester Oberin" ihren Geburtstag feiert und gratuliert ihr mit einem Ständchen. Bei den Jubiläen der Schwestern binden die Nachbarn einen Kranz und hängen ihn vor die Klostertür. Andererseits beteiligen die Schwestern sich an den Festen der Nachbarschaft und des Dorfes. Wenn man die Beteiligten fragt, so sind alle voll des Lobes über die neue Struktur und Ausrichtung des Klosters.

Anmerkungen

1. GK 2006, Art. 51.
2. GK 1988, Schlusswort S. 101.
3. PS 2009, Art. 90.
4. Richtlinien für die Formation in der Deutschen Provinz der Kongregation der Krankenschwestern vom Regulierten Dritten Orden des hl. Franziskus, PK 2001, unveröffentlicht.
5. Vgl.: SD 2017, Empfehlung 4: Formation.
6. Unveröffentlicht.
7. GK 1988, Art. 118.
8. CIC 1983, Can. 631.
9. GK 2000, Titel: Der Leitungsdienst in der Kongregation der Krankenschwestern vom Regulierten Dritten Orden des hl. Franziskus(Leitungsdokument), unveröffentlicht.
10. SD, 2000, Art. 8.
11. BReg. 10,5, zitiert im Leitungsdokument, S. 1.
12. Ahrens, Heribert, Menschen führen mit Franz von Assisi, 2017, S. 124.
13. Vgl.: Klara-Regel 4. Kap.
14. Ahrens, S. 61.
15. Vgl.: Grundlage: Gaudium et spes, 1. Kap. 16, und Lumen gentium, 2. Kap. 9, angeführt in: Leitungsdokument S. 3.
16. Vgl.: Leitungsdokument S. 3.
17. Altenheime des Ordens: St. Heriburg-Haus Münster, Franziskus-Haus Nordwalde, St. Josefs-Haus Seppenrade, St. Anna-Stift Lohne-Kroge, St. Bernhard-Hospital Kamp-Lintfort und Haus Maria Hilf in Telgte.
18. Vgl.: Sozialgesetzbuch XI, hier: Soziale Pflegeversicherung, in Kraft getreten am 26.05.1994, (BGBl. I 1014, 1015), letzte Änderung vom 18.07.2017 (BGBl I S. 2757, 2768).
19. https://www.med.de/, Stand:12.10.2018.
20. https://www.bundesgesundheitsministerium.de/themen/pflege/online-ratgeber-pflege/die-pflegeversicherung.html, Stand: 12.10.2018.
21. Vgl.: II. Pflegestärkungsgesetz (PSG II) vom 28.12.2015, letzte Änderung vom 07.03.2017.

22 https://www.pflege-grad.org/tabellen.html.de, Stand: 12.10.2018.
23 https://www.pflege-navigator.de/index.php?module=nursinghome&id=35632, Stand: 24.10.2018.
24 SGB XI § 43ff, Inhalt der Leistung: (1) Pflegebedürftige der Pflegegrade 2 bis 5 haben Anspruch auf Pflege in vollstationären Einrichtungen, Stand 2017; https://dejure.org/gesetze/SGB_XI/43.html, Stand: 26.10.2018.
25 Silviahemmet ist eine schwedische Stiftung, die im Jahre 1996 durch Königin Silvia von Schweden ins Leben gerufen wurde. Alice Sommerlath, ihre Mutter, war selbst an Demenz erkrankt. Vgl.: https://www.zerhusenbloemer.de/silviahemmet/ Stand: 26.10.2018.
26 https://www.zerhusenbloemer.de/klostercafe/Stand: 26.10.2018.

Schwester Diethilde Bövingloh

Internationale multikulturelle Gemeinschaft

Ausbreitung der Kongregation

„Wir sind Mitglieder einer internationalen, multikulturellen Kongregation von Franziskanerinnen."[1] Das ist der erste Satz des internationalen Mission Statements (2000). Er weist darauf hin, dass die Franziskanerinnen, ausgehend von Telgte und Münster-St. Mauritz, in mehreren Erdteilen leben, um den Menschen den heilenden Dienst anzubieten. Hörend auf den Ruf, der durch Gott an die Schwestern ergeht, und durch besorgte Menschen, die sie mit deren Not bekannt machen, lassen die Franziskanerinnen sich ergreifen und bieten ihre Hilfe dort an, wo es ihnen möglich ist.

Bereits vier Jahre nach der Gründung des Ordens in Telgte gingen vier der ersten sechs Schwestern nach Schlesien/Polen, um bei einer Typhus-Epidemie zu helfen. Im Zuge des Kulturkampfes und auf Einladung des Bischofs von Alton/Illinois in den U.S.A. reisten 1875 zwanzig Schwestern nach Springfield/Illinois, um dort als Krankenschwestern Arme und Kranke zu pflegen und zu versorgen. Damit war der internationale Weg für die Kongregation beschritten, der bis heute an kein Ende gekommen ist. Das Generalkapitel 2018 hat noch einmal „den Reichtum der Vielfalt und Einheit innerhalb unserer internationalen Kongregation trotz der Unterschiede in Sprache, Kultur und Brauchtum"[2] hervorgehoben.
„Seit 175 Jahren sind wir zu einer internationalen multikulturellen Kongregation, bestehend aus fünf Provinzen herangewachsen. Verbunden durch unser gemeinsames Charisma und unsere franziskanische Spiritualität sind wir aufgefordert, weiter eine heilende Präsenz für das Leben der Welt zu sein. Dazu sind wir in die Welt gesandt: ‚… wo immer wir sind und was immer wir tun'."[3] So formuliert es das Schlussdokument

des Generalkapitels 2018, das das Kapitelsthema aufnimmt. Es fordert uns auf, auch weiterhin authentisch nach dem Evangelium zu leben, so wie der hl. Franziskus es uns vorgelebt und aufgetragen hat. „Wir halten gemeinsam an unserem Charisma und unserer franziskanischen Spiritualität fest, heilende Gegenwart zu sein für das Leben der Welt." Mit diesen Worten gibt uns das Generalkapitel 2018 den Auftrag, mutig in die Zukunft zu gehen und dabei die leidenden Menschen nicht aus den Augen zu verlieren.

Zum ersten Mal fand 2018 das Generalkapitel außerhalb des deutschen Mutterhauses in der amerikanischen Provinz statt. Damit sollte ein eindrucksvolles Zeichen der internationalen Zusammengehörigkeit gesetzt werden.

Die Wurzeln der Kongregation der Krankenschwestern vom Regulierten Dritten Orden des hl. Franziskus liegen in der Stadt Telgte. 1853 kamen die Schwestern von dort nach Münster und errichteten neben der St. Mauritz-Kirche das St. Franziskus-Hospital mit dem angeschlossenen Kloster. Das wurde schon bald zum deutschen und später auch zum internationalen Mutterhaus. Von Deutschland aus gingen junge Schwestern 1848 nach Schlesien im heutigen Polen, 1875 in die U.S.A. und 1878 in die Niederlande. Etwa 100 Jahre später gründeten zwei deutsche Schwestern 1973 eine Missionsstation in Indien. Die Niederlassungen erstrecken sich inzwischen über fast ganz Indien.
Die Schwestern der amerikanischen Provinz missionierten seit 1925 in China. Aus politischen Gründen mussten die Schwestern 1948 das Land verlassen. Drei chinesische Schwestern lebten unter schwierigsten politischen Bedingungen im Untergrund und sind dabei ihrer Berufung treu geblieben. Schwester M. Odorika starb 1987 als letzte in China lebende Mauritzer Franziskanerin. Die ausgewiesenen China-Missionarinnen gründeten von Amerika aus 1948 in Japan neue Missionsstationen in Nibuno-Himeji und Nagasaki. Amerikanische Schwestern folgten ihnen, und schon bald sind japanische Frauen hinzugekommen, so dass sie vier Konvente errichten konnten. Amerikanische Schwestern boten ihren

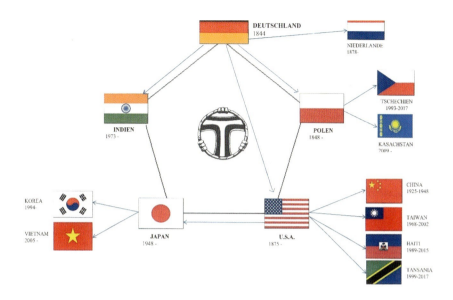

Die Ausbreitung der Kongregation 1844-2019.

missionarischen Dienst für einen umschriebenen Zeitraum den hilfebedürftigen Menschen an in Taiwan (1968 – 2002), Haiti (1989 – 2015) und Tansania (1999 – 2017). Nach Überwindung der kommunistischen Herrschaft gingen Schwestern aus Polen nach Tschechien (1993 – 2017), und sie haben seit 2009 zwei Niederlassungen in Kasachstan aufbauen können. Die japanischen Schwestern sind in Korea (seit 1994) und in Vietnam (seit 2005) tätig. Junge Frauen von dort, die von dem Leben und dem Dienst der Franziskanerinnen so beeindruckt sind, dass sie in die Gemeinschaft eintreten möchten, absolvieren ihr Noviziat in Japan.[4]

Struktur und Organisation der Gemeinschaft

„Die Gesamtkongregation wird von der Generaloberin und ihrem Rat geleitet und verwaltet und ist in Provinzen, Regionen und Missionsstationen aufgeteilt. (…) Jede Schwester wird in einen bestimmten Konvent und einer bestimmten Provinz/Region eingegliedert."[5]

Die Generalleitung hat ihren Sitz in Münster. Sie besteht aus der Genraloberin, der Generalvikarin (Stellvertreterin) und mindestens zwei und nicht mehr als fünf weiteren Generalrätinnen. „Die Generaloberin vertritt die Kongregation gegenüber den kirchlichen und öffentlichen Behörden. Sie ist berechtigt, für die Kongregation zu zeichnen."[6] Im Jahr 1994 wählte das Generalkapitel die Amerikanerin Schwester Mary Ann Minor zur ersten nicht-deutschen Genraloberin. Sie übte das Amt für zwei Amtszeiten von jeweils sechs Jahren aus. Ihr folgte 2006 die Amerikanerin Schwester Sherrey Murphy, die das Amt nach ebenfalls zwei Amtsperioden 2018 an die deutsche Schwester M. Margarete Ulager weitergab. Als erste nicht-deutsche Ratsschwester wurde die Amerikanerin Schwester Clarella bereits 1976 in die Generalleitung gewählt. Seitdem sind immer mehrere Schwestern aus allen Provinzen in der Internationalen Ordensleitung vertreten. Sie repräsentieren die Internationalität der Gemeinschaft in besonderem Maß und leben in Münster gemeinsam in einem multikulturellen Konvent. Hier bilden sie die weltweite Gemeinschaft im Kleinen ab.

Die Ordensgemeinschaft teilt sich heute auf in fünf Provinzen: die deutsche, polnische, amerikanische, japanische und indische. Die Provinzen werden geleitet von der Provinzoberin und ihrem Rat. Die Provinzoberin hat für ihren Bereich die gleichen Rechte und Befugnisse wie die Generaloberin.

Eine Region besteht zurzeit nicht. Die indische Mission war in ihrer Aufbauphase von 1994 – 2013 eine Region, die dem Generalat unterstand. „Eine Region ist eine Gründung von ein oder mehreren Konventen in Missions- oder anderen Gebieten, die sich noch nicht zu einer unabhängigen Provinz entwickelt hat."[7]

Die kleinste strukturelle Einheit ist der Konvent. Hier sind die Schwestern beheimatet. „Der Konvent ist eine Gruppe von Schwestern, die in einer bestimmten Niederlassung und unter der Leitung einer Konventsoberin lebt oder dieser zugeordnet ist."[8]

Versetzungen in andere Konvente, auch außerhalb der eigenen Provinz, sind möglich und teilweise gewünscht. Dabei werden die Belange des Ordens mit den Fähigkeiten und Wünschen der Schwestern möglichst abgeglichen.

Verankerung in der Kirche und in der Franziskanischen Gemeinschaft

Das Römische Dekret über die endgültige Anerkennung und Bestätigung als Kongregation Päpstlichen Rechts erhielt die Gemeinschaft durch das damalige Sekretariat der hl. Kongregation der Bischöfe und Ordensleute am 2. Oktober 1902. Darin heißt es u.a.: „Die Zahl der Schwestern hat sich außerordentlich vermehrt und die Genossenschaft ist weithin verbreitet, nicht allein in verschiedenen Teilen Europas, sondern auch in den weit entlegenen Landstrichen Amerikas; und ihrer Häuser werden jetzt schon 122 gezählt. Was noch erfreulicher ist, das ist die Tatsache, daß die genannten Schwestern mit der Gnade von Oben immerdar Christi Wohlgeruch verbreiten und eine reiche Fülle heilsamer Früchte hervorgebracht haben, so daß sie die Bewunderung und Liebe selbst jener erlangt haben, die der katholischen Religion feindlich gesinnt sind."[9]
Damit verbunden ist, dass die Kongregation ihre Generalkonstitutionen in Rom bestätigen lassen muss. Das betrifft auch alle Änderungen und Anpassungen, die die Kapitel vornehmen. Das Approbationsdekret über die Anerkennung der aktuellen Generalkonstitutionen erhielt die Gemeinschaft am 6. Juli 2007.[10]

Dem Franziskanerpater Christoph Bernsmeyer war es ein Anliegen, dass die Schwestern der von ihm gegründeten Ordensgemeinschaft aus dem Geist des hl. Franziskus und nach der „Regel und Leben der Brüder und Schwestern von Regulierten Dritten Orden des hl. Franziskus"[11] leben und ihr Handeln ausrichten. Nachdem die Gemeinschaft 1901 das Approbationsdekret aus Rom erhalten hatte, erteilte der Generalvikar der Franziskaner Pater David Flemming 1902 die Filiationsurkunde, in der er den Franziskanerinnen von Münster-St. Mauritz die Privilegien einräumte, die dem Franziskanerorden „zwecks Anteilnahme an allen geistlichen Gütern unseres Ordens (…), der Art daß ihr sowohl im Leben, als auch in der Todesstunde Anteil habt an allen Verdiensten"[12].

Leben mit unterschiedlichen Sprachen

Die Ordensgemeinschaft wird immer bunter, weltumspannender und multikultureller. Mit den neuen Schwestern kommen auch weitere Sprachen in die Gemeinschaft. Die internationalen Kapitel und Konferenzen werden in Deutsch, Englisch, Polnisch und Japanisch simultan gedolmetscht. In den vier Sprachen werden alle Schwestern empfangen, wenn sie in das internationale Mutterhaus nach Münster kommen. Im Eingang ist der Segen des hl. Franziskus in diesen Sprachen in die Fensterscheiben eingraviert. Alle Schwestern beherrschen mindestens eine dieser Sprachen. Bei den internationalen Zusammenkünften war Deutsch lange die Konferenzsprache. Alle Dokumente wurden in deutscher Sprache verfasst und dann in die anderen übersetzt. Die Schwestern haben erkannt, dass im Zeitalter der Globalisierung eine gemeinsame Sprache unsere internationalen Beziehungen fördern und unseren kulturellen Horizont zu erweitern hilft. Das Generalkapitel 2000 fasste deshalb den Beschluss: „dass in den kommenden Jahren Deutsch und Englisch unsere offiziellen Sprachen sind. Langfristig sollen die Bemühungen dahin gehen, Englisch zu unserer einzigen offiziellen Sprache zu machen. Jede Schwester, die in der Lage und willens ist, sollte eine Fremdsprache lernen."[13]

Internationale und multikulturelle Begegnungen

„Alles wirkliche Leben ist Begegnung"[14] sagt der jüdische Philosoph Martin Buber. Begegnungen bestimmen und bereichern unser Leben. Wir Mauritzer Franziskanerinnen haben das große Glück, Menschen aus anderen Ländern und Kulturen zu unseren Mitschwestern zählen und uns mit ihnen geschwisterlich austauschen zu können. Je besser wir uns kennen und im Blick haben, umso leichter wird es, füreinander einzustehen und zu sorgen.

Das Generalkapitel 2006 hat sich unter dem Thema: „Bringe Christi heilende Gegenwart ..."[15] der Internationalität in besonderer Weise angenommen und festgestellt, dass sie gewachsen ist und zunehmend als unsere persönliche und gemeinschaftliche Identität empfunden wird. „Wir erkennen die Internationalität als einen Wert, der uns verbindet, stärkt und unsere Perspektiven für die Zukunft weitet. Sie ist auch eine Aufgabe, die konkretes Handeln erfordert."[16]

So haben sich neben den regelmäßig stattfindenden Generalkapiteln und Leitungskonferenzen weitere formelle und informelle Kontakte und Verbindungen zwischen den Schwestern über die Länder- und Sprachgrenzen hinweg gebildet. Das Generalkapitel 2018 betont, dass die zur Tradition gewordenen Treffen auch in Zukunft weiter stattfinden sollen.[17]

Die jungen Schwestern (3 – 10 Jahre nach der ewigen Profess) können seit 1994 an dem für sie eingerichteten Internationalen Formationsprogramm (IFE) teilnehmen. Sie treffen sich im Mutterhaus in Münster zum gegenseitigen Kennenlernen sowie zum Austausch über franziskanische und weitere religiöse Themen. In diese Zeit ist auch ein Aufenthalt in Assisi integriert, um den gemeinsamen franziskanischen Wurzeln der Gemeinschaft nahe zu sein und hier Exerzitien zu machen. Der mitschwesterliche Austausch hat dabei einen besonderen Stellenwert. Auch über die Sprachgrenzen hinweg verstehen sich die jungen Schwestern und lernen einander besser kennen und schätzen.

2004 fand das erste ‚Internationale Spirituelle Erneuerungs- und Kultur-Austauschprogramm' (ISRCEP)[18] in Japan statt. Es wird alle zwei Jahre von einer anderen Provinz angeboten und richtet sich an Schwestern aus allen Provinzen, die eine gemeinsame Zeit miteinander verbringen. Sie lernen die einladende Provinz kennen und setzen sich mit der Spiritualität der Gemeinschaft auseinander. Außerdem werden von der Ordensleitung Austausche für kurze oder auch längere Zeit angeregt, um sowohl das Leben miteinander zu teilen als auch die Provinzen in ihren Bedürfnissen zu unterstützen.[19] Sie fördern „die Einheit in der Vielfalt durch größere Offenheit für andere Kulturen und lädt (laden) uns ein, zusammen zu leben. Diese Erfahrung vertieft die Internationalität und bestärkt uns in unserer gegenseitigen Verantwortung."[20]

Das Schlusswort (2006) sagt: „In unseren unterschiedlichen Kulturen teilen wir dasselbe Charisma und denselben Sendungsauftrag. Wir erkennen: Christi heilende Gegenwart zu sein, ist ein Geschenk; Christi heilende Gegenwart zu bringen, ist unser Auftrag. Lasst uns beginnen …!"[21]

Anmerkungen

1. Internationales Mission Statement der Krankenschwestern vom Regulierten Dritten Orden des hl. Franziskus (Selbstverständnis und Sendungsauftrag) GK 2000, SD S. 3.
2. Generalkapitel 2018, SD S. 8.
3. Generalkapitel 2018, SD S. 1.
4. Vgl.: Zeittafel der Kongregation 2007.
5. GK 2006, Art. 109.
6. GK 2006, Art. 144.
7. GK 1988, Art. 225.
8. GK 2006, Art. 224.
9. Dekret: Endgültige Apostolische Bestätigung der Genossenschaft der Krankenschwestern nach der Dritten Regel des hl. Franziskus in Münster, Rom, 2. Oktober 1902, veröffentlicht in GK 2006, S. 127f.
10. Veröffentlicht in GK 2006, S. 134.
11. Veröffentlicht in GK 2006, S. 11ff.
12. Filiationsurkunde von 1902, mit der unsere Kongregation dem Franziskanerorden angeschlossen wurde, gegeben in Rom im Kloster vom hl. Antonius, am 20 Mai 1902, veröffentlicht in GK 2006, S. 129.
13. GK 2000, SD, Beschluss Nr. 25.
14. https://www.zitate.eu/author/buber-martin-dr/zitate/3883, Stand: 15.10.2018.
15. GK 2006, Kapitelsthema.
16. GK 2006, SD, 5. Internationalität, S. 7.
17. GK 2018, SD, S. 8.
18. ISRCEP – international spiritual renewal cultural experience program.
19. Vgl.: GK 2006, SD, 5.2 Investition in die Zukunft, S. 8f.
20. GK 2006, SD, 5.5 Der internationale Austausch, S. 9.
21. GK 2006, SD, 7. Schlusswort, S. 10.

Schwester Diethilde Bövingloh, Schwester Theodore Hofschen, Schwester Walfriede Schlautmann

Leben aus dem franziskanischen Geist – Die Weggemeinschaft

Beeindruckt von der Organisation der ‚assoziierten Laien' der Mitschwestern in der Amerikanischen Provinz, die sich nach dem II. Vatikanum gebildet hatte, entstand auch in der Deutschen Provinz der Wunsch, uns mit interessierten Nicht-Ordensmitgliedern zusammen auf den Weg zu machen, gemeinsam Franziskus näher kennenzulernen und aus seiner Spiritualität zu leben. Während sich in der Amerikanischen Provinz vor allem Mitarbeiter/innen für diesen Weg entschieden, kommen in Deutschland Menschen, die uns kennengelernt haben durch die Mitschwestern, über Mundpropaganda und auch über die Homepage des Ordens. Sie kommen aus vielen Teilen Norddeutschlands. Es sind Frauen und Männer, die sich berufen fühlen, zusammen mit den Ordensschwestern in den franziskanischen Geist hineinzuwachsen und ihr Leben daraus zu gestalten.
So hat sich 2000 die ‚Weggemeinschaft' gebildet. Wir sehen darin einen Weg der gegenseitigen Unterstützung, die je eigene Berufung zu leben und uns gegenseitig zu bereichern. Wir laden im Flyer der Weggemeinschaft dazu ein: „Wenn es Dir gut tut, dann komm!"[1]

Kirchliche und ordensrechtliche Verankerung

Die Würzburger Synode der Deutschen Bistümer (1971 – 1975) fordert dazu auf, dass die Orden prüfen mögen, ob sie Christen, die mit ihnen einen Weg des Glaubens gehen wollen, die Möglichkeit des zeitweisen oder dauerhaften Zusammenseins und der Teilhabe am Lebensraum der Gemeinschaft geben können.[2] Die Generalkonstitutionen von 1988 geben unserer internationalen Gemeinschaft mit auf den Weg: „Mit allen Chris-

ten verbindet uns die gemeinsame Berufung durch die Taufe. Deshalb erkennen wir das einzigartige Zeugnis der Laien und ihre Sendung in der Kirche. Wir lassen sie teilhaben am Reichtum unseres franziskanischen Erbes und ermutigen sie so zu ihrer je eigenen Antwort auf das Evangelium. Wir schätzen ihre Glaubenserfahrungen. Die hingebende tätige Liebe, die wir an ihnen erleben, ist für uns eine Herausforderung."[3]
Im Provinzkapitel der Deutschen Provinz wurden diese Gedanken für uns 1997 weiter konkretisiert in dem Beschluss: „Wir sind offen für Menschen, die sich als Nichtordenschristen unserer Gemeinschaft anschließen möchten und befürworten eine erweiterte Mitgliedschaft in unserer Provinz. … Mit jenen, die sich uns anschließen, können wir im gegenseitigen Austausch unsere franziskanische Spiritualität fördern und vertiefen."[4]

Weisungen für die Weggemeinschaft

Nach dem Kapitel hat sich eine von der Provinzleitung einberufene Arbeitsgruppe gebildet, die ein Konzept für die ‚erweiterte Mitgliedschaft in unserer Provinz' erarbeitete, das sich an den Erfahrungen der amerikanischen Schwestern orientierte. Der Name ‚Weggemeinschaft' verdeutlicht, dass es ein gemeinsames Gehen auf dem franziskanischen Glaubensweg und ein gegenseitiges spirituelles Bereichern aller Mitglieder sein soll. Schwester M. Walfriede wurde zur ersten Leiterin der Weggemeinschaft ernannt. Unter ihrer Federführung erarbeitete eine Gruppe die „Weisungen für die Mitgliedschaft in der Weggemeinschaft der Deutschen Provinz", die 2001 vom Provinzkapitel gutgeheißen und von der Provinzleitung in Kraft gesetzt wurden.[5]

Voraussetzungen für die Mitgliedschaft

Aufgenommen werden können Christen und Christinnen, die ihr Leben im franziskanischen Geist gestalten möchten und sich gemäß dem Sendungsauftrag der Ordensgemeinschaft orientieren und engagieren wollen und die Ermutigung im Glauben suchen und einander zu schenken bereit sind.

Aufnahme und Verbindlichkeit

Die Interessenten haben die Möglichkeit, während einer Orientierungsphase an den regelmäßigen Treffen teilzunehmen, um sich nach ein bis zwei Jahren zu entscheiden, ob sie Mitglied werden oder weiter als Interessierte an den Treffen teilnehmen möchten. Wenn jemand sich für die Mitgliedschaft entscheidet, dann findet nach der schriftlichen Bitte um die Aufnahme ein Gespräch mit der Provinzoberin statt, in der die

Motivation der interessierten Person herausgefunden wird und ihr die Weisungen und deren Verbindlichkeit vorgestellt werden. Danach erfolgt die Aufnahme im Rahmen eines Vespergottesdienstes in der Mutterhauskirche. Dabei verspricht der/die Bewerber/in:
„Ich, (NN), wünsche in die Weggemeinschaft der Deutschen Provinz der Kongregation der Krankenschwestern vom Regulierten Dritten Orden des hl. Franziskus aufgenommen zu werden. Ich verspreche, mich am Leben und Gebet der Gemeinschaft zu orientieren und mich gemäß ihrer Sendung einzusetzen. Das möge mir helfen, als Christ / Christin in dieser Welt zu leben und zu wirken. Ich will Zeugnis geben für das Evangelium Jesu Christi im Geist des hl. Franziskus."[6]

Das neu aufgenommene Mitglied erhält ein Tau-Zeichen, das alle Mitglieder als gemeinsames Zeichen des Segens, des Friedens und der Wertschätzung aller Geschöpfe Gottes tragen.
Eine juristische Verpflichtung zwischen der Ordensgemeinschaft und dem Mitglied der Weggemeinschaft besteht nicht. Die Mitglieder verstehen sich als Weggefährt/innen im Glauben und wissen sich mit der Ordensgemeinschaft und untereinander verbunden durch das tägliche Gebet des hl. Franziskus, das er vor dem Kreuz von San Damiano gebetet hat:
„Höchster, glorreicher Gott, erleuchte die Finsternis meines Herzens und schenke mir rechten Glauben, gefestigte Hoffnung und vollendete Liebe. Gib mir, Herr, das rechte Empfinden und Erkennen, damit ich deinen heiligen Auftrag erfülle, den du mir in Wahrheit gegeben."[7]

Die Mitglieder nehmen an den Treffen der Weggemeinschaft teil und pflegen ein geschwisterliches Miteinander im franziskanischen Geist. Sie orientieren sich an Geist, Gebet und Sendung der Ordensgemeinschaft und engagieren sich ehrenamtlich im Rahmen ihrer Möglichkeiten. Zu besonderen Veranstaltungen und Festen der Franziskanerinnen werden sie eingeladen und haben die Möglichkeit, an Bildungsveranstaltungen, Besinnungstagen und Exerzitien des Ordens teilzunehmen. Durch die Zeitschrift „Provinz-Echo" erhalten sie Informationen über die aktuellen Ereignisse der Gemeinschaft.

Leitung der Weggemeinschaft

Von 2000 bis 2008 hat Schwester Walfriede die Weggemeinschaft aufgebaut und geleitet. Danach wurde für kurze Zeit ein Leitungsteam eingesetzt aus zwei Ordensschwestern und zwei Mitgliedern der Weggemeinschaft. Das war nicht zielführend. Seit 2010 leitet Schwester Theodore die Gemeinschaft gemeinsam mit einem weiteren Mitglied, das jeweils für zwei Jahre durch alle Mitglieder gewählt und von der Provinzleitung bestätigt wird. Schwester Theodore hat die Überarbeitung der Weisungen auf den Weg gebracht, weil die ersten nicht mehr der Entwicklung der Weggemeinschaft entsprachen. Diese wurden im Provinzkapitel 2013 verabschiedet und sind bis heute gültig.

Verwurzelung in der Ordensgemeinschaft

In den ersten Jahren haben zehn bis zwölf Schwestern an den Treffen teilgenommen. Diese Zahl hat sich heute aus Altersgründen auf sechs reduziert. Insgesamt waren etwa 40 Frauen und Männer Mitglied der Weggemeinschaft. Aktuell sind es 21 und zwei Interessierte. Drei Frauen haben den Status der Ehrenmitgliedschaft zuerkannt bekommen, da sie aus Altersgründen nicht mehr regelmäßig an den Treffen teilnehmen können, sich aber weiterhin der Weggemeinschaft verbunden fühlen. Eine immer stärkere Verwurzelung in der Ordensgemeinschaft ist wünschenswert. Der eingeschlagene Weg ist dafür sicher zukunftweisend und zukunftsorientiert.

Ehrenamtliche Dienste der Mitglieder

Die meisten Mitglieder haben Kontakt zu den Schwestern vor Ort, dort wo sie wohnen. So unterstützen sie die Schwestern z.B. beim täglichen Vespergebet in der Gnadenkapelle in Telgte, übernehmen die Aufgabe, die Krankenkommunion zu den Patienten oder Altenheimbewohnern zu bringen, besonders auch dann, wenn der Schwesternkonvent aufgelöst werden musster. Sie übernehmen dann oft auch den Küsterdienst in der Kapelle. Das ist ein besonderer Trost für die Schwestern, die den Ort verlassen und denen der Gottesdienst sehr am Herzen liegt. Das geschieht z.B. in vorbildlicher Weise in Riesenbeck und auch in Bremen. An anderen Orten unterstützen sie die Schwestern bei den täglichen Arbeiten für den Konvent. Mit dieser Hilfe können einige Schwestern länger in ihrer gewohnten Umgebung bleiben, als es sonst möglich wäre. So werden die Mitglieder der Weggemeinschaft zu einem Geschenk für die Ordensmitglieder, das diese dankbar annehmen. Außerdem übernehmen alle Mitglieder ehrenamtliche Aufgaben in ihren Gemeinden, sowohl bei der Gottesdienstgestaltung als auch im sozialen Bereich.

Anmerkungen

1   Franziskus schreibt an Bruder Leo: „Und wenn es dir um deiner Seele oder deines sonstigen Trostes willen notwendig ist und du zu mir zurückkommen willst, so komm", Franziskus, Brief an Bruder Leo, Vers 4, Franziskus-Quellen, S. 107. - In der franziskanischen Spiritualität wird gerne die verdichtete Form des Zuspruchs an Bruder Leo genutzt: „Wenn es dir gut tut, dann komm". https://franziskaner.net/bruder-leo, Stand: 26.09.2018.
2   Vgl. Würzburger Synode, hier: Die Orden und andere geistliche Gemeinschafen - Auftrag und pastorale Dienste heute, Empfehlung 6. In: Gemeinsame Synode der Bistümer in der Bundesrepublik Deutschland. Hrsg. im Auftrag des Präsidiums der Gemeinsamen Synode der Bistümer in der Bundesrepublik Deutschland. Freiburg 1976.
3   Generalkonstitutionen (1988) Art. 56.
4   Erweiterte Mitgliedschaft in unserer Provinz. Beschluss des Provinzsachkapitels 1997.
5   Weisungen für die Weggemeinschaft der Franziskanerinnen von Münster- St. Mauritz, 2001, 2013 wurden sie überarbeitet und jeweils von der Provinzleitung in Kraft gesetzt.
6   Weisungen, hier: II. Mitgliedschaft in der Weggemeinschaft, b) Aufnahme als Mitglied, S. 4.
7   https://franziskaner.net/hoechster-glorreicher-gott, Stand: 25.09.2018, Urtext in: Franziskus-Quellen, S. 13.

Klaus Goedereis / Michael Fischer

Übergabe der Werke in die St. Franziskus-Stiftung Münster

Der Ordensgründer Pater Christoph Bernsmeyer und die ersten Schwestern konnten bereits 1848 das St. Rochus-Hospital in Telgte eröffnen. Es war das erste der Krankenhäuser, die die Franziskanerinnen von Münster-St. Mauritz gegründet haben, um kranken und alten Menschen adäquat helfen zu können. 1854 kam das St. Franziskus-Hospital in Münster hinzu, weitere Krankenhäuser folgten, aus denen bis heute große Institutionen geworden sind, die von den Ordensfrauen geleitet, gestaltet und verwaltet wurden. Hier wurden die franziskanischen Werte, die die Schwestern bewegten, in Form gelebter Nächstenliebe und Caritas konkret sichtbar. In der zweiten Hälfte des 19. Jahrhunderts gründeten Pfarrgemeinden, gemeinnützige Vereine und Stiftungen ebenfalls Krankenhäuser. Viele im Münsterland, dem Oldenburger Land, Emsland, Bremen, im Ruhrgebiet und dem Rheinland gegründete Hospitäler baten die Franziskanerinnen, neben der Pflege auch die Leitung der Einrichtung zu übernehmen. Wann immer das personell möglich war, folgten sie dem Wunsch und brachten sich in vielfältiger Weise ein.

Nachdem die Ordensschwestern in zwei Weltkriegen die Hospitäler aufrecht erhalten und viele Einrichtungen nach dem Krieg wieder mit aufgebaut hatten, haben sich die gesellschaftlichen und rechtlichen Rahmenbedingungen ab den 1970er Jahren für die Krankenhäuser stark verändert. Gleichzeitig nahm die Zahl der Schwestern, die den Dienst übernehmen konnten, stark ab. Deshalb mussten sie sich nach und nach aus den meisten dieser Einrichtungen zurückziehen, in denen sie oft weit über 100 Jahre segensreich tätig gewesen waren.

„Wir sind nicht die Besitzer, sondern die Verwalter"

Auf dem Provinzkapitel 2001 haben die Mauritzer Franziskanerinnen den Beschluss gefasst, die ordenseigenen Hospitäler in eine zukunftssichere, vom der Entwicklung des Ordens grundsätzlich unabhängige Struktur zu überführen, welche die Weiterführung der Tradition und Werte in den Einrichtungen sicherstellt. Es waren die Kliniken:
- St. Rochus-Hospital Telgte,
- St. Franziskus-Hospital Münster mit der Klinik Maria Frieden Telgte,
- St. Elisabeth-Hospital Meerbusch-Lank,
- St. Bernhard-Hospital Kamp-Lintfort,
- St. Barbara-Klinik Hamm-Heessen.

Der Weg zu dieser Entscheidung war ein langer Prozess. Die Schwestern haben sich u.a. gefragt, ob ihnen die Einrichtungen, die zwar im gesellschaftsrechtlichen Eigentum der Genossenschaft waren, im franziskanischen Geist wirklich gehörten. „Auf diese Frage können wir nur die Antwort geben: Nein, wir sind nicht die Besitzer und die Häuser können uns auch niemals gehören, denn in Wahrheit sind wir nur Verwalter dieser Institutionen. Sie sind uns gegeben, anvertraut, damit wir in ihnen die Kranken pflegen und betreuen und ihnen so von der Liebe und Güte Gottes künden. Wir sind also Verwalter im Sinne des Lukasevangeliums (16,1-8). Mit diesem Gleichnis lässt sich unsere Stellung gut beschreiben. Ein Verwalter ist nicht „Herr", sondern ihm ist etwas nur auf Zeit gegeben worden, nur für eine gewisse Zeitspanne". Dennoch gab und gibt es selbstverständlich eine große Identifikation der Schwestern mit den Krankenhäusern und umgekehrt, sowohl intern wie auch extern.
Vor diesem Hintergrund übertrugen die Mauritzer Franziskanerinnen ihre Krankenhäuser in die bereits im Jahr 1997 von ihnen gegründete St. Franziskus-Stiftung Münster. Als im Zuge der Entwicklungen im Gesundheitswesen Krankenhäuser, in denen Mauritzer Schwestern, aber auch andere Pflegeorden zumeist in Gestellung tätig waren, anfragten, ob die Mauritzer Schwestern bereit wären auch die Trägerschaft zu übernehmen, wurde die St. Franziskus-Stiftung gegründet, um weitere Kran-

kenhäuser dort einzubringen. Als rechtliches Vehikel wurde bewusst eine kirchliche rechtsfähige Stiftung privaten Rechts gewählt, in der es keine Eigentümerinteressen gibt und die neben dem Vermögenserhalt ausschließlich der inhaltlichen Zweckerfüllung gemäß Stiftungssatzung dient. Insofern lag es nahe, auch die „eigenen" Einrichtungen in die Verantwortung der bereits gegründeten Stiftung zu geben. Das geschah offiziell am 1. Januar 2004, der offizielle Festakt fand am 21. Februar 2004 statt.

Die Übergabe der ordenseigenen Werke markiert einen tiefen Einschnitt im Selbstverständnis des Ordens, denn die Schwestern übergaben einen wesentlichen Teil ihres Lebenswerks an eine Stiftung, die sie zwar selbst gegründet hatten, aber die sie mit Festlegung der Satzung nicht auf Dauer „dominieren" oder „kontrollieren" wollten. Die damalige Generaloberin der Franziskanerinnen, Schwester Mary Ann Minor, drückte dies in ihrer Ansprache anlässlich der Feier zur Übergabe der ordenseigenen Krankenhäuser in die von der Ordensgemeinschaft gegründete St. Franziskus-Stiftung Münster deutlich aus: „Dieses Ereignis ist wirklich ein schmerzvolles für uns Schwestern, aber gleichzeitig ist es auch eine Zeit, um über eine neue Vision für unsere Zukunft nachzudenken (...). Wir selber lebten sehr arm und waren Tag und Nacht verfügbar für jene, die unseren Dienst brauchten. Wir waren sehr glücklich und verbreiteten unsere Freude bei allen, mit denen wir zusammentrafen. Wir gaben bereitwillig unser ganzes Leben für die Menschen und wurden immer wieder gestärkt durch unser Gebet und die heilige Eucharistie (...). Wir alle fanden unsere größte Zufriedenheit und Erfüllung darin, dass wir Christi heilende Hände für die Geringsten der Brüder und Schwestern sein durften (...). Diejenigen von Ihnen, die nun die Verantwortung übernommen haben für die Fortsetzung des Apostolates der Schwestern in unseren Hospitälern, haben ein sehr, sehr wertvolles Erbe erhalten. Ihnen ist viel mehr anvertraut worden als nur Land, Gebäude und Geld. In Ihre Hände gelegt sind die Tradition von 160 Jahren hingegebenen Dienstes an den Kranken, 160 Jahre persönliches Opfer und 160 Jahre vom Gebet getragenes Engagement. Ihnen ist die Geschichte und das geistliche Vermächtnis, das in den Herzen und im Geist der Schwestern lebendig ist, anvertraut."

Es kann wohl kaum deutlicher in Worte gefasst werden: Es geht bei der Übergabe nicht primär um Grund und Boden, Gebäude oder Vermögen, vielmehr geht es im Kern um eine über Generationen gewachsene „Unternehmens-"Identität. Diese Identität, so ist es in der Stiftungsurkunde geschrieben, gilt es auch ohne die Anwesenheit der Ordensschwestern zu bewahren und fortzuführen. Waren bislang die Ordensschwestern als Personen die Garantie dafür, dass ein Krankenhaus christlich geführt wurde, ist das in Zukunft nicht mehr der Fall. Gleichwohl ist der Stiftung die Weiterführung des geistlichen Erbes der Franziskanerinnen aufgetragen. Die Generaloberin drückte in der bereits erwähnten Feier ihre Hoffnung aus: „Wir glauben, dass Sie unser Erbe weitertragen, unser Erbe der Liebe und des Dienstes an den Kranken, den Armen, den Ausgestoßenen und allen, die nicht für sich selbst sorgen können. (...) Tragen Sie dieses kostbare Erbe mit seiner Vision, der Philosophie der Pflege, des Mitgefühls, der Freude und des Engagements tief in Ihrem Herzen."
 Für die Stiftung und deren Einrichtungen geht es darum, dieses Erbe anzunehmen, es als ihren zentralen Auftrag zu verstehen und es immer neu im unternehmerischen Gestalten, Lenken und Leiten umzusetzen.
Die feierliche Übertragung der ordenseigenen Krankenhäuser in die St. Franziskus-Stiftung bildete den vorläufigen Abschluss eines langen Weges. Das Lebenswerk, das die Gemeinschaft aufgebaut hat, wurde in andere Hände übergeben. Die Schwestern haben nicht nur ihre Werke, sondern ebenso die damit verbundenen Werte übergeben. Dies ist somit Anspruch und Herausforderung an die neuen Verantwortungsträger.

Die Stiftungsurkunde

Die Franziskanerinnen haben ihr Vermächtnis als Auftrag für die Stiftung klar formuliert: die übergebenen Werke sollen in ihrem Sinn weitergeführt werden. Die nachfolgende Abbildung zeigt diese Stiftungsurkunde, welche den Zweck und den Auftrag der St. Franziskus-Stiftung Münster in Worte fasst.

Urkunde

anlässlich der Übertragung der Krankenhäuser
auf die St. Franziskus-Stiftung Münster

Nach fast einhundertsechzigjähriger Ordensgeschichte überträgt die
Genossenschaft der Krankenschwestern nach der III. Regel des hl. Franziskus
ihre Trägerschaft an den Krankenhausgesellschaften und damit einen Großteil ihrer
Ordenswerke, namentlich die

St. Franziskus-Hospital GmbH, Münster
St. Rochus-Hospital Telgte GmbH
St. Bernhard-Hospital Kamp-Lintfort GmbH
St. Elisabeth-Hospital Meerbusch-Lank GmbH
St. Barbara-Klinik Hamm-Heessen GmbH

auf die St. Franziskus-Stiftung Münster.

Die Genossenschaft der Krankenschwestern nach der III. Regel des hl. Franziskus
stiftet ihre Werke im Bewußtsein Ihrer Verantwortung vor Gott und
den Hilfe suchenden Menschen in Krankheit, Alter und Behinderung.

Sie verbindet mit dieser Übertragung die Hoffnung, dass die St. Franziskus-Stiftung
Münster diese Werke im Sinne der Ordensgemeinschaft fortführt.
Insbesondere, dass allen der St. Franziskus-Stiftung Münster anvertrauten Menschen mit
Liebe und Achtung, mit Geduld und Freundlichkeit zum Guten gedient wird
und sich die St. Franziskus-Stiftung Münster ganzheitlich
um die ihr anvertrauten Menschen sorgt.
Möge die St. Franziskus-Stiftung Münster in ihrem Handeln der Schöpfung
Ehrfurcht entgegenbringen, Frieden und Gerechtigkeit leben und fördern,
die Würde aller Menschen respektieren und mit den vorhandenen Ressourcen
verantwortungsbewußt umgehen.

Darüber hinaus verknüpft die Ordensgemeinschaft mit dieser Übertragung
die Erwartung, dass sich alle Mitarbeiter und Mitarbeiterinnen
in den übertragenden Einrichtungen als eine Dienstgemeinschaft erleben
und sich durch ihr tägliches Handeln als „Glied des Leibes Christi",
wie es Paulus in seinem Brief an die Korinther schreibt (Kor 12,12 ff), verstehen.
Dann wird Christi heilende Gegenwart spürbar.

Die Deutsche Ordensprovinz der Krankenschwestern des hl. Franziskus
ist zuversichtlich, dass die St. Franziskus-Stiftung Münster
ihren neuen Weg weiterhin im franziskanischen Geist gehen wird.

Münster, 1. Januar 2004
Schwester M. Theresina Dehne
Provinzoberin

Stiftungsurkunde

Die Ausführungen über den Stiftungszweck sind für den hiesigen Kontext besonders interessant. In der Urkunde heißt es:

„Die Genossenschaft der Krankenschwestern nach der III. Regel des hl. Franziskus stiftet ihre Werke im Bewusstsein ihrer Verantwortung vor Gott und den Hilfe suchenden Menschen in Krankheit, Alter und Behinderung. Sie verbindet mit dieser Übertragung die Hoffnung, dass die St. Franziskus-Stiftung Münster diese Werke im Sinne der Ordensgemeinschaft fortführt. Insbesondere, dass allen der St. Franziskus-Stiftung anvertrauten Menschen mit Liebe und Achtung, mit Geduld und Freundlichkeit zum Guten gedient wird und sich die St. Franziskus-Stiftung Münster ganzheitlich um die ihr anvertrauten Menschen sorgt. Möge die St. Franziskus-Stiftung Münster in ihrem Handeln der Schöpfung Ehrfurcht entgegenbringen, Frieden und Gerechtigkeit leben und fördern, die Würde aller Menschen respektieren und mit den vorhandenen Ressourcen verantwortungsbewusst umgehen."[1]

Die Ordensschwestern haben ihr Gründungscharisma in eine neue Organisationsform gestiftet und somit entschieden, ihre Werke von anderen und unter veränderten Rahmenbedingungen weiterführen zu lassen.

Weiterführung des Auftrags

Die St. Franziskus-Stiftung Münster geht seit über zwanzig Jahren den Weg, das ihr anvertraute Erbe und den Auftrag der Mauritzer Franziskanerinnen weiterzutragen. Schaut man auf die zurückgelegte Wegstrecke, zeigt sich, wie sich dieser Weg entwickelt hat und welche Themenfelder sich dabei als wichtig erwiesen haben. Das folgende Schaubild gibt einen Überblick. Es handelt sich dabei um eine Auswahl der Themenfelder, die im Rahmen der Umsetzung des christlichen Profils von Bedeutung sind. Auf der linken Seite der Darstellung finden sich die Themenbereiche wie Leitbild, Qualität, Ethik usw., um die sich die Franziskus Stiftung im Rahmen ihres Auftrags von den Mauritzer Franziskanerinnen in besonderer

Leitbild	Organisationsstruktur für die Umsetzung	Austausch und Vernetzung	Konkrete Projekte	Franziskanisches Profil
Qualität	Zertifizierung nach proCum Cert	Medizinisches QM	Qualitätsvergleich auf Stiftungsebene	Qualitätskriterien Kirchlichkeit
Ethik	Ethikkomitee	Ethische Fallbesprechung	Ethikgespräche auf Stationen	Weiterbildung in ethischen Fragen
Seelsorge	Strukturelle Einbindung der Seelsorge	Seelsorge für Mitarbeiter	Qualitätsstandards für die Seelsorge	Ehrenamtliche Seelsorge
Anfang und Ende des Lebens	Menschen in der letzten Lebensphase	Umgang mit Verstorbenen	Umgang mit Fehl- und Totgeburten	Glücklose Geburt
Religiöse Bildung	Regelhafte Qualifizierung	Spezielle Angebote für Führungskräfte	Fahrt nach Assisi	Tage der religiösen Bildung
Geistliches Profil	Geistlicher Begleiter	Feier des Kirchenjahres	Gebetskultur	Interreligiöse Zusammenarbeit
Führung	Beurteilung von Führungskräften	Führungskompetenz sichern	Fach- und Arbeitsgruppen	Kommunikation auf Augenhöhe
Unternehmens-gestaltung	Kommunikations-strukturen	Umgang mit Ressourcen	(ethische) Entscheidungen	Vermeidung von Korruption

Weiterführung des Auftrags

Weise kümmert. Jedes dieser Themenfelder wird mit unterschiedlichen Maßnahmen, Verantwortlichkeiten, Projekten usw. umgesetzt. Daher finden sich hinter den Themenfeldern entsprechende Beispiele, wie die Themenbereiche in der St. Franziskus-Stiftung umgesetzt werden. Im Folgenden wird dies kurz ausgeführt.[2]

Leitbild

Bereits in den Jahren 1995 bis 1997 haben die Hospitalgesellschaften der Mauritzer Franziskanerinnen, gleichsam die „Vorgängerorganisation" der St. Franziskus–Stiftung, zusammen mit der Ordensgemeinschaft und den Mitarbeitern ein gemeinsames Leitbild entwickelt. Darin ist u.a. festgelegt, wofür die Einrichtungen und deren Mitarbeiter und Mitarbeiterinnen (ein-)stehen. Das Leitbild hat die Funktion eines Wertevorrats, der im alltäglichen Handeln Orientierung gibt. Das Leitbild verankert die St. Franziskus-Stiftung Münster in der Tradition der Mauritzer Franziskanerinnen und beschreibt auf dieser Grundlage den Umgang mit den uns anvertrauten Menschen, das Verständnis unserer Dienstgemeinschaft, die Zusammenarbeit in den Einrichtungen und die Vernetzung mit in unser Umfeld. In die Entwicklung des Leitbildes waren die Mitarbeiter umfassend eingebunden. Dementsprechend intensiv verlief dieser Prozess. Nachdem das Leitbild in Kraft gesetzt war, wurde eine umfassende Verantwortungsstruktur für die Umsetzung aufgebaut. Dazu wurden in allen Einrichtungen sogenannte Leitbildbeauftragte und Steuerungsgruppen, in denen das gesamte Direktorium vertreten war, eingesetzt. Ebenso hat die Stiftung einen zentralen Lenkungsausschuss ins Leben gerufen, um den gesamten Leitbildumsetzungsprozess einrichtungsübergreifend zu steuern. Inzwischen hat sich diese Struktur weiterentwickelt und entsprechend der vielfältigen Themen und Zuständigkeiten ausdifferenziert.

Qualität

Zunächst war die Umsetzung des Leitbildes sehr eng an das Qualitätsmanagement gekoppelt. Das Leitbild sollte mit den Methoden des Qualitätsmanagements umgesetzt werden. Für diese Vorgehensweise sprachen gute Gründe: Die Inhalte eines Leitbildes hängen eng mit den Zielen eines umfassenden Qualitätsmanagements zusammen. Was im Leitbild formuliert ist, findet seinen Niederschlag und Umsetzung in verschiedenen Qualitätsdimensionen einer Einrichtung, wobei der Qualitätsbegriff mittlerweile sehr weit zu fassen ist und unterschiedlichste Themengebiete beinhaltet. Zudem verfügt das Qualitätsmanagement über erprobte Methoden und Instrumente, um Organisationen zu entwickeln. Heute hat sich die Struktur für die Umsetzung des Leitbildes weiterentwickelt und ausdifferenziert. So sind beispielsweise neue Strukturen für die Ehtikberatung oder die Seelsorgearbeit hinzugekommen.

Ethikberatung

Bei der Behandlung von Patienten entstehen oft ethische Fragen, auf die es als Antwort kein einfaches Ja oder Nein gibt. Dies gilt nicht nur am

Ende des Lebens. Um auf solche Fragen verantwortbare Lösungen zu finden, gibt es in allen Einrichtungen Strukturen für eine Ethikberatung. Alle Einrichtungen führen ethische Fallbesprechungen durch, um auftretende Fragen in den Abteilungen und Stationen mit den an der Behandlung Beteiligten zu besprechen. Ebenso gibt es in jeder Einrichtung ein Ethikkomitee, das die Ethikarbeit in der entsprechenden Einrichtung gestaltet und koordiniert. Auf der Ebene der Stiftung ist ein Ethikrat eingerichtet, um die gesamte Ethikarbeit zu koordinieren. Zudem sind über die Zeit ethische Leitlinien entstanden, die bei schwierigen Entscheidungen Orientierung ermöglichen.

Seelsorge

Die Seelsorge ist für die Einrichtungen der Franziskus Stiftung ein unverzichtbarer Bestandteil der Versorgung und Betreuung kranker, behinderter und alter Menschen.[3] Seelsorger begegnen Menschen oft in einer schwierigen Lebensphase. Eine Erkrankung und die damit verbundenen Fragen können den eigenen Lebensentwurf ins Wanken bringen. Die Seelsorger sind in dieser Situation fähig und bereit, den Ausdruck des Leidens anzuhören und mitzutragen. Kündigt sich der Tod an, kann die verbleibende Zeit noch sehr kostbar sein, um letzte Angelegenheiten zu regeln und um Abschied zu nehmen. Persönliche Begleitung brauchen allerdings nicht nur Patienten, sondern auch deren Angehörige und die Mitarbeiter. Darüber hinaus arbeitet die Seelsorge in weiteren Bereichen der Leitbildumsetzung mit, beispielsweise in der Weiterbildung, in der Ethikarbeit und am geistlichen Profil. Aber nicht nur die hauptamtlichen und ehrenamtlich tätigen Seelsorger haben einen seelsorglichen Auftrag, sondern auch jeder Mitarbeiter sorgt im Rahmen seiner Möglichkeiten für das umfassende Wohl der Patienten. Insofern sind auch regelmäßig seelsorgliche Fragen sowie Fragen des jeweils eigenen Berufs und Berufung Gegenstand von Fort- und Weiterbildungen, um den Mitarbeitern eine Selbstreflexion ihres Handelns im Alltag auf der Beziehungsebene zu ermöglichen.

Anfang und Ende des Lebens

Anfang des Jahres 2005 begann das lange und öffentliche Sterben von Papst Johannes Paul II. Es war zeitweise schwer anzusehen: seine Haltung zunehmend gebückter, die Hände immer zittriger und seine Stimme immer brüchiger. Papst Johannes Paul II., der „(…) für die Vitalität und Sicherheit im Glauben gestanden hatte, wurde zur Verkörperung von Siechtum und Vergänglichkeit. Und er wollte dies auch offensichtlich sein, ein Gegenentwurf zu einer Gesellschaft, in der jeder immer funktionieren muss, am besten gesund und gut aussehend."[4] An den Rändern des Lebens, am Anfang und an seinem Ende, braucht es besondere Aufmerksamkeit. Dieser Herausforderung stellen sich die Einrichtungen der Franziskus Stiftung in vielfältiger Weise. Menschen, die sich in der letzten Lebensphase befinden, werden entsprechend ihren Bedürfnissen umfassend medizinisch, pflegerisch, psychologisch und spirituell betreut. Wir berücksichtigen dabei die unterschiedlichen Religionen und spirituellen Bedürfnisse. Wir haben in unseren Einrichtungen angemessene Abschiedszimmer eingerichtet. Ebenso laden wir die Angehörigen von Verstorbenen zu Gedenkgottesdiensten ein. Dies gilt auch für die Eltern totgeborener Kinder. Diese Vorgehensweisen haben wir in Rahmenkonzepten und internen Leitlinien festgelegt.

Religiöse Bildung

Die Mitarbeiterinnen und Mitarbeiter in Krankenhäusern sind in ihrem jeweiligen Fach ausgezeichnete Experten. In ihrem Studium oder ihrer Ausbildung haben sie sich mit fachlichen Fragen beschäftigt. Für eine Tätigkeit am Menschen, in der die Gestaltung von Beziehungen eine tragende Rolle spielt und Ärzte und Pflegende oft an eigene existentielle Fragen oder gar Grenzen kommen, bietet die St. Franziskus-Stiftung Unterstützung in theologischen, spirituellen, ethischen und existentiellen Fragen. Hierfür hat die St. Franziskus-Stiftung unterschiedliche Formate entwickelt wie beispielsweise Tage der religiösen Bildung, Fahrten nach Assisi, die Integration religiöser Themen in die Regelqualifizierung der Stationsleitungen und Oberärzte sowie ein eigenes Weiterbildungsstudium für Führungskräfte in besonderer Verantwortung, das sich mit theologischen, ethischen und spirituellen Themen beschäftigt.

Geistliches Profil

Nicht nur Personen kann man ein geistliches Profil zuschreiben, sondern auch Organisationen haben einen Geist. Wie Personen müssen auch Organisationen einen geistlichen Weg einüben. Um diesen Prozess zu unterstützen steht der St. Franziskus-Stiftung und ihren Einrichtungen ein geistlicher Begleiter zur Verfügung. Diese Funktion ist vergleichbar mit einem Spiritual. Ebenso wird in den Einrichtungen das Kirchenjahr mit seinen Festen in Angeboten für Mitarbeiter und Patienten aufgegriffen. Dazu gehört selbstverständlich auch die intensive Zusammenarbeit mit anderen Religionen und Kulturen.

Unternehmenssteuerung

Damit all die genannten Überlegungen, Projekte und Verantwortlichkeiten zur verbindlichen Umsetzung kommen, müssen sie Bestandteil der Unternehmenssteuerung und damit Leitungsaufgabe sein. Eingebettet in die Strukturen eines Qualitätsmanagementprozesses kommen auch hierfür unterschiedliche Instrumente zum Einsatz wie beispielsweise Zielvereinbarungsgespräche, der gegenseitige Austausch und die gezielte Wissensvernetzung sowie eine Unternehmenssteuerung, die sich neben den medizinisch-pflegerischen Angeboten und Zielsetzungen sowie notwendigen ökomischen Kenngrößen auch bewusst an messbaren Zielen des christlich-franziskanischen Kernauftrages ausrichtet.

Verbund und Kooperation

Sowohl die gesundheitspolitischen Rahmenbedingungen wie auch die Entwicklung in Diözesen, Pfarrgemeinden, Vereinen und sonstigen kirchlichen Trägerinstitutionen bedingen ein weiteres Zusammenwachsen kirchlich-caritativer Einrichtungen. In größeren Unternehmensverbünden entstehen somit auch neue Möglichkeiten, sich das christliche Unternehmensprofil bewusst und zielorientiert weiterzuentwickeln. In jüngster Zeit haben wir das Instrumenten ‚Kirchlichkeit im Krankenhaus' (CiK) entwickelt. Dieses Instrument hat das Ziel, das christliche Profil in den Einrichtungen der Stiftung zu stärken und nachvollziehbar transparent zu machen. Dazu wurden Standards festgelegt und mit entsprechenden Indikatoren hinterlegt. Mit Hilfe des Instrumentes CiK ist es für Krankenhäuser möglich, sich im Hinblick auf ihr christliches Profil selbst einzuschätzen, einem Reflexionsgespräch zu stellen und darauf aufbauend weitere Schritte zu planen. Das von uns erarbeitete Instrument wird auch von kirchlichen Einrichtungen anderer Träger eingesetzt.

Gemeinschaftliche Gestaltungsaufgabe

Die Grundlage der oben genannten Themenfelder, die als eine gemeinschaftliche Gestaltungsaufgabe aller zu verstanden ist, ist insbesondere das Leitbild. In den vergangenen Jahren hat sich gezeigt, dass angesichts der gesundheits- sowie gesellschaftspolitischen Anforderungen die Umsetzung des Leitbilds in den konkreten Arbeitsalltag eine große Herausforderung ist. Ein Leitbild ist nicht nur ein vorgegebener Normenkatalog, sondern ein gemeinschaftliches Bekenntnis, das zur Identifikation anstiften möchte. Es dient als Maßstab für den Vergleich von Wunsch und Wirklichkeit, als Reflexionshintergrund für persönliches und gemeinschaftliches Handeln. Dies kann nur in einem andauernden Prozess gelingen, in dem die Mitarbeiter Gestalter dieses Prozesses sind. Zugleich sind sie Gestaltete, weil dieser Prozess Auswirkungen auf sie hat. Geht diese anhaltende Dynamik verloren, wären die Mitarbeiter nur noch Ausführungsempfänger von Vorgaben des Leitbildes und das Leitbild würde seine gestaltende Kraft verlieren.[5]
Daher können die Werte und Normen eines Leitbildes nicht durch Anreize oder gar Sanktionen eingefordert werden, als ob die im Leitbild

formulierten Vorgaben nur noch umgesetzt werden müssten. Zunächst bedarf ein Leitbild immer auch der persönlichen Aneignung. „In der Auseinandersetzung mit den Inhalten des Leitbildes geschieht idealerweise eine Aneignung, die die eigene Person, das eigene Verhalten und letztlich auch die gezielte Wirkung im Krankenhaus bestimmt."[6] Auch eine kritische Auseinandersetzung mit dem Leitbild und Impulse für eine Fortschreibung sind Zeugnis einer wirksamen Aneignung. Ohne eine solchermaßen persönliche Aneignung kann ein Leitbild keine nachhaltige Wirkung erzielen.

Gleichzeitig braucht es zur Gestaltung einer christlichen Unternehmenskultur geeignete Instrumente der Organisationsentwicklung. Zwar können Institutionen nicht glauben, hoffen und lieben, aber sie können verhindern oder ermöglichen, dass die Menschen, die in ihnen arbeiten oder leben, den Glauben, die Hoffnung und die Liebe leben können. Offenbar gibt es Institutionen, denen diese Qualitäten zugesprochen werden, und anderen nicht.[7] Nach diesem kritischen Maß müssen sich die Einrichtungen der St. Franziskus-Stiftung weiterentwickeln. Institutionen sind keine werteneutralen Größen. Völlig zu Recht steht daher auch in der aktuellen Grundordnung für kirchliche Dienste, dass die Einrichtungen als ganze für den kirchlichen Charakter verantwortlich sind.[8] Damit spitzt sich die Frage noch einmal zu, wie eine kirchliche Einrichtung, ein kirchliches Krankenhaus, unternehmerisch verfasst sein muss und wie es ein christliches Profil sicherstellt. In diesem Sinne soll das gute Zusammenwirken und das Miteinander zwischen den Mauritzer Franziskanerinnen als Gründerin bzw. Stifterin und der St. Franziskus-Stiftung auch in Zukunft weitergelebt und gefördert werden.

Wer als Mensch oder auch als Organisation seine eigenen Wurzeln ernst nimmt, formt etwas Eigenes, das ihn erkennbar und unterscheidbar macht, mithin eine eigene Identität. Der tiefste Kern kirchlicher bzw. caritativer Einrichtungen ist sicherlich ihre biblische Verwurzelung. Das abschließende Gebet fängt diese Grundorientierung ein.

*Jetzt will ich zu einem Kranken
oder Bewohner gehen,
und Dich bitten mitzukommen,
mein Gott.
Mach mich frei und offen für den Anderen,
der auf mich wartet.
Lass es eine gute Begegnung werden,
Kraft und neues Leben
für ihn und mich.*

nach Anton Rotzetter ofmcap

Anmerkungen

1 Urkunde anlässlich der Übertragung der Krankenhäuser auf die St. Franziskus-Stiftung Münster im Jahr 2004.
2 Vgl. dazu auch Fischer, M., Barmherzigkeit provoziert. Vom heilenden Dienst zum Dienstleistungsunternehmen, cmz Verlag Rheinbach ²2012,105-165.
3 Vgl. Weil jemand da ist. Seelsorge in den Einrichtungen der St. Franziskus-Stiftung Münster, hg. von der St. Franziskus-Stiftung Münster, 2015.
4 Hacke, A., di Lorenzo, G., Wofür stehst Du? Was in unserem Leben wichtig ist – eine Suche, Köln 2010, 218.
5 Vgl. Proft, I., Epikie. Ein integratives Handlungsprinzip zur Verlebendigung von Leitbildprozessen in konfessionellen Krankenhäusern, Grünewald 2017, 315.
6 Ebd., 295.
7 Vgl. Jäger, A., Diakonie als christliches Unternehmen. Theologische Wirtschaftsethik im Kontext diakonischer Unternehmenspolitik, Gütersloh 1996, 216 ff.
8 Vgl. Die deutschen Bischöfe, Grundordnung des kirchlichen Dienstes im Rahmen der kirchlichen Arbeitsverhältnisse, hg. v. Sekretariat der Deutschen Bischofskonferenz (Arbeitshilfe 9), Bonn 1993.

*Schwester Diethilde Bövingloh, Schwester Hannelore Huesmann,
Schwester Birgitte Herrmann, Schwester Maria Magdalena Jardin*

Neue Orte der heilenden Gegenwart heute

Rückbesinnung auf die Wurzeln

Die Mauritzer Franziskanerinnen haben sich in Deutschland aus den meisten Einsatzorten zurückgezogen, in denen sie häufig mehr als 100 Jahren ihren Dienst der Krankenpflege und im weiter gefassten heilenden Dienst angeboten haben. Das war ein schmerzhafter Prozess, der noch nicht beendet ist. Es gab aber auch Neuaufbrüche, die als kleine Zellen in die Kirche und in Gesellschaft hineinwirken.
In der Anfangszeit der Gemeinschaft haben viele Schwestern in einem Konvent mit zwei oder drei Schwestern in der Gemeinde und als Teil der Kirchengemeinde gelebt. Sie haben Aufgaben in der Pfarrei übernommen und sind zu den kranken und alten Menschen in deren Wohnungen gegangen. Das machen sie an einigen Orten heute wieder, wie z.B. in Lingen-Biene seit 2007, wo die Schwestern sich in der Pfarre einsetzten und im Ludwig-Windhorst Haus, einer Bildungsakademie der Diözese Osnabrück, arbeiten. Seit 2014 lebt ein Konvent in Weeze am Niederrhein. Hier übernehmen die Schwestern Küsterdienste und engagieren sich in der Gemeindepastoral.
Während die Gemeinschaft früher davon ausging, dass die Aufgaben, die die Schwestern übernommen haben, auf Dauer angelegt waren, so sind wir uns heute bewusst, dass wir manche der neuen Dienste nur für einen begrenzten Zeitraum ausüben können. Die Schwestern machen sich trotzdem auf den Weg, genauso wie die Gründerinnen im 19. Jahrhundert, um sich für die Menschen einsetzen, die heute soziale Not leiden. So engagierten sich Schwestern in den letzten Jahren z.B. in der Wohnungslosenhilfe der Bischof-Hermann-Stiftung in Münster (1993 – 2017)[1] und in der Wärmestube der Caritas am Franziskanerkloster in Halberstadt (1996 – 2006)[2].

Die Betreuung schwerkranker Menschen hatte für uns Franziskanerinnen immer einen hohen Stellenwert. Früher übernahmen die Schwestern Sitzwachen bei den Sterbenden in den Familien und halfen bei der Pflege, als es noch keine Sozialstationen gab. Das wurde später erweitert auf die Arbeit in den Hospizen. Schwester Reginalda Kuss hat als Pionierin gemeinsam mit dem Gemeindepfarrer Hans Overkämping und dem Geschäftsführer des Elisabeth-Krankenhauses Norbert Homann 1986 das ‚Hospiz zum hl. Franziskus in Recklinghausen'[3] in der damaligen Bundesrepublik als erstes Hospiz gegründet, aufgebaut und fast bis zu ihrem Tod geleitet. Am Aufbau des Hospizes ‚Haus Sonnenschein' in Rheinberg-Orsoy[4] und am ‚Elisabeth-Hospiz' in Datteln[5] waren die Franziskanerinnen maßgeblich beteiligt. Zum ‚Johannes-Hospiz' in Münster[6] hat die Ordensgemeinschaft eine besondere Verbindung. Die Gemeinschaft hat dafür ein Haus zur Verfügung gestellt und mehrere Schwestern des Mutterhauses engagieren sich hier haupt- und ehrenamtlich. Überall dort, wo wir Franziskanerinnen uns zurückziehen mussten, weil die Kräfte es nicht mehr zuließen, konnten wir den Dienst an andere christlich engagierte Menschen weitergeben. Dafür sind wir sehr dankbar.
Drei der Neuaufbrüche werden im Folgenden detaillierter vorgestellt.

Hospizarbeit für Menschen mit AIDS in Berlin

Schwester Juvenalis und Schwester Hannelore kamen vor gut 30 Jahren im Rahmen der stationären Pflege in Münster erstmals mit HIV-positiven Patienten in Kontakt: „Ich wäre niemals in ein konfessionelles Krankenhaus gegangen, wenn ich noch zur Uni hätte können, aber der Rettungswagen hat mich halt hierher gebracht!" So formulierte ein Patient seine Skepsis gegenüber dem St. Franziskus-Hospital, in das er notfallmäßig eingeliefert worden war *(mdl. Überlieferung)*.
Zu dieser Zeit wurden im Gesundheitsbereich Isolations- und Schutzmaßnahmen etabliert, die auf der Unsicherheit der Mitarbeiter oder der Angst vor Ansteckung basierten und oft unnötige Ausmaße annahmen. Zugleich bekamen die beiden Schwestern sehr deutlich die Problematik

zu spüren, die HIV-positive, schwule Männer mit kirchlichen Institutionen hatten, weil sie moralische Bewertungen ihrer Lebensweise und Erkrankung erlebten. Auch machten Menschen aufgrund ihrer HIV-Infektion die Erfahrung von Ausgrenzung in der eigenen Familie oder im Freundeskreis. Von diesen Erfahrungen fühlten sich Schwester Juvenalis und Schwester Hannelore persönlich angefragt und herausgefordert, sich zu engagieren.

In einem Gesprächsprozess mit der damaligen Generalleitung der Mauritzer Franziskanerinnen fiel die Entscheidung, als Ordensgemeinschaft diese Herausforderung anzunehmen und als Franziskanerinnen deutliche Zeichen gegen Ausgrenzung und Diskriminierung zu setzen. So gingen die beiden Schwestern 1992 im Auftrag der Gemeinschaft nach Berlin.
Zunächst bildeten sie gemeinsam mit den Franziskanern einen Konvent in Pankow. In der Arbeit der Suppenküche und im Engagement für Menschen mit AIDS fand die Sorge um Menschen am Rand von Gesellschaft und Kirche einen konkreten Ausdruck.
Die Schwestern sammelten zwei Jahre in zwei verschiedenen Kliniken Erfahrungen in der Pflege von Menschen mit HIV und AIDS und wechselten dann in ein ambulantes Pflegeteam, das ebenfalls spezialisiert war auf diesen Patientenkreis. Kontakte zu den für Menschen mit AIDS tätigen Institutionen machten einerseits das schon bestehende Netzwerk in diesem Bereich deutlich, andererseits wurde aber auch klar, wo Hilfen notwendig waren. Diese Erfahrungen führten 1997 zur Gründung des „Hospizdienst TAUWERK e.V.", um eine deutlich spürbare Lücke im Versorgungsnetz für diese Menschen zu schließen.
Zu dieser Zeit gab es noch keine wirklich greifende Therapie, sodass das Vollbild AIDS eine durchschnittliche Lebenserwartung von nur etwa 18 Monate bedeutete. Durch die seit 1996 mögliche Kombinationstherapie hat sich die Lebenserwartung zwar deutlich verlängert, die Brisanz von AIDS hat sich allerdings nicht verringert, sondern verschoben.
Das Team des Hospizdienstes, das aus zwei hauptamtlichen und 34 geschulten ehrenamtlichen Mitarbeiter/innen besteht, versucht, dieser Bri-

sanz zu begegnen und in seiner hospizlichen Arbeit im Sinne des Charismas unserer Gemeinschaft heilsam tätig zu sein:

Menschen erleben einen Krankheitsverlauf, der sowohl vom zeitlichen Verlauf wie auch von der Symptomatik unkalkulierbarer geworden ist. Dies bedeutet, dass viele Begleitungen über Monate bis mehrere Jahre stattfinden, also sehr lang sind und zugleich eine überraschende Dynamik haben. Ausdauer einerseits und Flexibilität andererseits sind besondere Herausforderungen an die Begleiter/innen.

Die Symptomatik bringt oft jahrelange massive und gleichzeitige Einschränkungen von verschiedenen Fähigkeiten mit sich, sodass Menschen über lange Zeit eine komplette Pflegebedürftigkeit erleben. Hier sind Achtsamkeit, Respekt und Verlässlichkeit im Kontakt gefragt.

Patient/innen mit einem Durchschnittsalter von ca. 55 Jahren erfahren Grenzen der Lebensmöglichkeiten und müssen Abschied vom Leben nehmen. Es ist für manche der Patient/innen eine neue Lebenserfahrung, Menschen an ihrer Seite zu haben, die nicht bagatellisieren, sondern Zeit und Verständnis für die damit verbundene Trauer haben.

Der Verlust kognitiver Fähigkeiten, insbesondere der Sprache, führt oftmals lange vor Eintritt des biologischen Todes zu Vereinsamung und zum sozialen Tod. Die Erfahrung, dass die Begleiter/innen sich über einen langen Zeitraum auf veränderte Kommunikationswege einlassen oder eröffnen, kann ganz neue Lebens-Perspektiven eröffnen.

An AIDS erkrankte Menschen müssen nach wie vor mit diskriminierenden Äußerungen und Verhalten rechnen. Die wertschätzende Haltung der Begleiter/innen ist dann eine wohltuende Alltagserfahrung. Gerade religiös geprägte Menschen haben durchaus abwertende Erfahrungen in ihrer Kirche gemacht! Die nicht an Bedingungen geknüpfte Zuwendung der Hospizhelfer/innen kann helfen, ganz neu an die bedingungslose Zuwendung eines menschenfreundlichen Gottes zu glauben.

Nach über 20 Jahren ist der Hospizdienst TAUWERK e.V. nicht nur im AIDS-Bereich ein selbstverständlicher Bestandteil des Netzwerkes für die Patient/innen und deren Angehörige, sondern auch seitens des Erzbistums Berlin ein Ort kirchlichen Lebens. Der Konvent mit drei Schwestern lebt seit 2004 in der Etagenwohnung eines Pankower Mietshauses und wird bewusst wahrgenommen als ein Ort, an dem Menschen mit Gott in Berührung kommen können und ein Ort, an dem die franziskanische Tradition lebendig ist.

In ihrem Engagement wissen die Schwestern sich verbunden und getragen von der Gemeinschaft, die dem Verein seit der Gründung als Mitglied angehört. Zum Selbstverständnis und Sendungsauftrag unserer Gemeinschaft gehört es, sich immer wieder neu an die Seite der Menschen zu stellen, von denen Franz von Assisi sagt: "… und der Herr selbst hat mich unter sie geführt."[7]

Ort des Gedenkens und Erinnerns – Kloster Esterwegen

„Der Gegensatz von Liebe ist nicht Hass,
der Gegensatz von Hoffnung ist nicht Verzweiflung,
der Gegensatz von Erinnerung ist nicht Vergessen,
sondern: es ist nichts anderes als jedes Mal: die Gleichgültigkeit."[8]

Sicherlich, nicht dieses Wort des jüdischen Schriftstellers Elie Wiesel, aber doch seine Botschaft haben den Osnabrücker Bischof Franz-Josef Bode und Generalvikar Theo Paul dazu veranlasst, ganz bewusst einen Beitrag zu leisten gegen die Gleichgültigkeit und das Vergessen. Und so heißt es in einem Thesenpapier des Bistums: „Mit dem Kloster Esterwegen möchten wir in unserer Region deutlich machen: Die Praxis auch der Kirche muss so angelegt sein, dass sie von den Grauen der KZ in dieser Gegend berührt bleibt. Es geht um eine Theologie der Leidempfindlichkeit."[9]

Während des Nationalsozialismus hat es in den Moorgebieten des Emslandes Arbeits- und Konzentrationslager (KZ) gegeben, in denen ab 1933 politisch Gefangene inhaftiert wurden, Menschen die Widerstand leisteten gegen das Hitlerregime. Die Gefangenen starben durch Hunger, körperliche Erschöpfung, Folter und Erschießung. Nach Ausbruch des Krieges wurden vornehmlich Kriegsgefangene aus west- und osteuropäischen Ländern in Esterwegen interniert. Nach dem Krieg dienten die Baracken der vorübergehenden Aufnahme von Flüchtlingen und Heimatvertriebenen, dann wurde das ehemalige KZ-Gelände zum Bundeswehrdepot.

Als die Bundeswehr diesen Standort aufgab, bot sich für den Landkreis Emsland die Gelegenheit, in den leerstehenden Gebäuden eine Gedenkstätte einzurichten als ein Zeichen gegen Diktatur, Gewaltpolitik und Terror, gegen Nationalismus und Rassismus.
Für das Bistum Osnabrück eröffnete sich jetzt die Möglichkeit, einen geistlichen Ort zu errichten, an dem eine kleine Ordenskommunität lebt und hier zweckfrei und absichtslos präsent ist.
Die Frage, ob wir Mauritzer Franziskanerinnen diesen Konvent bilden können, hat zunächst viel an innerer Auseinandersetzung und an Austausch untereinander ausgelöst. Hing die Beantwortung der Frage doch davon ab, ob Schwestern diesen Ruf als ihre Berufung erkennen, ob wir als Gemeinschaft glauben, dass dies eine Form heilenden Dienstes und ein franziskanischer Auftrag sein können. Viele Schwestern erwogen diese Fragen im Gebet, andere begannen zu berichten, was sie selbst an früheren Erfahrungen mit diesem Ort gemacht haben oder über ihn erfahren hatten.
Im Mai 2007 begannen vier Mauritzer Franziskanerinnen ihr gemeinsames Leben und ihren besonderen Dienst an diesem Ort. Zwei Schwestern übernahmen eine Tätigkeit in der Pfarreiengemeinschaft Abraham in Esterwegen, in der Seelsorge und als Küsterin. Zwei Schwestern blieben vor Ort und boten sich den Menschen an, die das Kloster aufsuchten. Und so ist es all die Jahre hindurch geblieben – bis heute. Es gab inzwischen personellen Wechsel unter den Schwestern, die den Konvent bilden, doch der Auftrag wird nach wie vor im gleichen Bewusstsein und mit innerer Überzeugung wahrgenommen. Heute teilen alle Schwestern des Konventes ihn und verstehen ihn als ihren ersten und vorrangigen Dienst. Zugleich haben alle Schwestern die Möglichkeit, sich über die Präsenz im Kloster hinaus in unterschiedlichen sozialen Projekten zu engagieren, was für einen gewissen Ausgleich sorgt.

Im Namen Esterwegen wird das unendliche Leid, das damals an diesem und an vielen anderen Orten geschah, in Erinnerung gerufen. Das Kloster liegt nur einen Steinwurf entfernt vom ehemaligen KZ; einem Ort, der unübersehbar, unüberhörbar von dem spricht, was Menschen einander zufügten und was sie erlitten. Die Namen, das Leid und die Geschichten dieser Menschen sollen erinnert und nicht verloren sein. Anfänglich kamen noch viele ehemalige Häftlinge hierher, ließen die Symbolik auf sich wirken und kamen mit den hier lebenden Schwestern ins Gespräch. Heute sind es nur noch vereinzelte Zeitzeugen, eher Nachfahren der ehemals Inhaftierten, die hier nach Spuren und dem ‚Be-greifen' suchen. Diese Auseinandersetzung fordert zugleich heraus, auch vor dem Leid von heute die Augen nicht zu verschließen. Das Leid trägt viele Namen: Misshandlung, Rassismus, Ungerechtigkeit, Sinnleere, Einsamkeit, Krankheit und Verzweiflung.

Das Kloster und die Schwestern, die hier leben, bieten den Besuchern Räume an – innere und äußere. Einzelne Menschen oder Gruppen, die das KZ-Gelände besuchen, die durch Führungen und Informationen im benachbarten Dokumentationszentrum mit der Geschichte dieses Ortes konfrontiert sind, die sich nach dem Rundgang mit all ihren offenen Fragen und schwerwiegenden Gedanken an einem Ort wie diesem niederlassen möchten, sind hier eingeladen: um im Nachhinein das Erlebte zu sortieren und zu verarbeiten.
Sie können hier einkehren in einen offenen Raum, der zugleich auch einen Rahmen bietet für Trauer, Ohnmacht, Hilflosigkeit und auch Wut. Im ungestörten Verweilen, im Aussprechen des Erlebten gelingt es vielleicht, dass Verlust betrauert, Schuld erkannt, nach Sinn gefragt werden kann … Dafür ist im Kloster ein äußerer Raum gestaltet, und die Schwestern bieten durch ihr Dasein, durch Zuhören, Gespräch und Gebet innere Räume an. Als Christinnen und Franziskanerinnen können sie das tun im Glauben an die heilende Gegenwart Christi.
Die Art, wie die Räume gestaltet sind, macht zum einen das hier Geschehene bedrängend spürbar, gleichzeitig nimmt der Raum sich in seiner „Nicht-Gestaltung" zurück und bietet sich als Freiraum und Projektions-

fläche an. Und so verstehen auch die Schwestern sich mit dem zweckfreien Angebot ihres Daseins. Sie haben hier nicht die Aufgabe übernommen, Informationen oder fertige Antworten zu geben, vielmehr bieten sie sich an, Hörende zu sein; mit den Besuchern gemeinsam Fragende, Suchende und Betende zu sein, jeder Einstellung und Äußerung Achtung entgegen zu bringen und gleichzeitig eigenes Standvermögen zu haben im Glauben an einen uns Menschen zugewandten Gott.

Das schließt ein, dass die Schwestern, die jeweils den Konvent bilden, bewusst an diesem Ort leben – zugleich im Erinnern und im Heute: aufmerksam, respektvoll und versöhnungsbereit – auch untereinander. Ein eigenes spirituelles Leben, die Offenheit für die geistliche Suche von Menschen und die Bereitschaft zu Gespräch, zu Offenheit und Toleranz allen Menschen gegenüber, sind Voraussetzungen für ein Leben an diesem besonderen Ort. Als Franziskanerinnen wünschen wir, dass das Kloster als ein Ort der Ruhe und Besinnung erfahren wird, der Gastfreundschaft und der Anteilnahme; als ein Ort, an dem die Frage nach Glaube, Sinn und Orientierung Platz hat. Das Kloster ist für alle Besucher offen, aus welcher politischen, religiösen, kulturellen Weltanschauung Menschen auch kommen mögen.

Für Menschen, die eine Zeit lang mit den Schwestern leben möchten, die Stille, das Gespräch und das Gebet suchen, steht ein Gastzimmer bereit. Die Schwestern bieten sich an als Gesprächs- und Wegbegleiterinnen in diesen Tagen des Mitlebens und in besonderen Lebenssituationen. Wer das Kloster besucht, steht zunächst vor einem Areal mit einer „grünen Mauer", die an die „alte Klosterfreiheit" erinnert – nicht Abgrenzung, sondern Einladung, nach innen zu gehen. Ein Torbogen öffnet das Kloster und lädt ein, seinen ganz eigenen weltanschaulich-religiösen Zugang zu finden. Herzlich willkommen!

Mit-leben in der Stadt Kiel

„Hinter Hamburg geht der Himmel auf." Diesen Satz sagte Schwester Anna mit großer Geste und einem Strahlen auf dem Gesicht, jedes

Mal, wenn wir den Elbtunnel in Richtung Kiel verließen. Jahr für Jahr und Autofahrt für Autofahrt. Ob sie davon auch schon 1993 bei ihrer Ankunft überzeugt war? Heilende Gegenwart in veränderter Form zu leben, das war ihr Auftrag, als sich die ersten drei Franziskanerinnen nach Kiel-Projensdorf aufmachten. Bisher lebten wir Schwestern überwiegend in Großkonventen. Berlin und Kiel waren die ersten Versuche neuen Ordenslebens mitten in der Stadt nah bei den Menschen. Kiel als Landeshauptstadt Schleswig-Holsteins hat aktuell knapp fünf Prozent Katholiken. Also mussten unsere ersten Schwestern ganz neue Schritte wagen, neue Kontakte knüpfen und sie lernten kleine agile Pfarrgemeinden kennen. Eigene Unsicherheiten mussten überwunden und gemeinsam das Leben mit einer Familie im Haus gelernt werden. Die Familie ist uns Schwestern bis heute verbunden. Die jetzt erwachsenen Kinder erinnern sich gerne an „ihre" Schwestern. Da konnte man auch mal weinen und kuscheln, als die Eltern „komisch wurden" - in der Pubertät. Selbst beim Schuhe putzen hockten die Kinder sich neben die Schwestern, um ihre Probleme mit dem Mathelehrer und den „doofen" Jungs zu erzählen. Neben ihrem Dienst in der Klinikseelsorge, als Krankenschwester in der Uni-Klinik und als Deutschlehrerin für die Kinder der Spätaussiedler, war es eine neue geistliche Aufgabe, ganz anders nah bei den Menschen zu sein. Das machte auch für Veränderungen offen. Bald kam eine weitere Schwester als Köchin für den Speisesaal der St. Heinrich-Gemeinde dazu. Hier werden Wohnungslose und Menschen in neuer Armut täglich versorgt.

„Hinter Hamburg geht der Himmel auf". Vielleicht war und ist das die innere Versicherung, geistlichen Mut für Neues zu entwickeln. 1999 teilte sich der Konvent in Kiel-Nord/Projensdorf. Vier der Schwestern gingen für einige Jahre ins Katholische Studentenwohnheim „St. Michael". Leben mit Studenten hieß auch: Es wurde gekocht in der Küche unter uns, abends ab zweiundzwanzig Uhr bis open end, internationale Gerüche in unserer kleinen Wohnung und der Kapelle des Hauses, gemeinsames Bibelgespräch oder vor einem Rendezvous noch schnell den Knopf am Jackett von den Schwestern annähen lassen. Ich kam im Herbst 1999 als Unterstützung für die Obdachlosenarbeit in St. Heinrich nach Kiel.

Wenn auch die Dienste gleich blieben, so war es doch eine innere Aufgabe, sich auf die Lebenswelt der Studierenden einzulassen. Sie hatten andere Fragen: „Worum lebst du so?", „Wie bist du zu deiner Entscheidung gekommen?", „Welche Ziele sind für dich wertvoll?" Und wir Schwestern wurden auch zu Mitwisserinnen über die zweite oder dritte Liebe im Studentenwohnheim. Im Geistlichen dürfen wir das wahrhaft Menschliche nicht überspringen! Das heißt: Als Franziskanerinnen nah mit den Menschen zu leben, die kleinen Schritte des Alltags mitzugehen und Gott zu entdecken in der Gewöhnlichkeit einer Stadt; einer Stadt, die von einem Franziskaner gegründet worden ist. Auch heute heißt das für uns, mit den Menschen ihren Glauben, ihre Hoffnung und ihre Liebe zu teilen.

„Hinter Hamburg geht der Himmel auf". Viele unsere Mitschwestern sind gerne für eine Urlaubszeit bei uns gewesen oder haben eine längere Zeit mit uns gelebt. Diese Möglichkeit besteht in unserem neuen Konvent immer noch. Das Gästekloster „Haus Damiano" auf dem ehemaligen Gelände des Franziskanerklosters liegt in der Stadt, also nah bei den Menschen. Dazu bietet sich der Klosterpark mit Teich und dem alten Steinkreuz als Refugium und Oase inmitten der Landeshauptstadt an. Das Erzbistum Hamburg wollte einen Ort der Gastfreundschaft in Kiel etablieren. Im Januar 2003 zogen wir zu vier Schwestern nach Kiel-Süd ins „Haus Damiano". Hier haben wir eine kleine geistliche Zelle aufgebaut, in die wir Menschen einladen, unsere kirchlichen Gesten und Riten neu zu entdecken. Warum läuten mittags die Glocken? Warum nehmt ihr Schwestern geweihtes Wasser, wenn ihr die Kirche betretet? Wie geht meditieren und beten? Wie richte ich mir einen heiligen Ort ein? Und: Kann dieser Glaube auch für mich eine Sinnressource sein? Besonders in der Anfangszeit gab es viele spannende Begegnungen, die uns bis heute bereichern. Ein weiterer Schwerpunkt ist, den Menschen von heute die Kostbarkeit und die Vielfältigkeit unserer Liturgie nahe zu bringen, z.B.: Wie geht das Schuldbekenntnis heute? Und es gilt, eine neue Sprache zu finden, die Gott lebendig hält. Zu uns kommen immer wieder Gäste von fern und nah und wir versuchen, sie in ihrem Suchen zu begleiten und zu ermutigen. Seit Anfang 2018 lebt auch eine unserer indischen Mitschwestern bei und mit uns.

Heilende Gegenwart heute heißt hier in Kiel auch, als Ordensfrauen in der Diaspora sichtbar zu sein. Heilende Gegenwart heute heißt, für Nachbarn und Politiker gleichermaßen da zu sein. Alle Schwestern haben auf ihre je eigene Weise auch Anteil am „Café unterm Kirchturm" und dem „Paketshop Liebfrauen". Gemeinsam mit der Ortsgemeinde Liebfrauen betreiben wir ein „Non-Profit"-Nachbarschafts-Café, ebenso eine kleine Poststelle. Ja, bei uns geht die Post ab. Viele Ehrenamtliche, die vor dem Engagement keinen Kontakt mit unserer Kirche hatten, identifizieren sich jetzt mit uns und unserer Weise der franziskanischen Gastfreundschaft: nahbar, erlebbar und den Menschen gut sein. Um diese umfassende Aufgabe der Gastfreundschaft immer wieder neu tun zu können, bedürfen wir selbst einer guten Beheimatung im Schwesternkonvent.

„Hinter Hamburg geht der Himmel auf". Immer Richtung Norden. Unsere ersten Schwestern waren Pioniere in einem kleinen Konvent mitten in einer nicht-katholischen Mit-Welt, geographisch weit entfernt von Mitschwestern. Ein Anfang ist gesetzt und was bleibt im Sinne des hl. Franziskus: pax et bonum – Friede und Gutes.

Anmerkungen

1   https://www.bischof-hermann-stiftung.de/ Stand: 26.09.2018.
2   waermestube@caritas-halberstadt.de./ Stand: 26.09.2018.
3   https://www.franziskus-hospiz.de/ Stand: 24.09.2018.
4   https://www.st-josef-moers.de/hospiz-haus-sonnenschein.aspx, Stand: 24.09.2018.
5   https://www.caritas-dattelnhaltern.de/datteln/hospiz.html, Stand: 25.09.2018.
6   https://www.johannes-hospiz.de/, Stand: 25.09.2018.
7   Testament des hl. Franziskus, in Franziskus-Quellen, S. 59.
8   https://www.zitate.eu/author/wiesel-elie, Stand: 18.10.2018.
9   Generalvikariat Osnabrück, „Thesen zur Klostergründung auf dem Gelände des KZ Esterwegen" 2006.

Schwester Diethilde Bövingloh, Schwester Herbertis Lubek

Neues wächst ...

Impulse aus dem Provinzkapitel 2013

In ihrem Bericht auf dem Provinzkapitel zur Situation der deutschen Provinz lenkte die damalige Provinzoberin Schwester Birgitte Herrmann den Blick der Schwestern in die Zukunft. Sie schreibt u.a.: „Wenn wir unseren Blick auf die Welt um uns herum richten, begegnen wir in mancher Hinsicht einer irritierenden Ungleichzeitigkeit. Wir haben den Anspruch, ganz Christinnen zu sein und zugleich Zeitgenossinnen der Menschen von heute. Das kann uns verunsichern, sogar manchmal fast zerreißen, weil es nicht mehr selbstverständlich zueinander passt. ... In einer Kultur, die manches Mal krank macht, suchen viele Menschen Heilung am Leib und noch mehr an ihrer Seele. Neben der Gottvergessenheit wächst ein Hunger nach Gott, auch nach dem Evangelium. Viele Menschen tragen eine heimliche Sehnsucht nach dem Geheimnis Gottes in sich. Wir tragen einen wunderbaren spirituellen Schatz in unserer franziskanischen Gemeinschaft, und jede Schwester trägt ihn in sich. Mit ihm als Verwurzelung und Kompass könnten wir uns zu Weg- und Gesprächsgefährtinnen für die Menschen machen und anbieten. Wir haben die Chance, eine Anlaufstelle, eine Adresse für spirituell suchende Menschen zu werden. Sie dürfen mit unserem Willen und unserer Bereitschaft rechnen, unsre franziskanische Spiritualität zu teilen. ... Diese Erkenntnis kann uns mehr und mehr in Augenhöhe bringen mit Menschen, mit denen wir nach dem Vorbild unseres Bruders Franziskus in eine Beziehung des gegenseitigen Gebens und Nehmens eintreten."[1]
Das führt in eine neue Form der Gastfreundschaft, unser Leben mit anderen zu teilen. Franziskanisch heißt das für uns: „Jeder, der sich uns nähert, ist Bruder und Schwester, bringt die Chance zu Begegnung und gegenseitiger Bereicherung. Gastfreundschaft meint nichts anderes als den eigenen Lebensraum weit zu machen und anderen Zutritt zu ge-

währen, ohne zu wissen, was er nimmt oder gibt. … Im Losgehen liegt schon die Bereitschaft zu Begegnung, zu neuen Erfahrungen, neuen Blickrichtungen, zu hören was der Mitmensch mir sagt, zu erzählen, woraus ich selber lebe. … Das alles ist nicht neu, denn zu allen Zeiten sind Schwestern losgegangen auf den Ruf und die Bitte von Menschen hin, und immer sind Menschen zu ihnen gekommen und sie waren zu heilendem Dienst bereit. Der Ruf, die Sendung und der Auftrag sind immer gleich, doch die Menschen, ihr Umfeld, ihre Lebenssituation und ihre Verwundungen, Fragen und Wünsche haben sich sehr geändert – und das gilt auch für uns selbst. Planen und gestalten wir darum unser Leben für die Zukunft so, dass wir die Möglichkeiten und Herausforderungen von ‚Hausgenossen sein' und ‚Pilger sein' bewusst nutzen. Dazu gehört, die äußeren Möglichkeiten zu schaffen, um unser Charisma kreativ und aktuell zu leben, indem wir unsere franziskanische Spiritualität teilen, Orte der Gastfreundschaft schaffen, uns gemeinsam an die Ränder der Gesellschaft wagen und neue, kreative Wege als Antwort auf Menschen in Krankheit, Armut und Not unterstützen."[2]

Einsatz für die Menschenrechte

Diese Worte von Schwester Birgitte haben zuerst die Kapitularinnen und später alle Schwestern ermutigt, darüber nachzudenken, was Gott von uns Mauritzer Franziskanerinnen heute will. Das Provinzkapitel hat die Empfehlung herausgegeben, die franziskanische Spiritualität neu zu beleben und uns von Franziskus und Klara von Assisi neu inspirieren zu lassen.[3] Außerdem sprach es sich dafür aus, das wir unseren Einsatz für die Menschen- und die Schöpfungsrechte verstärken und die nationalen und internationalen Institutionen wie ‚franciscans international'[4], der franziskanischen Nicht-Regierungsorganisation bei den Vereinten Nationen und ‚SOLWODI'[5], einer internationalen Menschenrechts- und Hilfsorganisation zur Beratung und Betreuung von Opfern von Menschenhandel, Zwangsprostitution und Beziehungsgewalt unterstützen. Jeweils eine Schwester wurde zeitweise für diese Dienste freigestellt. Sie haben die Anliegen auch in der Gemeinschaft verankert. Die Mitschwestern unterstützen sie durch ihr Gebet und ihr wohlwollendes Interesse.[6]

Erweiterung des Pastoralen Dienstes

Im Sinne eines ganzheitlichen Pflegeverständnisses haben die Mauritzer Franziskanerinnen sich immer so verstanden, dass es die Sorge um die Seele der ihnen anvertrauten kranken, alten und gehandicapten Menschen mit einschloss. Im Zuge der Spezialisierung, die ab den 1970er Jahren auch in die Pflege einzog, drohte diese praktische, niederschwellige Seelsorge durch die Schwestern in den Hintergrund gedrängt zu werden. Viele Krankenschwestern und -pfleger fühlten sich gerade mit diesem Dienst überfordert. Zuerst haben die älteren Schwestern, denen der normale Stationsdienst zu schwer geworden war, sich um die seelsorglichen Belange gekümmert. Einige Schwestern absolvierten später die Ausbildung zur Krankenseelsorgerin, die von den Maltesern in Bonn und von der katholischen Klinikengemeinde der Universitätsklinik in Münster unter der Leitung des Krankenhauspfarrers Prof. Dr. Gerd Fasselt angeboten wurden.[7] Diese Schwestern arbeiteten danach hauptamtlich in den Krankenhäusern. Gerade ihre pflegerische Erfahrung macht ihnen den Zugang zu den schwerkranken und sterbenden Patienten leicht.

Über die Krankenhausseelsorge hinaus engagieren sich heute Schwestern in der Pfarrseelsorge, übernehmen die dort anfallenden Aufgaben und setzen sich besonders in der Sakramentenkatechese ein, leisten Beerdigungsdienst und die Trauerbegleitung. Mehrere Schwestern sind staatlich anerkannte Pastoralreferentinnen. Sie haben ihre Ausbildung entweder praxisbegleitend am Institut für Diakonat und pastorale Dienste (IDP) der Diözese Münster[8] absolviert oder das Studium der Religionspädagogik an der Katholischen Hochschule (KatHO) in Paderborn[9] abgeschossen. Seit vielen Jahren sind Schwestern in den Pfarrgemeinderäten bzw. den Pfarreiräten aktiv und bilden so ein wichtiges Bindeglied zwischen dem Ordenskonvent und der Pfarrei.

Zusammenarbeit mit anderen Ordensgemeinschaften

Im 19. Jahrhundert wurden zahlreiche Ordensgemeinschaften gegründet, die sich um die soziale Not der Menschen kümmerten. Es verband sie die Berufung, sich um Gottes Willen für diejenigen einzusetzen, die ihrer Hilfe bedurften. Untereinander waren sie nicht oder kaum vernetzt. Was viele miteinander verband, das war die gemeinsame Ordensregel wie z.B. die franziskanische Drittordensregel. Die Ordensmitglieder lebten und arbeiteten meistens innerhalb der eigenen Gemeinschaft oder dort, wohin der Orden sie gesandt hat. Seit einigen Jahrzehnten wuchsen die Gemeinschaften näher aneinander. Gefördert wurde das durch gemeinsame Veranstaltungen, die das Ordensreferat der Diözesen anbietet, durch gemeinsame Ausbildungszeiten während des Noviziates und des Juniorates und auch durch die Veranstaltungen, die die Deutsche Ordensobernkonferenz (DOK)[10] regelmäßig anbietet. Dadurch wurden die persönlichen Kontakte intensiviert. Heute ist die Zusammenarbeit zwischen den Ordensgemeinschaften nicht mehr wegzudenken und wird von allen als große Bereicherung empfunden.

Interfranziskanischer Konvent in Münster

Schwester Katharina Kluitmann, die Provinzoberin der Lüdinghauser Franziskanerinnen[11], arbeitete als Psychotherapeutin am Generalvikariat in Münster und die Mauritzer Franziskanerin Schwester Hiltrud Vacker, die im Referat für die kirchlichen Berufe beschäftigt war, hatten gemeinsam den Wunsch, in der Stadt Münster einen interfranziskanischen Konvent zu gründen. Nach vielen Gesprächen und Reflexionen konnten sie ihre Ordensgemeinschaften davon überzeugen, das Experiment zu wagen, mit vier Schwestern aus den beiden Gemeinschaften diesen Neuaufbruch zu wagen. Der Konvent definierte für sich als Ziel und Aufgabenstellung: „Die Schwestern dieses Konventes gehen jeweils ihrer Tätigkeit bzw. ihrer festen Anstellung nach. Gemeinsam haben sie sich als Aufgabe gestellt, eine franziskanische Präsenz in Münster zu bilden. Sie sind offen für Gäste, die für kurze Zeit mitleben möchten. Sie machen geistliche Angebote und sind offen für begleitende Gespräche."[12] Sie konnten eine Wohnung im Pfarrheim der Überwasserkirche, direkt im Stadtkern und in der Nähe zu mehreren Studentenwohnheimen und zum Dom anmieten, die ihren Bedürfnissen entsprach. Seit 2011 leben sie hier und haben viele Kontakte knüpfen und Menschen ein Stück ihres Weges begleiten können. Der erste Kontakt zu den Studierenden kam dadurch zustande, dass die Schwestern an deren Gottesdiensten teilnahmen. Jeden Abend beenden die Schwestern ihren Tag mit einer Abendmeditation in der Überwasserkirche, zu der immer Beter kommen um den Tag gemeinsam an Gott zurückzugeben. Viele weitere Kontakte sind im Laufe der Jahre geknüpft worden und die Franziskanerinnen sind im Bild „um den Dom" heute nicht mehr wegzudenken.

Begleitung und Leitung der Elisabeth-Schwestern in Essen

Der Bischof von Essen bat die Mauritzer Franziskanerinnen 2013 darum, dabei zu helfen, die alternde Ordensgemeinschaft der Barmherzigen Schwestern von der hl. Elisabeth zu Essen (Elisabeth-Schwestern) in eine gute Zukunft zu führen. Die Mitglieder waren inzwischen so alt geworden, dass sie in ihren eigenen Reihen keine geeignete Schwester mehr für die Funktion der Generaloberin fanden. Die Kongregation untersteht dem Bischof von Essen, deshalb musste er handeln. Schwester Diethilde Bövingloh übernahm die neue Aufgabe gemeinsam mit Schwester Birgitte Herrmann. Schwester Birgitte sorgte für die spirituelle Begleitung der Schwestern, während Schwester Diethilde die neuen Strukturen initiierte, aufbaute und bis heute für die Schwestern sorgt. Sie lebte während dieser Zeit bei den Schwestern in Essen. Nach einigen Monaten baten die Elisabeth-Schwestern den Bischof darum, Schwester Diethilde als ihre Generaloberin einzusetzen. Der Bischof von Essen folgte der Bitte und erklärt in seinem Ernennungsschreiben: „Sie (Schwester Diethilde) übernehmen die Leitung der Kongregation und werden mit allen Rechten ausgestattet, die erforderlich sind, die Ordensgemeinschaft kirchen-

und zivilrechtlich zu vertreten."[13] Das war fast erstmalig in der deutschen Ordensgeschichte, dass das Mitglied einer anderen Gemeinschaft mit so weitreichenden Kompetenzen ausgestattet wurde. der externen Generaloberin standen drei gewählte Ratsschwestern von den Elisabeth-Schwestern zur Seite, die sie mit der Geschichte und dem Selbstverständnis der Gemeinschaft, den Gewohnheiten des Konventes und den Bedürfnissen der Schwestern vertraut gemacht haben.

Schwester Diethildes Amtszeit als Generaloberin endete 2017. Da auch zukünftig keine Generaloberin aus den eigenen Reihen der Elisabeth-Schwestern mehr gewählt werden kann, entschieden die Schwestern sich auf dem Generalkapitel dazu, die Struktur der Kongregation radikal zu verändern und den Gegebenheiten anzupassen. Die neue Struktur sieht vor, dass es keine Ordensleitung im klassischen Sinn mehr gibt und die Ämter neu definiert wurden.[14]

Statt der Generaloberin wird vom Bischof eine Generaladministratorin eingesetzt[15], die die Kongregation leitet und sie nach innen und außen vertritt. Jeder Konvent hat weiterhin eine Elisabeth-Schwester als Konventsleiterin, die Sorge trägt für das liturgische Gebet und die Gestaltung und Einhaltung der Tagesordnung. Wenn für dieses Amt keine geeignete Schwester mehr zur Verfügung steht, entfällt es.[16] Die eigentliche Leiterin vor Ort ist die Ordenskoordinatorin, die kein Ordensmitglied sein muss[17]. Ihre vornehmste Aufgabe ist die Sorge um die Belange der einzelnen Schwestern und der Gemeinschaft, insbesondere der Erhaltung des Geistes der Einheit und der Liebe in der Kongregation. Sie hat das Recht, im Blick auf das Wohl der Schwestern und der Gemeinschaft Entscheidungen zu treffen und Direktiven zu erlassen. Die Elisabeth-Schwestern hatten das Glück, dass ihre langjährige Leiterin der Pflegestation dazu bereit war, diese Aufgabe zu übernehmen. Sie kennt die Schwestern und besitzt großes Vertrauen bei ihnen. Schwester Diethilde hat sich dazu bereit erklärt, die Aufgabe der ersten Generaladministratorin zu übernehmen, um einen möglichst reibungslosen Übergang zu ermöglichen. Sie lebt inzwischen wieder in ihrer Gemeinschaft in Münster.

Das Mutterhaus im Spiegel der Ordensentwicklung

Es stellte sich schon vor vielen Jahren heraus, dass das Mutterhaus in Münster neben den tradierten Aufgaben als Ordenszentrale für die deutsche und die internationale Kongregation weitere Aufgaben zu übernehmen hat und so einem kontinuierlichen Anpassungsprozess unterliegt, der bis heute nicht abgeschlossen ist. Auf der einen Seite wurde das Noviziat immer kleiner, da weniger junge Frauen in den Orden eintraten und auf der anderen Seite wünschten sich Schwestern, deren Konvente aufgelöst wurden, zurück zu den Wurzeln in das Mutterhaus zu kommen. Sie waren oft älter und wurden nach einer gewissen Zeit hilfs- und pflegebedürftig. Einige Gebäude, die nach dem zweiten Weltkrieg mit einfachen Mitteln wieder aufgebaut wurden, sind inzwischen verwohnt und abgängig.

Projekt 2000-X

Eine Mitte der 1990er Jahre ins Leben gerufene Projektgruppe mit dem Namen „Projekt 2000-X" befasste sich mit der Zukunft des Mutterhauses. Das beinhaltete die Auseinandersetzung mit den Aufgaben und Zielen des internationalen Mutterhauses, mit den Räumen für die Schwestern heute und zukünftig und mit dem sich daraus ergebenden Gebäudebedarf auf dem Mutterhausgelände. Eine externe Firma[18] hat die Gemeinschaft bei diesem Prozess beraten. In die Überlegungen wurden das St. Franziskus-Hospital Münster und die St. Franziskus-Stiftung Münster mit einbezogen, da das Mutterhaus direkt mit dem Hospital verbunden ist und die Stiftung auf dem Mutterhausgelände ihren Sitz hat.
Zuerst wurden drei alte Gebäude abgerissen und an der Stelle ein neues Haus gebaut, das als heutiges Mutterhaus angesehen wird. Die Klosterpforte wurde von der einen Seite des Hauses auf die andere verlegt. Das bedeutete eine neue Zufahrt und ein neues „Gesicht" für alle, die ins Kloster kommen. Im Jahr 2000 zogen 69 Schwestern in das neue Haus, die in den drei oberen Etagen in sechs Wohngruppen leben. Drei Grup-

pen blieben im Altbau, so dass insgesamt 105 Schwestern zum Mutterhauskonvent gehörten. Alle treffen sich zum Gebet in der Mutterhauskirche und nehmen die Mahlzeiten im Refektorium des Erdgeschosses ein. Die gemeinsamen Mahlzeiten, an die die Schwestern gewöhnt waren, wurden aufgebrochen zugunsten eines Cafeteria-Systems, mit gleitenden Essenszeiten. Das war für viele Schwestern zunächst sehr gewöhnungsbedürftig. Heute möchte es niemand mehr missen. Das Gemeinschaftsleben hat sich auf die Wohngruppen konzentriert.
Durch die geringer werdende Zahl der Schwestern, die im Mutterhaus leben, mussten weitere räumliche Anpassungen vorgenommen werden. Die ehemaligen Schwesternstationen wurden an das Hospital abgegeben und ebenso die Räume der Provinzleitung und der Provinzverwaltung. Inzwischen sind auch die Zimmer der drei Wohngruppen im Altbau und der Exerzitiensaal an die Klinik abgeben, die daraus Krankenstationen gemacht hat. Die Räume konnten erübrigt werden, denn beim Umzug der letzten Schwester bestand der Mutterhauskonvent nur noch aus 64 Schwestern. Diesen Beschluss konnten die Schwestern sachlich verstehen und mittragen, doch gerade die Abgabe des Exerzitiensaales hat sie emotional tief berührt. Ganz bewusst haben sich alle Schwestern in einer kleinen Besinnungsstunde von den Räumen verabschiedet, wie schon früher von der alten Mutterhauspforte, durch die alle Schwestern bei ihrem Eintritt ins Kloster gegangen sind. Die Ordensgemeinschaft hat hier besonders schmerzlich erfahren, dass die letzten Jahre stark vom Abschied geprägt waren: Abschied von den eigenen Kräften, von den Mitschwestern und auch von gewohnten Räumen, die traditionell zum klösterlichen Leben gehören.

Neues wächst …

Das Abschiednehmen ist nur der eine Teil, der sich aus der geringer werdenden Zahl der Ordensmitglieder ergibt. Die andere Seite der Medaille ist es, zuversichtlich in die Zukunft zu schauen, die Gott für uns Mauritzer Franziskanerinnen vorbereitet hat und den Weg zu suchen, den er mit uns gehen will. Von diesem Gedanken war das Provinzkapitel 2013 geprägt, als die Schwestern den Beschluss fassten, ein neues Haus auf dem Mutterhausgelände zu errichten, das so gestaltet wird, dass es Raum schafft, damit Neues wachsen kann. So entstand aus dem Projekt „2000-X" das Projekt „Neues wächst ..."[19]. Das Haus, das zurzeit im Garten des Klosters gebaut wird, soll offen sein für die Herausforderungen, die auf die Ordensgemeinschaft zukommen und so angelegt werden, dass wir dort weiter die franziskanische Gastfreundschaft leben und anderen anbieten können. Wenn sich die Zahl der Schwestern weiter reduziert, kann dieses Haus später einmal das deutsche oder auch das internationale Mutterhaus werden. Es wird so angelegt, dass es viele Möglichkeiten für An- und Weiterbauten hat. Wenn das Haus fertig sein wird, stehen zwei Ordensgebäude auf dem Klostergelände. Deshalb hat die Stadt Münster der kleinen Straße auf dem Ordensgelände einen eigenen Namen gegeben: Franziskusweg. Am Franziskusfest 2018 wurde der erste Spatenstich für das neue Haus getätigt und die Straße gesegnet. Außerdem haben wir einen kleinen Apfelbaum der Sorte ‚Die Schöne von Boskop' in den Garten gepflanzt. Die Provinzoberin Schwester Herbertis Lubek begleitete diesen für alle Schwestern wichtigen Tag mit den Worten:

„Mit dem Segen Gottes, unter dem Schutz des hl. Franziskus und unseres Gründers Pater Christoph Bernsmeyer und mit den uns vorausgegangenen Schwestern im Rücken, beginnen wir heute das Projekt „Neues wächst" in die Tat umzusetzen – im 175. Jahr des Bestehens unserer Kongregation. Es gab nie Stillstand auf dem Gelände! Mit dem Kauf des Focke'schen Anwesens 1852 durch den Bischof von Münster und der Umsiedlung der Schwestern 1853 von Telgte nach Münster begann die Geschichte unserer Gemeinschaft hier in Münster-St. Mauritz. Seitdem ist Bewegung, Veränderung, Leben – sowohl bei den äußeren Bauten – als auch im inneren Leben unserer Gemeinschaft und des St. Franziskus-Hospitals. Der Geist des Evangeliums ist in uns lebendig. Er trägt und treibt uns an. Das können wir ablesen an der Entwicklung und Ausbreitung unserer Gemeinschaft in den verschiedenen Kontinenten und an der Sendung unserer Schwestern zu Apostolaten, die unserem Charisma entsprechen, ‚Christi heilende Gegenwart (zu) bringen‘[20],… wo immer wir sind und was immer wir tun‘[21].

Voller Hoffnung und im Vertrauen, dass Gott mit uns geht und dass Er uns den Weg im Gehen erschließt – wie den Emmausjüngern – wagen wir den Weg aus uns heraus und öffnen uns für das Neue, dass Gott wachsen lässt."[22]

Anmerkungen

1 Schwester Birgitte Herrmann, Unveröffentlichter Rechenschaftsbericht für das deutsche Provinzkapitel 2013.
2 aaO. S. 32ff.
3 PK 2013, Empfehlung: Franziskanische Spiritualität, S. 6.
4 https://franziskaner.net/werke/fi/, Stand: 02.11.2018.
5 https://www.solwodi.de/, Stand: 02.11.2018.
6 SD 2017, Empfehlung 8, S. 12. Die Provinzkapitel 2009 und 2013 haben dieses Thema bereits aufgegriffen.
7 Beide Ausbildungswege sind inzwischen geschlossen worden.
8 https://www.ipd-muenster.de, Stand: 06.11.2018.
9 https://www.katho-nrw.de/katho-nrw/studium-lehre/studienorte/abteilung-paderborn, Stand: 06.11.2018.
10 https://www.orden.de, Stand: 08.11.2018.
11 Offizieller Name: Franziskanerinnen von der Buße und der christlichen Liebe.
12 Kooperationsvertrag zwischen den Franziskanerinnen von der Buße und der christlichen Liebe in Lüdinghausen und der Deutschen Provinz der Krankenschwestern vom Regulierten Dritten Orden des hl. Franziskus in Münster, vom 1. Dezember 2010.
13 Ernennungsschreiben des Bischofs von Essen vom 13. April 2014.
14 Grundlagen des Lebens und Wirkens der Barmherzigen Schwestern von der hl. Elisabeth zu Essen – Rechtliche Bestimmungen des Lebens und Wirkens der Ordensgemeinschaft, verabschiedet auf dem Generalkapitel am 22. September 2017.
15 a.a.O. Art. 2 - 7.
16 a.a.O. Art. 20 - 23.
17 a.a.O. Art. 8 – 19.
18 Joseph-Stiftung Bamberg, www.joseph-stiftung.de, Stand: 04.12.2018.
19 PK 2013, Beschluss. Zukunftsplanung Mutterhaus, SD S. 5.
20 Thema des Generalkapitels 2006.
21 Thema des Generalkapitels 2018.
22 Schwester Herbertis Lubek, Ansprache bei der Grundsteinlegung am 04.10.2018, unveröffentlichtes Manuskript.

Pater Michael Plattig, O.Carm.

Die Mauritzer Franziskanerinnen im Zeichen des Tau

Vielen Menschen gilt das Tau als Erkennungszeichen für franziskanische Schwestern und Brüder. Auch die Mauritzer Franziskanerinnen wählten 1990 als Zeichen ihrer internationalen Gemeinschaft ein Tau, das von einem Zingulum (Kordel) mit drei Knoten kreisförmig umschlossen wird.

Das Tau (griechisch) bzw. Taw (hebräisch)

Das „Tau" ist ein Buchstabe im griechischen bzw. der letzte Buchstabe im hebräischen Alphabet („Taw"). Es hat in der Bibel eine besondere Bedeutung und in der Kunstgeschichte eine lange Tradition.
In der jüdischen Antike war das Taw so etwas wie eine verkürzte Unterschrift, insbesondere von Menschen, die des Schreibens nicht kundig waren. Am Ende seiner Verteidigungsrede sagt der Mann im Buch Ijob: „Dies ist mein Taw, jetzt gib du mir Antwort!" (Ijob 31,35). Das Taw ist eine Art verbindliche Besiegelung. Im spätantiken Judentum steht es als Kürzel für die Thora (die ersten fünf Bücher der Bibel).
Das Taw wird im Buch Ezechiel (Ez 9,4) zu einem symbolischen Zeichen, der Prophet Ezechiel berichtet von einer Vision: „Der Herr sagte zu ihm [Mann mit Schreibzeug am Gürtel]: Geh mitten durch die Stadt, mitten durch Jerusalem und schreib ein Taw auf die Stirn der Männer, die seufzen und stöhnen über all die Gräueltaten, die in ihr begangen wurden." Das Taw wird zu einem Rettungszeichen für die Armen Israels, das sie vor dem Strafgericht Gottes schützt.
Von diesem Zeichen spricht im Neuen Testament auch die Offenbarung des Johannes (Offb 7,2-3): „Dann sah ich vom Aufgang der Sonne her einen anderen Engel emporsteigen; er hatte das Siegel des lebendigen

Gottes und rief den vier Engeln, denen er Macht gegeben war, dem Land und dem Meer Schaden zuzufügen, mit lauter Stimme zu und sprach: Fügt dem Land, dem Meer und den Bäumen keinen Schaden zu, bis wir den Knechten Gottes das Siegel auf die Stirn gedrückt haben!" Das Tau auch hier ein Zeichen der Rettung, der Erlösung.

Es ist ein äußeres Zeichen des neuen christlichen Lebens, das innerlich mit dem Hl. Geist besiegelt ist. Durch die Taufe wird dieses neue Leben geschenkt. In Eph 1,13f. heißt es: „In ihm [Christus] habt auch ihr das Wort der Wahrheit gehört, das Evangelium von eurer Rettung, in ihm habt ihr das Siegel des verheißenen Heiligen Geistes empfangen, als ihr zum Glauben kamt. Der Geist ist der erste Anteil unseres Erbes, hin zur Erlösung, durch die ihr Gottes Eigentum werdet, zum Lob seiner Herrlichkeit."

Der Kirchenvater Origenes berichtet, dass die Christen sich schon in der Frühen Kirche vor Arbeitsbeginn, dem Beten und Essen mit dem T-Zeichen bekreuzigt haben als Zeichen des Segens, des Schutzes und der Bewahrung.

Innozenz III. griff die Bedeutung des Taws bzw. Taus bei dem prachtvollsten Konzil des Mittelalters wieder auf. In seiner Eröffnungspredigt beim IV. Laterankonzils (1215) sprach er vom Tau als einem Zeichen der Buße. So hätte das Kreuz Christi ausgesehen, bevor Pilatus seine Holztafel anbringen ließ. Wer im Geist Jesu lebe, trage sein Zeichen auf der Stirn. Der Papst gab dann das Ezechielwort an die Konzilsteilnehmer weiter: „Bezeichne mit dem Tau die Stirn der Menschen ... Auf seiner Stirn trägt jener das Tau, der in seinem ganzen Verhalten den Glanz der Erlösung zeigt ...; Wer das Tau trägt, Zeichen eines Lebens aus echter Umkehr und in neuer Christusverbundenheit, wird Gottes Zuwendung erfahren...".[1]

Franziskus und das Tau-Zeichen

Höchstwahrscheinlich hat Franziskus das Laterankonzil miterlebt und diese Predigt gehört. Mit Begeisterung hat er das Zeichen des „Tau" aufgegriffen. In der Dreigefährtenlegende heißt es: „Vertraut war ihm vor allen anderen Buchstaben das Zeichen Tau; mit ihm allein pflegte er seine Sendschreiben zu beglaubigen; mit ihm bemalte er überall die Wände der Zellen." [2]

Das Tau-Kreuz wurde für Franziskus zum Friedens- und Segenszeichen. So findet es sich auch unter einem Segensspruch, den er für Bruder Leo aufschrieb, als dieser in Not und Angst war.[3] Es bedeutete für Bruder Leo Kraft und Trost, dass er diesen Segen des heiligen Franziskus ständig bei sich tragen konnte.

Auf die Rückseite des Segens schrieb der Hl. Franziskus einen Lobpreis Gottes.[4] Hier wendet er sich durch ein wiederholtes DU an seinen Herrn, dessen Größe und Demut er bewundert. So sind für Franziskus Hinwendung zu Gott und Hinwendung zum Bruder zwei Seiten eines Briefes.

Das Tau bringt auch seine tiefe geistliche Überzeugung zum Ausdruck, dass nämlich allein im Kreuz Jesu Christi das Heil für jeden Menschen sich ereignet hat.

Das Tau ist ein Symbol für die franziskanische Familie geworden, ein Vermächtnis des Hl. Franziskus, ein Zeichen des Segens und des Friedens. Der biblische Hintergrund unterstreicht, dass die mit diesem Zeichen Bezeichneten oder Besiegelten grundsätzlich gerettet und erlöst sind und aufgrund dieser Zusage Gottes, die in der Taufe sakramental gefeiert wird, ihr Leben vertrauens- und hoffnungsvoll gestalten können. Das Tau als Zeichen an einer Kette oder Kordel um den Hals getragen oder als Ansteckzeichen erinnert an diese fundamentale Zusage, die im Getriebe des alltäglichen Lebens und in den Herausforderungen der Lebensgestaltung schon einmal aus dem Blick geraten kann.

Zingulum mit Knoten

Das zweite Element des Zeichens der Mauritzer Franziskanerinnen, das Zingulum mit den drei Knoten ist ein Teil des Ordenskleides vieler franziskanischer Gemeinschaften. Das Zingulum, eine einfache Kordel, wird anstelle eines Ledergürtels getragen und betont die Einfachheit und Armut der franziskanischen Lebensform. Auch der frühere Habit der Mau-

ritzer Franziskanerinnen sah ein solches Zingulum mit drei Knoten vor. Frühmittelalterliche Quellen legen dar, dass südeuropäische religiöse und weltliche Ritterorden die Knoten als Symbol der Freundschaft in ihr Erscheinungsbild übernahmen.[5] Ursprünglich stellten sie die feierlichen Schwüre der Mitglieder verschiedener religiöser Orden dar.
Bereits auf dem wohl ältesten Bild des Franziskus, ein Fresko im Kloster San Benedetto in Subiaco, das noch zu seinenLebzeiten entstand, trägt er ein Zingulum mit Knoten.[6]
Die drei Knoten stehen für die drei Ordensgelübde: Armut, Jungfräulichkeit und Gehorsam.

Ordensleben

In Nr. 2 der Konstitutionen der Mauritzer Franziskanerinnen, der sog. Präambel, heißt es: „Die Berufung zum Ordensleben ist eine vom Hl. Geist geschenkte Gnade."[7]
Das Ordensleben ist nicht etwas, was ein Mensch sich selbst sucht, dazu wird er berufen. Die Wahl einer Ordensgemeinschaft erfolgt nicht aus Gründen von Sympathie oder Antipathie und nicht, weil es keine andere Möglichkeit gibt, sondern weil Christus gerufen hat.
Das ist der entscheidende Punkt und das ist in den Zeiten der Vorbereitung auf die Bindung in der Profess, also in Kandidatur, Postulat und Noviziat zu prüfen, weil keine Wahl aufgrund von persönlichen Beziehungen oder Vorlieben, aufgrund von Besitztümern oder sonstigen Umständen ein Leben lang halten wird. Grundsätzlich gilt: Ordensberufung ist geschenkte Gnade.
Diese Gnade, so weiter in den Konstitutionen, „befähigt uns, in Gemeinschaft Nachfolge Christi zu leben und jenes Leben sichtbar zu machen, das Jesus auf Erden annahm."
Anders gesagt, durch dieses Leben Christus selber sichtbar zu machen.
Oder im Sinne des Charismas der Gemeinschaft gesagt: „Christi heilende Gegenwart zu sein, ist Geschenk; sie zu bringen, ist unser Auftrag."
Die Präsenz Christi steht also im Vordergrund, sie lässt sich nicht produ-

zieren, sie ist in der Taufe geschenkt. Die Herausforderung des Lebens in der Nachfolge Christi ist, Christus immer ähnlicher zu werden, ein nicht abschließbarer Prozess, der bis ans Lebensende dauert.
Christi heilende Gegenwart zu bringen ist deshalb nicht in erster Linie eine Tätigkeit, ein Tun, sondern ein Sein, dass durch die Veränlichung mit Christus in der Begegnung mit den Menschen etwas von seiner heilenden Gegenwart erfahrbar wird.
Dort, wo es immer mehr mit der Gnade Gottes gelingt, aus dieser Nachfolge Christi zu leben, dort wird ein Stück Reich Gottes sichtbar und erlebbar.[8]

Die Evangelischen Räte

Das Ordensleben wird etwa seit der Mitte des 12. Jahrhunderts mit den drei sog. Evangelischen Räten charakterisiert: Armut, Keuschheit, Gehorsam. Diese wurden wohl 1148 zum ersten Mal in eine Professformel einer Chorherrenabtei in Paris aufgenommen und breiteten sich vom Ende des 12. Jh. an rasch aus und sind bis heute Standpunkt des Kirchenrechts geblieben.[9]
Das Mittelalter — allen voran Thomas von Aquin[10] — hat dann eine eigene Lehre der evangelischen Räte entfaltet. Der Rat Jesu wird dem Gesetz gegenübergestellt. Während das Gesetz für alle gilt, trifft der Rat nur auf die zu, die ihn freiwillig befolgen, weil sie sich davon angesprochen fühlen. Die evangelischen Räte gelten bis in die Neuzeit hinein nur für Ordensleute. Das II. Vatikanische Konzil hat diese Engführung aufgebrochen und versteht die evangelischen Räte als Weisungen für alle Christen.[11]
„Die Heiligkeit der Kirche wird in besonderer Weise gefördert durch die vielfachen Räte, deren Beobachtung der Herr im Evangelium seinen Jüngern vorlegt. Darunter ragt die kostbare göttliche Gnadengabe hervor, die der Vater einigen gibt (vgl. Mt 19,11; 1 Kor 7,7), die Jungfräulichkeit oder der Zölibat, in dem man sich leichter ungeteilten Herzens (vgl. 1 Kor 7,32-34) Gott allein hingibt. Diese vollkommene Enthaltsamkeit

um des Himmelreiches willen wurde von der Kirche immer besonders in Ehren gehalten als Zeichen und Antrieb für die Liebe und als eine besondere Quelle geistlicher Fruchtbarkeit in der Welt.
Die Kirche bedenkt auch die Mahnung des Apostels, der die Gläubigen zur Liebe aufruft und sie ermahnt, die Gesinnung in sich zu tragen, die auch in Christus Jesus war, der ‚sich selbst entäußerte und Knechtsgestalt annahm ... und gehorsam wurde bis in den Tod' (Phil 2,7-8) und der um unseretwillen ‚arm wurde, da er reich war' (2 Kor 8,9). Diese Nachahmung und Bezeugung der Liebe und Demut Christi müssen die Jünger immer leisten. Deshalb freut sich die Mutter Kirche darüber, dass sich in ihrem Schoß viele Männer und Frauen finden, die die Entäußerung des Erlösers nachdrücklicher befolgen und deutlicher erweisen, indem sie die Armut in der Freiheit der Kinder Gottes übernehmen und auf den Eigenwillen verzichten, das heißt, sie unterwerfen sich einem Menschen um Gottes willen hinsichtlich der Vollkommenheit über das Maß des Gebotes hinaus, um sich dem gehorsamen Christus mehr gleichzugestalten. Alle Christgläubigen sind also zum Streben nach Heiligkeit und ihrem Stand entsprechender Vollkommenheit eingeladen und verpflichtet. Alle sollen deshalb ihre Willensantriebe richtig leiten, um nicht im Umgang mit Dingen der Welt und durch die Anhänglichkeit an die Reichtümer wider den Geist der evangelischen Armut im Streben nach vollkommener Liebe gehindert zu werden. Mahnt doch der Apostel: Die mit dieser Welt umgehen, sollen sich in ihr nicht festsetzen; denn die Gestalt dieser Welt vergeht (vgl. 1 Kor 7,31 griech.)."[12]
Verschiedene Theologen haben nach dem II. Vatikanum versucht, die evangelischen Räte als Schlüssel zu einer christlichen Lebenskultur zu beschreiben.
Paul Zulehner sieht in den evangelischen Räten eine Antwort auf die menschlichen Sehnsüchte und Wünsche nach Ansehen, Macht und Besitz. Diese Wünsche haben nach ihm alle die Tendenz zur Maßlosigkeit. Damit das menschliche Leben gelingt, bedürfen diese Basiswünsche der Kultur. Die evangelischen Räte beschreiben die christliche Lebenskultur, die so mit den Grundwünschen des Menschen umgeht, dass sie seinem tiefsten Wesen entsprechen. Sie sind „innere Momente eines jeglichen

christlichen Glaubens, Bausteine einer Lebenskultur aus dem Evangelium. Jungfräulichkeit bedeutet dann das verlässliche Wissen darum, dass unser Herz ‚aus ist' (vgl. Ps 42; 63) nach jenem lebendigen Gott, der selbst Sehnsucht nach uns hat (Weish 11,24); Gehorsam ist Hinhorchen auf jenen Gott, der uns Leben gönnt und uns, damit wir dieses Leben bestehen, teilhaben lässt an seiner schöpferischen Macht und Freiheit, ... Armut schließlich lebt dann davon, dass Gott selbst unser Reichtum ist und wir an seinen Lebensquellen ‚sitzen', ja ihn selbst ‚besitzen'."[13] Zulehner sieht in den evangelischen Räten aber nicht nur Bausteine christlicher Lebenskultur, sondern zugleich einen Ansporn zu politischem Handeln, zum Dienst an den Armen und Unterdrückten und zur Zuwendung zu denen, die in unserer Gesellschaft kein Ansehen haben.

Alle psychologischen und theologischen Modelle verstehen die evangelischen Räte als Wegweiser zu einem gelingenden Leben. Mit ihnen werden wesentliche Haltungen des Menschseins und Christseins verwirklicht.

Diese allgemeine Bedeutung der evangelischen Räte kann an dieser Stelle nicht weiter ausgeführt werden, denn dieser Beitrag beschäftigt sich mit der Bedeutung der Gelübde für die Mauritzer Franziskanerinnen.

Armut

An erster Stelle gemäß franziskanischer Tradition steht in den Konstitutionen der Mauritzer Franziskanerinnen die Armut. In Nr. 11 heißt es: „Im Geist des heiligen Franziskus und der heiligen Klara beobachten wir die Armut und Demut und das heilige Evangelium unseres Herrn Jesus Christus. Wir leben als Pilger und Fremde auf dem Weg zum Reich Gottes und setzen unsere ganze Hoffnung auf den Herrn, denn Gott ist unser ganzer Reichtum."

Hier wird sehr klar, was Armut meint, denn Armut an sich ist eigentlich kein Wert. Wenn das so wäre, dann müsste man allen Armen in der Welt sagen, freut euch, dass ihr arm seid, denn ihr habt den guten Teil erwählt, das wäre zynisch, wenn es die Reichen sagen. Armut ist kein Wert. Das Reich Gottes ist gerade gekennzeichnet dadurch, dass es keine Armut

mehr gibt. Die Bilder Jesu vom Reich Gottes sind Bilder des Überflusses. Ein Hochzeitsmahl ist nicht geprägt durch Armut, sondern durch Fülle. Jesus wandelt 600 Liter Wasser bei der Hochzeit zu Kana in Wein, nicht nur drei Flaschen (vgl. Joh 2,1-12). Das Reich Gottes lebt vom Überfluss und der Verheißung, dass keine Armut mehr herrscht, es wird beschrieben als „Leben in Fülle" (Joh 10,10).
Warum aber das Gelübde der Armut?
Nach den Konstitutionen besteht die Armut darin, sich als Pilger und Fremde auf dem Weg zum Reich Gottes zu verstehen, die keine Heimat, keine endgültige Heimat in dieser Welt haben, sondern, wie Paulus es sagt: „unsere Heimat ist im Himmel." (Phil 3,20) Das Armutsgelübde macht klar, dass es keine Bleibe hier gibt und deshalb die Aufgabe des Ordenslebens nicht darin bestehen kann, sich einzurichten, denn das Eigentliche, nämlich das Reich Gottes, steht immer noch aus und es gilt daraufhin unterwegs zu bleiben. Johannes Tauler spricht davon, nicht anzuhangen, also nicht abhängig zu sein, weder von Dingen, noch von Menschen, noch von Ideen, sondern ledig, frei von allem, was nicht Gott ist.[14]

Das Problem heute ist, dass Armut oft sehr und manchmal ausschließlich materiell verstanden wird. Dies führt dann meist in eine Sackgasse oder eine übertrieben asketische Praxis mit Zurschaustellung der eigenen vermeintlichen Armut. Die Frage ist nämlich, wie sich Armut definieren lässt, und das hängt sehr von den Vergleichspunkten ab. Kann z.B. ein Mensch, der in einem Land Westeuropas lebt, im Vergleich zu vielen Menschen in anderen Ländern Afrikas oder Asiens wirklich arm sein? Allein aufgrund der gesellschaftlichen Umstände, der Absicherungen, des sozialen Status ist er eben nicht arm in diesem Vergleich.

Besitz allerdings neigt dazu zu vereinnahmen, besessen zu machen. Doch kann ein Mensch nicht nur von materiellen Dingen besessen sein, sondern auch von bestimmten Ideen, Vorstellungen etc. Alles, was den Menschen festhält und anbindet, macht ihn unfrei und steht gegen die Freiheit der Armut.

Es gibt nichts, was letzten Endes die Sehnsucht des menschlichen Herzens stillen kann, als Gott. Alles andere ist immer nur vorläufig und ver-

gänglich und wird nicht tragen, wird nicht halten. Sondern das Einzige, besser der Einzige, der trägt und hält, auch über dieses Leben hinaus, ist Gott. Und deshalb ist die Beziehung zu ihm und die Gestaltung dieser Beziehung der ganze Reichtum, das sagen die Konstitutionen ganz treffend. Armut ist also primär eine geistliche Herausforderung.
Natürlich gibt es auch materielle Seiten, so stellt Nr. 12 der Konstitutionen klar, dass die Armut zur Solidarität mit den Armen verpflichtet, zur Förderung einer gerechten Gesellschaft und zur Bekämpfung der Ursachen des Elends. Die Ausrichtung auf Gott darf natürlich nicht dazu führen, die Anderen und die Welt aus dem Blick zu verlieren, sondern sie beinhaltet wesentlich die Übernahme von Verantwortung für Gottes Schöpfung und für seine Geschöpfe.

Gehorsam

Das zweite Gelübde ist der Gehorsam. In Nr. 19 der Konstitutionen heißt es: „Nach den Worten des Herrn, ‚Ja, ich komme, um deinen Willen, Gott, zu tun' (Hebr 10,7), verstehen wir unseren Gehorsam als Teilnahme am Gehorsam Christi. Durch die Profess des Gehorsams bekunden wir Gott unsere Entschlossenheit, seinen Willen zu erkennen und zu verwirklichen."
Der Gehorsam gilt Gott gegenüber und bedeutet die Entschlossenheit – so heißt es hier – seinen Willen zu erkennen. Im Deutschen steckt im Wort Ge-hor-sam horchen oder hören. Auf der Suche nach dem Willen Gottes, ist diese Hörbereitschaft und diese Aufmerksamkeit eine ganz wichtige Tugend oder Übung. Sich immer wieder hörbereit und aufmerksam Gott zuzuwenden, damit sein Wille erkannt werden kann, ist die Herausforderung. Nr. 19 sagt, dass es Teilhabe am Gehorsam Christi ist, d.h. Christi Gehorsam Gott gegenüber ist der Maßstab oder ist die Leitlinie.
Dabei ist wichtig, auf eine Stelle in der Bibel hinzuweisen, die gerade für das Gehorsamsverständnis Christi entscheidend ist, sein Ringen im Garten Getsemani (vgl. Mk 14,32-42; Mt 26,36-46; Lk 22,39-46). Christus nimmt sein Kreuz nicht einfach an, klaglos und selbstverständlich, son-

dern er wehrt sich gegen das Leiden. Das bedeutet, den Willen Gottes zu erkennen und zu tun, heißt auch, sich damit auseinandersetzen zu müssen. Es ist oft ein Ringen um diese Erkenntnis im persönlichen Leben der Ordenschristen und in gemeinschaftlichen Entscheidungsprozessen. Auch die Auseinandersetzung mit den täglichen Anforderungen des Lebens gehört dazu, denn der Wille Gottes ist nicht etwas, was irgendwie vom Himmel fällt, sondern er erschließt sich aus den täglichen Begegnungen, in den Auseinandersetzungen mit den Herausforderungen des Alltags in Gemeinschaft, in der Welt und in der Kirche. Gehorsam bedeutet zunächst, täglich sein Leben in der Verantwortung und in der Zuwendung zu Gott und den Menschen zu leben und nicht auszuweichen.

Dabei gibt es Versuchungen, die schon das alte Mönchstum unter dem Stichwort der Akedia, des Überdrusses, beschreibt. Es sind Gedanken, die auf Abwege locken oder Illusionen beinhalten: „Wenn ich damals in einen anderen Konvent versetzt worden wäre, dann ginge es mir heute sicher besser." Oder: „Wenn ich jetzt woanders wäre, oder wenn ich 30 Jahre jünger wäre, oder wenn ich jetzt das und das hätte oder täte, wäre alles gut." Es sind Versuchungen, die dahin führen, vom gegenwärtigen Zustand abzulenken und zu meinen, es ginge besser, wenn irgendein Umstand anders wäre.[15]

Der kleine Mönch im gleichnamigen geistlichen Notizbüchlein von Madeleine Delbrêl kommt vor einem Reisebüro zu der Erkenntnis: „Das Kloster zu wechseln ändert den Mönch nicht; Gott ist an jedem Ort der gleiche."[16]

Jede nimmt sich selber mit und das Paradies auf Erden existiert nicht, überall wird es schwierige und leichte Situationen, Konstellationen etc. geben. Deshalb ist die Grundvoraussetzung oder die Grundherausforderung, sich mit dem auseinanderzusetzen, was ist, und nicht an dem zu hängen, was erträumt oder erdacht oder erwünscht wäre.

Das heißt natürlich nicht, dass es manchmal wirklich auch der Veränderung des Ortes oder der Situation bedarf, aber genau das gilt es kritisch zu prüfen und zu unterscheiden im Sinne der Frage nach dem Willen Gottes, deshalb bedeutet natürlich Gehorsam auch immer das gemeinsame Hören auf den Willen Gottes.

Jungfräulichkeit

Das dritte Gelübde heißt in den Konstitutionen „ehelose Keuschheit". Der Begriff oder besser das Adjektiv „ehelos" ist dabei nicht glücklich gewählt. Man kann eigentlich nicht mit einem Negativbegriff eine Lebensform beschreiben.

Natürlich leben Ordensleute ehelos, sind also nicht verheiratet, doch beschreibt das den Mangel, nicht die Wahl. Natürlich bedeutet jede Wahl auch immer einen Verzicht, doch kann eine Lebensform nicht aus der Perspektive eines Verzichts beschrieben werden, man würde Ehe auch nicht als „Singlelosigkeit" beschreiben.

Keuschheit ist daher besser oder noch besser wäre Jungfräulichkeit, aber das ist heute ein schwieriger Begriff, weil dafür kein Verständnis mehr vorhanden ist. Geistlich gesehen nämlich heißt Jungfräulichkeit, dass die wichtigste Beziehung die zu Gott ist und bleibt, an diese Stelle kann niemand sonst treten, auch kein anderer Mensch.

Folgerichtig heißt es in Nr. 26 der Konstitutionen: „Ehelose Keuschheit ist ein Geschenk göttlicher Gnade. Als Antwort auf Gottes Liebe weihen wir ihm unsere Kraft zu lieben, die Energie unserer menschlichen Sexualität, jeder Zuneigung aller Gefühle und unserer ganzen Sehnsucht."

Ehelose Keuschheit unterstreicht ganz dick, dass dieses Leben nur zu leben ist als Antwort auf Gottes Liebe und als Geschenk göttlicher Gnade; Menschen können das nicht aus sich heraus. Jeder Ordensmann, jede Ordensfrau, die versucht aus sich heraus Jungfräulichkeit zu leben, wird scheitern.

Ein wichtiger Aspekt, den die Konstitutionen benennen, ist Sehnsucht. In der geistlichen Literatur des Christentums, in den Texten der Mystikerinnen und Mystiker, wird meistens von der Sehnsucht nach Gott berichtet, von der Suche nach ihm, die manchmal verzehrend sein kann. Die meiste Zeit des Lebens ist geistlich gesehen davon bestimmt, in Sehnsucht auf Gott ausgerichtet zu sein, und nicht ihn zu finden oder gar zu haben. Das können einzelne Momente, einzelne Erfahrungen sein, die Geschenk bleiben und nicht herstellbar sind, das Entscheidende ist und bleibt das Ausgerichtetsein und -bleiben auf Gott.

Das Leben der evangelischen Räte macht nur Sinn, wenn es danach und jenseits aller Bedürfnisse und deren Befriedigung noch etwas gibt. Ordenschristen sind der Sehnsucht nach diesem MEHR, sind GOTT verpflichtet und können deshalb auch auf die Befriedigung von diversen Bedürfnissen verzichten, nicht weil die Bedürfnisse schlecht sind, sondern weil es um MEHR geht!

Diese Sehnsucht zu leben ist ein Zeichen für diese Welt, besonders für die Konsumgesellschaften westlicher Prägung. Was kommt denn noch, wenn ein Mensch schon alles bekommen hat? Die Dichterin Ingeborg Bachmann fasste dieses Lebensgefühl in das Wort: „In allem ist etwas zu wenig." Sehnsucht lässt sich nicht weg-konsumieren. Sie kommt „danach", wo der Ahnung Raum gegeben wird: „Das kann noch nicht alles gewesen sein. Es muss im Leben mehr als alles geben." Sehnsucht ist unstillbar.[17]

Seiner Sehnsucht nach Gott, nach endgültiger Geborgenheit und endgültigem Angenommensein auf die Spur zu kommen, sie zu leben und zu pflegen ist eine andere Definition von Glaube oder geistlichem Leben.

Geist des Gebetes

Die Konstitutionen Nr. 68 betonen: „Franziskus gibt uns den Rat, unsere Arbeit in einer Weise zu tun, dass sie ‚den Geist des heiligen Gebetes und der Hingabe nicht auslöscht'." Als Bezugsquellen werden die bullierte Regel 5,2 und die Klararegel 7,2 genannt.

Der „Geist des Gebets", von dem Franziskus und eben auch Klara sprechen, den es unbedingt zu bewahren gilt, ist deshalb so wichtig, weil er die Betende in Beziehung zu dem hält, der Ursprung und Ziel des Lebens ist und weil es beim Gebet, wie es Augustinus gesagt hat, um das „Training der Sehnsucht" geht. Immer wieder den Blick zu erheben von allem Kleinlichen und Kleinkariertem auf den hin, der das Ziel ist. Um im oftmals grauen Einerlei der Alltäglichkeit die zugrundeliegende Sehnsucht lebendig zu erhalten, beten die Schwestern täglich.

Individuum und Gemeinschaft

Der Aspekt der Gemeinschaft wird in Nr. 28 aufgegriffen: „Die hl. Klara fordert uns auf: ‚Allezeit liebe deine Seele und die all deiner Schwestern. Ich bitte dich, du mögest das mit Fleiß bewahren, was du dem Herrn gelobt hast.' (Der Segen der heiligen Klara 14-15)
Mit der Wahl, ehelose Keuschheit in Gemeinschaft zu leben, haben wir uns für ein Geschenk entschieden, das lebenslange Treue verlangt. Durch den Aufbau von Beziehungen schaffen wir eine besondere und starke Verbundenheit untereinander. Schwesterliche Liebe und Rücksicht schützen die Keuschheit, geben uns Freude und Geborgenheit und tragen zur Entfaltung und Beglückung im Leben bei."

Ordenschristen leben in Beziehungen und von Beziehungen, deshalb gehört zur Liebe zu Gott immer auch die Liebe zu den Menschen, die Liebe zu den Schwestern und Brüdern und die Liebe zu sich selbst. Interessant ist, welche Reihenfolge Klara wählt: „Alle Zeit liebe deine Seele und die all deiner Schwestern." Das ist ganz biblisch. Liebe deinen Nächsten wie dich selbst. Von Anfang an war das Mönchtum davon überzeugt, dass es keinen Weg zu Gott ohne Selbsterkenntnis und Selbstannahme gibt, wer sich selbst in seinem Angenommensein durch Gott und in seiner Bedürftigkeit und Sündhaftigkeit ehrlich erkannt und angenommen hat, der kann auch andere annehmen.[18]
Es führt kein Weg zu Gott an sich selber vorbei, deshalb sind gerade die Auseinandersetzungen mit sich selber und das zunehmende Annehmen seiner selbst mit den positiven und negativen Seiten, mit den Begabungen und den blinden Flecken, eine ganz wichtige Herausforderung.

Schließlich, wie Nr. 28 der Konstitutionen deutlich macht, unterstreicht ehelose Keuschheit noch einmal die Treue. Ordenschristen stehen mit ihren Gelübden, mit ihrer Antwort auf Gottes Ruf nicht im luftleeren Raum, sondern als Glieder einer Gemeinschaft vor Gott. Und sie sind und bleiben bezogen auf diese Gemeinschaft, auf ihre Spiritualität, auf ihre Regel, auf ihre Konstitution.

Das genialste Bild für diese Bedeutung der Individualität in Bezogenheit auf Gemeinschaft hat Paulus geprägt, wenn er von der Kirche als dem Leib Christi spricht (vgl. 1 Kor 12,12-27). Ein Leib ist dann lebendig, wenn alle Glieder auf ihre Weise funktionieren, wenn sie ihren Platz optimal ausfüllen. Er funktioniert nicht, wenn alle Glieder gleich sind. Andererseits können die Glieder nur lebendig bleiben, wenn sie in Verbundenheit mit dem Leib leben, wenn sie sich trennen, sterben sie ab. Ordensgemeinschaften funktionieren genauso, sie sind gewissermaßen Kirche im Kleinen. Nur wenn die Schwestern aufeinander und auf Christus bezogen, miteinander in Treue unterwegs bleiben, bleibt Gemeinschaft lebendig. Gleichzeitig muss die individuelle Antwort gegeben, die einzelne Begabung (Gnade) eingebracht werden in die Gemeinschaft und von dieser geachtet werden. Es ist nichts damit gewonnen, wenn eine Schwester ständig meint, sie müsse anders oder eine andere sein oder das tun, wozu eigentlich eine andere viel besser begabt ist. Wenn jede Schwestern an ihrem Platz das ihr Gemäße und das, was sie noch kann mit Rücksicht auf Alter oder Krankheit, einbringt, gibt sie Antwort auf den Ruf Gottes und trägt entscheidend zur Lebendigkeit des Leibes Christi bei.

Gelübde

Die Gelübde bringen die Treue zu Christus und zur Gemeinschaft gleichermaßen zum Ausdruck, damit sie lebendig bleiben, müssen sie ein Leben lang und täglich neu verwirklicht und in den Alltag übersetzt werden. Der kleine Mönch: „Der Tag deiner Profess ist nicht ein Tag der Ankunft, sondern der Abfahrt."[19]
Auf diesem Hintergrund ist auch eine immer wieder gefeierte Gelübdeerneuerung sinnvoll, nicht als Wiederholung natürlich, doch als Erinnerung daran, dass die Gelübde und ihre Verlebendigung eine tägliche Aufgabe des Ordenslebens bleiben. Mal wird das eine Gelübde im Vordergrund stehen und mal das andere und mal wird es leichter fallen und mal schwerer, aber es ist ein lebendiger Prozess, in dem es darum geht, dass das, was einmal versprochen wurde, vor wieviel Jahren auch immer,

heute eine Wirklichkeit ist. Also Treue und Gebundenheit einerseits und lebendige Entwicklung andererseits.

In Konst 31 steht die Gelübdeformel, sie beginnt mit den Worten: „Im Vertrauen auf Gottes Hilfe stelle ich mein Leben in die enge Nachfolge Jesu Christi." Dieses Leben kann ein Mensch ohne Gottes Hilfe nicht leben, das ist nur im Vertrauen auf ihn und nicht auf die eigenen Kräfte möglich.

Weiter heißt es: „Darum gelobe ich, Schwester N., Gott dem Allmächtigen vor den hier Anwesenden und vor dir, Schwester N. (Provinzoberin), in Armut, Gehorsam und eheloser Keuschheit zu leben gemäß der Regel und den Konstitutionen."

Die Gelübde werden Gott gelobt, nicht der Provinzoberin. Die Provinzoberin und alle Schwestern sind Zeuginnen dieses Gelübdes. Die Schwester bindet sich an Gott, diese Bindung wird aber immer in einer konkreten Form gelebt, die in der Regel und den Konstitutionen näher beschrieben ist. Die Formel schließt mit den Worten: „Um dem Reich Gottes zu dienen, stehe ich dieser Gemeinschaft uneingeschränkt zur Verfügung." Der Dienst am Aufbau des Reiches Gottes ist Aufgabe und Ziel dieses Ordenslebens. Alle Fähigkeiten und Möglichkeiten, alles, was diese Schwester ausmacht, was sie erfüllt, ihre Sehnsucht und ihre Grenzen, stellt sie dieser konkreten Gemeinschaft zur Verfügung, um des Reiches Gottes willen.

Die Gelübdeformel macht sehr klar: Ausgangs- und Zielpunkt ist immer die Beziehung zu Gott und der Aufbau seines Reiches, alles andere ist dem nachgeordnet und muss sich immer im Sinne der Unterscheidung der Geister befragen lassen, ob es dem Aufbau des Reiches Gottes dient oder nicht.

Deshalb müssen Konstitutionen von Zeit zu Zeit verändert und den neueren Entwicklungen in Kirche und Welt angepasst werden. Das Fundament und das Ziel bleiben, doch die konkrete Form, also wie ein Ordensleben konkret zu gestalten ist, muss sich natürlich im Laufe der Zeit verändern. Ordenschristen können heute nicht mehr leben wie vor 100 Jahren. Ordensleben verwirklicht sich immer im Heute und kann und darf sich nicht ausschließlich am Gestern orientieren.

Leben im Zeichen des Tau

Die evangelischen Räte, im Zeichen der Mauritzer Franziskanerinnen symbolisiert in der Kordel mit den drei Knoten, verweisen auf das Himmelreich. Jungfräulichkeit, Armut und Gehorsam um des Himmelreiches willen stehen in deutlicher Beziehung zur Erwartung der Wiederkunft Christi. Dies meint die Überzeugung, dass sich das Heil der Menschen nicht in einem glücklichen Leben oder gar einer Wellnessspiritualität auflöst, dass Gesundheit und Wohlstand nur vorläufige und keine absoluten Werte sind und dass immer noch etwas aussteht, das Leben in Fülle.
Das Leben der evangelischen Räte löst sich nicht auf in Alltäglichkeit, sondern es bleibt ein Mehr, das über den Alltag, über das Leben und die Welt hinausweist und den Blick offen, die Aufmerksamkeit nüchtern und geschärft hält für das Himmelreich Gottes, das die Zukunft der Christen ist.

Im Zeichen der Mauritzer Franziskanerinnen verdichtet sich die christliche Botschaft und wird der franziskanische Weg der Nachfolge Christi symbolisiert.
Das Tau erinnert an das bereits in der Taufe empfangene Geschenk der Erlösung, das es im Leben zu verwirklichen gilt. Das Zingulum mit den drei Knoten verweist auf die Gestalt dieses Lebens in der Nachfolge Christi mit den drei evangelischen Räten in franziskanischer Prägung und damit auf die immer noch ausstehende Vollendung der Erlösung, wenn Christus wiederkommt und sein Reich endgültig errichtet, an dessen Aufbau es aber jetzt schon zu arbeiten gilt.
Das Zeichen ist also Vergewisserung und Trost, Herausforderung und Verheißung zugleich und kann die Schwester so davor bewahren, sich abzufinden, sich einzurichten oder sich zu verstricken und in den alltäglichen Kleinigkeiten zu versinken. Jeden Morgen bewusst und vielleicht mit einem Stoßgebet angelegt und jeden Abend bewusst vielleicht mit einem Dank abgelegt, kann dieses Zeichen zur steten Verlebendigung des Lebens als Mauritzer Franziskanerin entscheidend beitragen.

Anmerkungen

1   Vgl. Art. Tau (Buchstabe) in: Lurker Manfred, Wörterbuch biblischer Bilder und Symbole, München 1978, 369f. und http://www.infag.de/seiten/doku.php/spiritualitaet_zeichen_und_symbole_tau Stand: 15.10.2018.
2   Thomas v. Celano, Mirakelbuch 3; zit. nach: Franziskus-Quellen, Kevelaer 2009, 427.
3   Vgl. Segen für Bruder Leo; in: Franziskus-Quellen, a.a.O., 39.
4   Vgl. Lobpreis Gottes; in: Franziskus-Quellen, a.a.O., 37f.
5   Vgl.: Zischka Ulrike, Zur sakralen und profanen Anwendung des Knotenmotivs als magisches Mittel, Symbol oder Dekor?, München 1977.
6   Vgl.: https://de.wikipedia.org/wiki/Franz_von_Assisi, Stand: 15.10.2018
7   GK 2006, Art. 2
8   Vgl. GK 2006. 7.
9   Vgl. Hertling Ludwig von, Die professio der Kleriker und die Entstehung der drei Gelübde, ZkTh 56(1932), 148-174, hier 170-172.
10 Vgl. Thomas von Aquin, Summa theologiae, II-II q.171-182; II-II q.183-189.
11 Vgl. LG 39; 42-44.
12 LG 42.
13 Zulehner Paul M., Art.: Evangelische Räte/Prophetische Lebensstile, in: PLSp 352-356, hier 354.
14 Vgl.: Zekorn Stefan, Gelassenheit und Einkehr. Zu Grundlage und Gestalt geistlichen Lebens bei Johannes Tauler, Studien zur systematischen und spirituellen Theologie 10, Würzburg 1992, 81.
15 Vgl. Evagrios Pontikos, Über die acht Gedanken, eingel. u. übersetzt v. G. Bunge, Weisung der Väter Bd. 3, Beuron 2007, 59-62; Plattig Michael, Lustlosigkeit und Langweile als Entwicklungsindikator. Überlegungen zur Praxis der Geistlichen Begleitung, in: meditation 36 (2010), Heft 1, 31-36.
16 Delbrêl Madeleine, Der kleine Mönch. Ein geistliches Notizbüchlein, Freiburg [7]1986, 69.
17 Vgl.: Benke Christoph, Sehnsucht nach Spiritualität, Ignatianische Impulse 20, Würzburg 2007, 16f.
18 Vgl:. Plattig Michael, Barmherzig sein heißt sanftmütig werden – Anmerkungen zur Tugend der Sanftmut, in: Göckener N. (Hg.), Barmherzigkeit verändert. Facetten eines lebensbereichernden Weges, Münster 2008, 85-100.
19 Delbrêl Madeleine, Der kleine Mönch, a.a.O., 30.

Niklaus Kuster / Martina Kreidler-Kos

Franz von Assisi und Elisabeth von Thüringen sprechen über die Mauritzer Franziskanerinnen

Ein theologisch-literarisches, fiktives Gespräch

Francesco
Elisabeth, ein Freund unserer Schwestern hat mich gefragt, mit wem die Mauritzer Franziskanerinnen eher verwandt seien: mit dir, der tatkräftigen Frau in der Fürsorge für kranke, schwache und arme Menschen, oder mit mir, dem Wanderbruder in der Nachfolge des armen Christus?
Eine ungewöhnliche Frage, nicht wahr?

Elisabeth
Eine überraschende Frage, finde ich! Du und ich, wir beide haben einander nie gesehen, aber wir sind uns trotz räumlich weiter Distanz zu spirituell unzertrennlichen Geschwistern geworden: Die frohe und kraftvolle Verkündigungsarbeit deiner Brüder hat mich inspiriert und ich habe mich von ihnen in den dunkelsten Stunden meines Lebens begleitet und gestärkt gewusst. Außerdem habe ich immer gehofft, dass eine Kunde von mir aus dem fernen Thüringen dich irgendwie erreichen könnte, weil ich mich dir und deiner Entscheidung für den armen Christus so nahe fühlte.
Wenn also eine Gemeinschaft überlegt, wem von uns sie ähnlicher ist, so möchte ich uns nicht getrennt verstanden wissen. Deshalb lautet die Antwort: Sie sind mit uns beiden verwandt – untrennbar!

Francesco
Ich wage zwei Behauptungen und bin gespannt, wie du sie siehst!
Die erste: In ihren Anfängen erinnert mich die Gemeinschaft der Mauritzer Schwestern sehr an dein Wirken in Thüringen. An dein kleines Spital am

Aufstieg zur Wartburg! Ihre reiche Geschichte lässt außerdem lebhaft an dein Wirken in Hessen und in deinem Marburger Hospital denken. Immer stellten sich diese Schwestern den Nöten der Zeit, genauso beherzt wie du, und sie taten es mit qualifizierten Institutionen - mit Krankenhäusern und Zentren für Betagte, Randständige, Waisen, Kranke und Bedürftige aller Art. Ein Leben und Wirken ganz in deinen Spuren!

Elisabeth
Du sagst es treffend: Die Schwestern reagierten immer wieder neu, sensibel und tatkräftig auf die Nöte der Zeit. Dazu haben sie Strukturen geschaffen und Räume geöffnet. Doch gibt es nicht nur die institutionelle Seite in ihrem Wirken. Im Laufe der Zeit machten sich zahllose Schwestern auf den Weg und begegneten auch außerhalb der Hospitäler und Häuser den Menschen heilsam und hilfreich. 1845 zogen die ersten fünf Schwestern ins neu erbaute Waisenhaus von Telgte ein. Bereits drei Jahre später reisten drei Schwestern nach Oberschlesien, um dort den Opfern des Hungertyphus beizustehen. Dieser Mut, aufzubrechen und sich in Neuland zu wagen, erinnert mich lebhaft an dich und deine Brüder!

Francesco
Da stimme ich dir zu! Die Mauritzer Franziskanerinnen wagten sich auch in den folgenden Jahrzehnten beherzt ins Neuland: 1864 zogen erste Schwestern nach Flensburg und Aarhus, um im deutsch-dänischen Krieg Verwundete zu versorgen. Das erinnert tatsächlich an meine frühen Brüder, die das Evangelium in fremde Lande mitnahmen und die ihr Leben als Friedensboten im Kreuzzug riskierten. Es erinnert ebenso an meine Friedensmission in Ägypten. Und es blieb für die Schwestern nicht bei jener einen Episode in Deutschlands Norden. Sie weiteten die Lazaretteinsätze aus, ihr Wirkungsfeld wurde immer größer: 1866 rief der deutsch-österreichische Krieg Krankenschwestern in die Nähe der Fronten und 1870/71 der deutsch-französische Krieg. In hohem Ausmaß tat es wieder der Erste Weltkrieg, und dann erst recht der Zweite Weltkrieg! Da sehen wir unerschrockene Schwestern in den Lazaretten von Böhmen, Mähren und Ostpreußen. Wieviel weiblicher Mut und beherzter Einsatz, der sich tatsächlich messen kann mit meinen

kühnsten Brüdern: Silvester, der sich in Arezzo zwischen Bürgerkriegsparteien stellte, während ich vor der Stadt betete. Illuminatus, der sich mit mir ins Lager von Sultan Muhammad al-Kāmil wagte, oder Johannes von Pian del Carpine, der sich mit Gefährten gar bis nach Zentralasien und an den Hof der Mongolen aufmachte.

Elisabeth
Daher ist es auch richtig, von den Mauritzer Schwestern als Franziskanerinnen zu sprechen und nicht von „Elisabethinnen" oder von anderen Hospitalschwestern. Der Geist, der sie beseelt, nimmt jede Art von Armen und Bedürftigen in den Blick – und weitet die Horizonte. Die allerersten Schwestern sind in Telgte ins frühere Leprosenhaus gezogen. Hast nicht auch du deine ersten Brüder und neue Gefährten jeweils in die Aussätzigenhospize gesandt, um sich mit den Ärmsten der Gesellschaft anzufreunden?

Francesco
Ja, das haben wir versucht, doch anders als wir Brüder hast du mit deinen Schwestern dauerhaft mit den Ärmsten unter einem Dach gelebt! Das Volk hat die erste Mauritzer Gemeinschaft in Telgte übrigens nicht Franziskanerinnen, sondern „Barmherzige Schwestern" genannt. Also Schwestern, die ein Herz haben für Menschen im Elend!

Elisabeth
Das verband und verbindet sie auch heute mit uns beiden. Ich habe mich kürzlich leise in die Obdachlosenstube auf dem Krankenhausgelände in Münster gesetzt. Die Schwestern nennen sie „St. Elisabeth-Oase" – was mir eine wirkliche Ehre ist! Dir wie mir ist die Runde der Geschwister von der Straße vertraut – und ebenso die herzlich unkomplizierte Art, mit der Schwestern und ihre Mitarbeiterinnen den bisweilen raubeinigen Freunden und verwahrlosen Freundinnen begegnen.

Francesco
Das ist ein schönes Bild, Elisabeth, du hast wahrlich schwesterliche Oasen gegründet – aber keinen Orden. Die ersten Schwestern in Telgte übernah-

men zwar Regeln der Elisabethinnen von Breslau, aber sie haben sich nicht dadurch einengen lassen. Die Liebe braucht eine Ordnung und Gefäße, so wie das Wasser den Krug, doch waren die vorgegebenen kirchlichen Strukturen damals sowohl für dich wie für mich zu einengend! Neue Impulse brauchen neue Freiheiten. Das lässt sich auch in der Geschichte unserer Mauritzer Schwestern erkennen: Sie hatten immer wieder den Mut, aus Ordnungen und Traditionen auszubrechen.

Elisabeth
Hast du nicht eben von zwei ungewöhnlichen Ideen gesprochen, die du hattest? Die erste hatte das geschichtliche Wirken unserer Schwestern im Blick. Es erinnert in seinen Institutionen an mich und meine Marburger Gründung und mit den Schwestern in den Kriegslazaretten oder in der häuslichen Krankenpflege an dich und deine ersten Gefährten. Dasselbe würde ich übrigens von den Schwestern sagen, die in den Wirren des Kulturkampfes den Sprung nach Nordamerika wagten – und von den ersten Missionarinnen, die 1925 nach China, 1948 nach Japan, 1968 nach Taiwan und 1973 nach Indien auswanderten.
Worauf bezieht sich deine zweite Behauptung?

Francesco
Sie betrifft die Gegenwart und die Zukunft. Seitdem die Schwestern ihre großen Werke in die St. Franziskus-Stiftung Münster übergaben, haben sie die Chance, mehr und ausgeprägter Franziskanerinnen zu sein, mehr denn je! Ich meine das im Sinne der allerersten Anfänge meiner Fraternitas. „Die Brüder sollen sich keine Orte aneignen", steht in unserer Ordensregel. Ohne eigene Bauten und mit freien Händen haben wir uns in den Dienst der Menschen gestellt. Unsere Schwestern gewinnen in dieser Zeit hier in Deutschland eine Freiheit, die sie so noch nie hatten!

Elisabeth
Du sprichst ihre Zukunft an und ich denke, wir sollten ihnen Mut machen. Ich weiß gut, dass Freiheit auch ängstigen kann, vor allem, wenn sie aus

einem Mangel erwächst. Indem die Mauritzer Franziskanerinnen zahlenmäßig weniger werden und über weniger Häuser oder Einrichtungen verfügen, erinnern sie mich an meine eigene Geschichte – an meine eigene Freiheit, die mir zunächst schmerzhaft aufgegeben worden ist.
Aber gerade aus diesem Schmerz ist so viel erblüht! Es war sehr, sehr schwer für mich zu realisieren, dass mein geliebter Mann, Thüringens Landgraf Ludwig, während des unseligen Kreuzzuges zu Tode gekommen war. Mit ihm hatte ich meinen Platz in der Welt verloren. Alles war anderes geworden. Ich denke, das spüren unsere Schwestern in Münster und an vielen ihrer vertrauten Wirkstätten heute ganz ähnlich.

Francesco
Ja, Abschiede sind oft hart, aber sie eröffnen neue Möglichkeiten. Wir Brüder sammelten darin reiche Erfahrung. Was hat dir als junger Witwe geholfen, wieder Fuß zu fassen und einen so ganz und gar neuen Lebensentwurf zu wagen? Eine ehemalige Landgräfin, die sich radikal in den Dienst der Schwächsten stellt! Was hat dich innerlich so stark gemacht?

Elisabeth
Mein Glaube an den menschgewordenen Gott, der in seiner Menschwerdung auch mir kleinem Menschenkind ganz nahegekommen ist. Aber solche Erfahrungen sind nie abstrakt! Sie finden immer in einer konkreten Lebensgeschichte statt – oder in einer konkreten Gemeinschaftsgeschichte. Manches moderne Lebensbild bezeichnet mein Leben mit dem neuen Wort der Patchwork-Biografie und trifft damit durchaus ins Schwarze.
Ich habe erlebt, dass sich aus vielen einzelnen Versatzstücken mit großen Umbrüchen ein Leben in Gottes Nähe zusammensetzen kann: Ich wurde als kleines Mädchen von Ungarn aus an den thüringischen Hof in die Fremde geschickt. Als mein erster Verlobter starb, war ich plötzlich eine überflüssige Braut, noch dazu ungestüm im Benehmen. Ganz unerwartet durfte ich mit dem neuen Thronfolger wahre Liebe und das Glück der Mutterschaft erleben. Ich versuchte verantwortungsvoll mit dem uns anvertrauten Besitz umzugehen und mich als Landgräfin um die zu kümmern, für die wir Sorge zu tragen hatten. Ludwig hat das immer unterstützt. Ich habe die Feind-

seligkeiten von Seiten des Hofes gespürt, aber erst als mein Liebster starb, traten sie offen zu Tage. Dann kamen das große Leid und die übergroße Leere, die sein Tod hinterließ. Ich kann mich deshalb gut in alle Schwestern hineinfühlen, die den glücklich erlebten Zeiten ihrer blühenden Gemeinschaft nachtrauern.

Francesco
Auch ich kenne solche Umbrüche, auch ich brach in den Orient auf: Aber anders als dein Ludwig tat ich es gewaltlos, unbewaffnet und als Brückenbauer. Als Gottesfreund und leidenschaftlicher Friedensstifter gewann ich dort die Freundschaft des Sultans. In Ägypten fing ich mir jedoch auch meine Augenkrankheit, Malaria und ein Milzleiden ein. Eben noch vital unterwegs, war meine Gesundheit nun für immer dahin.
Zurück in meiner Heimat, verlor ich die Bewegungsfreiheit und meine Sehkraft, verbrachte mehr Zeit in Eremitagen als unterwegs und haderte mit mir, meiner Gemeinschaft und meinem Gott. Ähnlich wie du habe ich durch schmerzliches Loslassen ungeahntes Neuland erlebt. Die Weisheit des Islam bereicherte meine eigene Gottesfreundschaft. Ich schrieb Briefe an die ganze Menschheit, was damals weder Papst noch Kaiser taten. Mein Schöpfungslied, der Sonnengesang, wird heute in allen Ländern, Sprachen und Kulturen gesungen. Meine Hoffnung für eine Welt ohne Grenzen führt die Weltreligionen in Assisi zusammen. Dies alles wurde möglich, weil ich wie du als junge Witwe die Mauer der Trauer durchbrach und offen wurde für Gottes neue Wege mit mir.
Umbrüche bergen eine Freiheit, die sich ergreifen und gestalten lässt. Je weniger wir an das bisher Gegebene und Selbstverständliche gebunden sind, desto freier können wir Ausschau halten: Was ist jetzt dran? Wo werden unsere Hände und Herzen aktuell gebraucht?

Elisabeth
Genau darauf habe ich vertraut: dass Gott sich nicht aus dem Staub macht, selbst wenn in meinem Leben alles auf den Kopf gestellt wird! Ich hoffte fest, dass die Berufung, die ich in glücklichen Jahren gespürt habe, weiterhin und

auf neue Weise trägt: Randständige und Heimatlose, Kranke und Schwache zu begleiten.
Und hierin sind mir die Mauritzer Franziskanerinnen wahrhaftig Schwestern. Ich habe die Wartburg beherzt verlassen und einige Wochen als Flüchtling im eigenen Land gelebt. Aber das war keine verlorene Zeit. Ich konnte so vieles ergründen und verstehen lernen. Du fragtest vorhin, was mich stark gemacht hat und ich habe mit meinem Glauben geantwortet. Aber da ist noch etwas, das mich durch diesen schweren Winter getragen hat: Die Begleitung meiner beiden treuen Freundinnen. Bei aller Suche, bei allem Ausschauhalten und Erkunden neuer Formen des Dienstes am Menschen: Wichtig bleibt, das in einem guten und verlässlichen Miteinander zu tun. Umbrüche sind oft schwer allein zu meistern. Nur mit vereinter Kraft können sie gelingen.

Francesco
Diese kostbare Erfahrung von Gefährtenschaft in schwierigen Zeiten kenne auch ich gut. Zeiten der Neuorientierung wird es immer geben. Manchen Menschen werden sie ebenso wie ganzen Gemeinschaften in höherem Maße aufgegeben als anderen. Dann ist es gut, vernetzt und innerlich getragen zu sein von Gefährtinnen, Freunden oder Geschwistern, die dir lieb sind. Auch wenige können vereint bereits Wunder wirken. Ich erinnere mich an die Krise, wo mir meine Berufung, das Evangelium mitten unter den Menschen zu verkünden, einfach zu viel wurde. Enttäuschungen, Ermüdung, die Entwicklung meiner Gemeinschaft weckten in meiner Seele die Sehnsucht, für immer in der Stille zu leben. In Zeiten des Zweifels ist es wichtig, sich nicht nur dem eigenen Urteil zu überlassen. Ich habe mich Bruder Silvestro sowie Klara und ihren Schwestern anvertraut. Sie weckten ein neues Feuer in mir – und ich fand neue Wege, zugleich Freund der Stille und Bruder der Menschen zu sein.

Elisabeth
Die Mauritzer Schwestern werden beides wiedererkennen: den gewaltsamen Umbruch und die inneren Zweifel. Deshalb wollen wir sie in ihrem Miteinander stärken – und auch im Miteinander mit Freundinnen und

Freunden außerhalb ihres eigenen Kreises. Es ist unsere Aufgabe, sie in ihrem Glauben an den menschgewordenen Gott zu stärken, der das Zerbrechliche und Prekäre des Lebens kennt. Sie wissen gut, Jesus Christus ist nicht in einem Himmelbett zur Welt gekommen, sondern in einer Futterkrippe. Deshalb können sie den Mangel, das Kleine, das Zerbrechliche als große Chance begreifen. Der Heilige Geist, das haben wir beide in unserem Leben zur Genüge erfahren, ist ein zuverlässiger und zugleich herausfordernder Begleiter - und ganz nebenbei für Überraschungen gut. Manchmal ist es abenteuerlicher als zu anderen Zeiten, ihm zu vertrauen. Aber immer ist es der Weg, den Menschen wählen, die sich in den Dienst der Nachfolge stellen.

Francesco
Elisabeth, am Ende könnten wir den Mauritzer Schwestern auch unsere Solidarität zusagen über die Grenzen der irdischen Welt hinaus. Sie dürfen gewiss sein, in uns beiden, aber auch in unseren Brüdern und Schwestern Freundinnen und Freunde im Himmel zu haben! Wir alle begleiten sie auf den neuen Wegen der Freiheit und empfehlen sie dem Segen Gottes.

2. Die franziskanische Idee wirkt weiter

Cornelius Bohl ofm

Spannende Vielfalt – Zur Aktualität des franziskanischen Charismas heute

800 Jahre trennen uns von Franz von Assisi. Viele unserer Fragen heute würde er nicht einmal verstehen. Dennoch erscheint das franziskanische Charisma erstaunlich aktuell. Der Mann aus dem fernen Mittelalter spricht viele Menschen heute an. Die Stichworte sind bekannt: Achtsamer Umgang mit der Schöpfung. Einsatz für den Frieden und Bereitschaft zum interreligiösen Dialog. Die Faszination eines einfachen Lebens. Eine geschwisterliche und arme Kirche an der Seite der Armen. Von all dem müsste die Rede sein, wenn es um die Aktualität des franziskanischen Charismas heute geht. Solch Erwartbares aber soll hier nicht zum soundsovielten Mal wiederholt werden. Probieren wir einen anderen Zugang.[1]

Wir erleben, dass eine Welt, die zusammenwächst, zugleich immer mehr auseinanderfällt. Spannungen, Risse und Brüche sind Zeichen der Zeit. Der Norden lebt auf Kosten des Südens. Trennende Mauern und Zäune entstehen, zwischen den USA und Mexiko, Israel und Palästina, rund um die Festung Europa. In der Gesellschaft wächst die Kluft zwischen Arm und Reich. Gruppeninteressen zerfressen das Gemeinwohl. Aber auch individuelle Biographien werden fragmentarisch, das Patchwork zum Grundmuster persönlicher Lebensgestaltung. Die Kirche, „Sakrament der Einheit", zersplittert in Lager, die einander misstrauen.

Die Haltung hinter solchen Verwerfungen ist oft dieselbe: Unterschiede werden als bedrohlich, zumindest aber als anstrengend empfunden. Das Andere und Fremde macht Angst. Statt differenzierter Auseinandersetzung mit unterschiedlichen Perspektiven locken einfache Antworten. Klare Ansagen in Schwarz-Weiß sind bequemer als immer neue Orientierung inmitten verwirrender Vielstimmigkeit. Die „Vereindeutigung der Welt" hat das jemand genannt.

Gerade auf diesem Hintergrund wird Franz von Assisi überraschend aktuell. Er hat in zahlreichen Spannungen gelebt, sie ausgehalten und fruchtbar gemacht. Es lohnt sich, einmal aus dieser Perspektive einen Blick auf ihn zu werfen. Vier Spannungsfelder drängen sich dabei auf: Grundspannungen in der persönlichen Lebenserfahrung, im Verhältnis zur Welt, in der Beziehung zu Gott und in der Erfahrung von Kirche. Dabei müssen hier erste Hinweise genügen.[1] Weiterdenken ist erwünscht.

Spannende Lebenserfahrungen

1. Da ist einmal die Grundspannung zwischen dem Individuum und der Gemeinschaft. Individualisierung kennzeichnet wesentlich unsere Gegenwart: Den eigenen Lebensstil pflegen, unverwechselbar sein, das war wohl noch nie so angesagt wie heute. Als Folge davon tritt das gemeinsam Verbindende zurück. Die Bereitschaft, sich solidarisch in einen größeren Zusammenhang einzuordnen, nimmt ab.

Diese Spannung zwischen dem Individuum und der Gemeinschaft durchzieht auch die Biographie von Franziskus. In seinem Testament erinnert er an eine persönlicheErfahrung als die alles entscheidende Grundlage seiner Berufung: Der Herr selbst hat direkt in sein Leben eingegriffen. Er hat ihn unter die Aussätzigen geführt, ihn beten gelehrt (vgl. Test 2-5), ihm die Lebensform nach dem Evangelium geoffenbart. Und dann hat er ihm Brüder gegeben (vgl. Test 14). Damit aber beginnt ein gewisses Problem. Denn nun ist er nicht mehr allein. Es sind andere da. Und die sind anders, eigene Individuen mit einer eigenen Geschichte. Kann die charismatische Erfahrung eines einzelnen zum verbindenden Charisma einer Gemeinschaft werden? Die Geschichte der Regel, die in einem etwa vierzehn Jahre dauernden kommunikativen Prozess zwischen Franziskus und der Bruderschaft entsteht, spiegelt genau diese Spannung zwischen Individuum und Gemeinschaft. Der Gründer kämpft für seine Ursprungsintention, lässt sich von der Gruppe ergänzen und korrigieren, beharrt zugleich auf seiner durch eigene Erfahrung gewachsenen Autorität. Der schließlich von Honorius III. approbierte Text ist ein Gemeinschaftswerk von Franziskus und der Bruderschaft.

2. Eine andere Grundspannung in der persönlichen Lebenserfahrung kann mit den Spannungspolen „Weg" und „Heimat" umschrieben werden. Auf der einen Seite meint Leben immer Bewegung, ein ständiges Vorwärts. Stehenbleiben ist Lebensverweigerung. Aber Leben kennt auch die umgekehrte Sehnsucht nach Dauer und Stabilität. Der Mensch sucht auch etwas, das bleibt und sich durch allen Wandel durchträgt, eine verlässliche Heimat.
Franziskus lebt beides. Symbolisch steht dafür Portiuncula, die kleine Kapelle in der Ebene vor Assisi, die beide Spannungspole vereint. Dort geschieht Aufbruch: Als Franziskus hier das Evangeliums von der Aussendung der Jünger hört, macht er sich sofort auf den Weg. Von hier aus werden die ersten Brüder nach Ungarn, Deutschland und England gesandt. Und von hier aus wagt er sterbend letzten großen Aufbruch zu Gott. Zugleich aber ist Portiuncula für ihn und die Brüder auch so etwas wie Heimat. Hierhin kehren sie nach ihren Wanderpredigten zurück, um sich ihrer Gemeinschaft zu vergewissern. Derselbe Franziskus, der seinen Brüdern streng gebietet, sich keinen Ort anzueignen (vgl. BR 6,1), legt ihnen zugleich ans Herz, diesen Ort niemals zu verlassen. Ja, werden sie auf der einen Seite hinausgejagt, sollen sie auf der anderen Seite wieder hineinkommen (vgl. 1 C 106). Wer weiß, wo er hingehört, kann immer wieder aufbrechen.

3. Ein großes Lebensthema ist auch der Umgang mit Grenzen. Begrenzungen engen schmerzlich ein, binden. Der Drang nach Freiheit und die Lust auf Neues drängen unaufhörlich, Grenzen zu überschreiten. Andererseits ist es ein Zeichen von Reife, Begrenzungen annehmen zu können. Tiefe Erfüllung geschieht oft in weiser Beschränkung.
Franziskus lebt beides. Zunächst fällt auf, wie er Grenzen überschreitet: Der reiche Kaufmannssohn durchbricht die Barrieren sozialer Klassen und teilt das Leben der Ausgegrenzten. Ohne Angst verlässt er die schützenden Stadtmauern von Gubbio und begegnet draußen dem gefürchte-

ten Wolf (vgl. Fior 21). In der Zeit der Kreuzzüge durchbricht er religiöse, kulturelle und politische Grenzen und ist fähig zum freundschaftlichen Dialog mit dem Sultan. Gleichzeitig aber akzeptiert Franziskus auch Begrenztheit und findet gerade so seine faszinierende Freiheit und eine tiefe Freude. In seinem Sonnengesang erhebt sich der Mensch nicht selbstgefällig als Krone der Schöpfung über andere, sondern fügt sich in seiner Begrenztheit – „Selig jene, die Krankheit und Drangsal ertragen in Frieden" (vgl. Sonn 8) – solidarisch ein in den Kosmos als Bruder aller Geschöpfe. Franziskus versteht sich als der „ganz kleine Bruder" (Test 41; VermKl 1) und „minderer Knecht" (2 Gl 87), seine Gefährten „sollen schlechthin ‚Mindere Brüder' heißen" (NbR 6,3). In der Kirche ist ihr Platz unten, ohne Privilegien (vgl. Test 25f). Und auch die letzte Grenze kann er mit einem Lied auf den Lippen annehmen: den Bruder Tod.

Hinter der Frage nach dem Umgang mit Grenzen steht die Spannung zwischen Bindung und Freiheit. Franziskus ist das entscheidende Lebensmodell seiner Brüder, die forma minorum, wie es bald nach seinem Tod ein liturgischer Hymnus formuliert (JulOff 26,II). Dennoch weigert er sich, die Brüder an sich zu binden. Er verweist sie vielmehr auf ihre persönliche Berufung, will mit seiner Erfahrung die eigenen Erfahrungen anderer nicht ersetzen, sondern gerade ermöglichen. Als die ersten Gefährten fragen, was sie tun sollen, gibt er nicht selbst die Antwort, sondern befragt gemeinsam mit ihnen die Schrift, aus der heraus auch er seinen Ruf vernommen hat (vgl. 2 C 15). Sterbend entlässt er die Brüder in die eigene Freiheit: „Ich habe das Meinige getan, was euer ist, möge euch Christus lehren" (2 C 214).

Ein spannendes Weltverhältnis

1. Frohe Weltbejahung oder kritische Distanz zur Welt – die Frage nach der Stellung des Christen zur Welt ist so alt wie das Christentum selbst. Jesus sieht seine Jünger in der Welt, aber nicht von der Welt (vgl. Joh 17,14-18). Die Welt kann für den Christen beides sein, Gottes gute Schöpfung,

Raum seiner Gegenwart, zugleich aber auch Inbegriff all dessen, was dem Reich Gottes entgegensteht.

Exivi de saeculo, „ich verließ die Welt", so beschreibt Franziskus seine entscheidende Lebenswende (Test 3). Tatsächlich steigt er aus Welt seines Vaters aus, die vom Streben nach finanziellem Gewinn und gesellschaftlichem Aufstieg bestimmt war. Er verlässt sein Elternhaus hoch oben im mauerbewehrten Assisi, im Zentrum der politischen, wirtschaftlichen und religiösen Macht, um mit den ersten Brüdern bewusst unten vor den Toren der Stadt zu leben, draußen, bei den Ausgegrenzten.

Zugleich aber führt das Staunen über die Menschwerdung, in der Gott ganz in die Welt eingeht, zu einer weltzugewandten und weltbejahenden Spiritualität: „Obwohl er die Welt als den Verbannungsort unserer Pilgerschaft zu verlassen eilte, hatte dieser glückliche Wanderer doch seine Freude an den Dingen, die in der Welt sind, und nicht einmal wenig"(2 C 165). Das exivi de saeculo führt nicht zur fuga mundi, Franziskus weiß sich neu in die Welt hinein gesandt: Kaum haben sich ihm erste Brüder angeschlossen, schickt er sie zu den Menschen (vgl. 1 C 29). Seine Regel legt fest, „wie die Brüder durch die Welt ziehen sollen" (vgl. BR 3) und enthält als erste Ordensregel überhaupt ein eigenes Kapitel zum Thema Mission (vgl. BR 12). Darum kennen seine Brüder auch keine „Klausur", sie leben bewusst mitten in der Welt. In einer frühen Quellenschrift möchte die Frau Armut ihr Kloster sehen. „Die Brüder führten sie auf einen Hügel, zeigten ihr die ganze Welt, soweit man sehen konnte, und sprachen: Das ist unser Kloster, Herrin!" (SC 30,25). Das exire de saeculo ist bei Franziskus also nicht Ausdruck pessimistischer Weltflucht, sondern prophetisch-kritische Distanz zu einem Denken und Handeln, das dem Evangelium widerspricht, es weiß sich als Korrektiv und Alternative der Welt leidenschaftlich verbunden.

2. Auch diese Frage betrifft das Verhältnis zur Welt: Wer wird ihr am besten gerecht? Der knallharte Realist, der mit beiden Beinen fest auf der Erde steht, sich pragmatisch am Machbaren orientiert, und jeden, der Visionen hat, zum Arzt schickt? Oder der scheinbar naive Narr, der sich nicht damit abfinden will, dass die Verhältnisse nun mal so sind, wie

sie sind, der Mut hat zum Träumen und kreativ über den Iststand hinaus denkt?

Franziskus lässt sich auf den ersten Blick eher in die Tradition der heiligen Narren einordnen: Als junger Mann wird er wegen der Radikalität seiner Lebensform verlacht (vgl. z.B. 1 C 12,1; 104,8; Gef 21,9). Er spricht mit den Vögeln und dem Wolf. Als ein frühkapitalistisches Wirtschaftssystem so richtig in Fahrt kommt, tritt er das Geld mit den Füßen. Gegenüber den Realos der römischen Kurie, die über sein scheinbar naives Lebensprojekt den Kopf schütteln, besteht er auf der Nachfolge des armen Christus. Mitten im 5. Kreuzzug sucht er das friedliche Gespräch mit dem muslimischen Sultan. Er tanzt vor dem Papst und singt beim Sterben. „Normal" ist das alles nicht. „Der Herr hat mir gesagt, er wolle, dass ich ein neuer Narr in dieser Welt sei", äußert er einmal von sich selbst (SP 68,7).

Franziskus ist ein „neuer Narr". Aber er ist auch Realist. Der Mut zum Träumen verstellt ihm nicht den Blick auf die Wirklichkeit. Gerade die Sammlung seiner Ermahnungen zeigt, wie schonungslos er den Alltag der Bruderschaft wahrnimmt. Er sagt, was ist, legt den Finger in die Wunde, wird unangenehm konkret: Brüder kleben an ihrem Oberenamt, weil sie Macht wollen (vgl. Erm 4). Spirituelle Kompetenz verführt dazu, sich über andere zu erheben und sich materielle Vorteile zu verschaffen (vgl. Erm 7). Es gibt Neid unter den Brüdern (vgl. Erm 8) und eine vorgetäuschte Frömmigkeit, die sich im Alltag nicht bewährt (vgl. Erm 14). Brüder heischen nach öffentlicher Anerkennung (vgl. Erm 19; 21), schielen nach Belohnung (vgl. Erm 24), reden schlecht übereinander (Erm 25). In diesen Boden alltäglichen Zusammenlebens hinein erden sich die großen Ideale, die umgekehrt verhindern, dass Negativerfahrungen in Resignation münden. In solcher Spannung verwirklicht sich eine erdverbundene Spiritualität.

3. Wie steht der Mensch in der Welt? Als einer, dem passiv etwas widerfährt, oder als jemand, der aktiv gestaltet? Auch diese Spannung kennzeichnet Franziskus. Er empfängt und schafft, ist Beschenkter und „Macher" zugleich.

Das Bewusstsein, reich beschenkt zu sein, fällt am ehesten ins Auge. Im Sonnengesang besingt Franziskus die Schöpfung als Geschenk Gottes:

Die Sonne spendet Licht, das Feuer Wärme, Wasser ist nützlich, die Erde trägt Blumen und Kräuter. Das alles kommt von Gott. Was der Mensch ist, hat er von Gott. Die franziskanische Armut ist darum keine verbissene asketische Leistung, ihre Schwester ist die Demut (vgl. GrTug 2), sie geht einher mit der Fröhlichkeit (vgl. Erm 27,3), denn sie ist Erfahrung eines Reichtums, der von Gott kommt und der Gott selbst ist: „Du bist all unser Reichtum zur Genüge" (LobGott 4). Das sprachliche Passiv „Ich werde beschenkt!" verweist auch auf eine existentielle Passivität. Es klingt für heutige Ohren provozierend, wenn Franziskus das „Untertan-Sein" als Ort für sich und die Brüder bestimmt. „Und wir waren ungebildet und allen untertan" (Test 19). Der gehorsame Bruder „ist allen Menschen, die in der Welt sind, untertan und unterworfen, und nicht nur allein den Menschen, sondern auch allen Bestien und wilden Tieren, damit sie mit ihm tun können, was immer sie wollen, soweit es ihnen von oben herab, vom Herrn, gegeben ist" (GrTug 16-18; vgl. auch NbR 16,5f).

Zugleich aber ist Franziskus auch höchst aktiv und ein kreativer Gestalter. Seine zahlreichen Briefe, nicht nur an Einzelpersonen oder die Brüder, sondern auch an „alle Gläubigen" oder die „Lenker der Völker", zeigen sein erstaunliches Selbst- und Sendungsbewusstsein. Er tritt mit einem universalen Anspruch auf. Bewusst gestaltet er auch sein Leitungsamt, installiert etwa für die Zeit seiner Abwesenheit im Orient eine Doppelspitze aus zwei Vikaren: Während der eine die Kontinuität der „Verwaltung" in der Zentrale von Portiuncula garantiert, erhält der andere durch Besuche bei den Brüdern ein lebendiges Kommunikationsnetz aufrecht (vgl. Jord 11). Hier wird deutlich, dass der Kaufmannssohn keineswegs der in praktischen Fragen hilflose und überforderte Charismatiker war, als der er oft hingestellt wurde.

Eine spannende Gottesbeziehung

1. Spannend ist für Franziskus auch sein Verhältnis zu Gott. Zunächst fällt auf, in welch erstaunlicher Unmittelbarkeit er ihm gegenübersteht. Sein Testament, darauf wurde schon hingewiesen, durchzieht wie ein ro-

ter Faden die Gewissheit, dass „der Herr selbst" an ihm gehandelt hat (vgl. Test 1-14). „Und nachdem mir der Herr Brüder gegeben hatte, zeigt mir niemand, was ich zu tun hätte" (Test 14). Hinter dieser Formulierung steckt auch Kritik an einer Kirche, von der er sich vergeblich geistliche Vermittlungskompetenz erhofft hatte. In der Stigmatisation wird diese unmittelbare Christusbeziehung ihren deutlichsten Ausdruck finden. Ebenso unmittelbar wie ihn selbst ruft Gott auch andere Brüder: Der Entschluss, sich der Bruderschaft anzuschließen, oder auch der Wunsch, in die Mission zu gehen, geschehen auf direkte göttliche Eingebung hin, divina inspiratione (vgl. NbR 2,1; BR 12,1).

Keine Vermittlung also, nur der direkte Ruf des Herrn, das Evangelium zu leben? Der im Testament nahtlos anschließende Satz lässt aufhorchen: „Und ich habe es mit wenigen Worten und in Einfalt schreiben lassen, und der Herr Papst hat es mir bestätigt" (Test 15). Dem Pochen auf die unmittelbare Erfahrung des Herrn selbst folgt das selbstverständliche Sicheinbinden in die objektive Gottesvermittlung der Kirche. Diese Kirchlichkeit von Franziskus fußt auf seiner sakramental geprägten Ekklesiologie und zeigt sich exemplarisch in seiner Hochschätzung der Priester „wegen ihrer Weihe, dass ich, wenn sie mich verfolgen würden, bei ihnen Zuflucht suchen will. … Und ich will in ihnen die Sünde nicht sehen, weil ich den Sohn Gottes in ihnen unterscheide und sie meine Herren sind" (Test 6.9). Franziskus erfährt den Herrn, der unmittelbar in sein Leben eingreift, immer wieder in der Vermittlung durch die Kirche.

2. Für Franziskus ist nicht nur der Zugang zu Gott in vermittelter Unmittelbarkeit spannend, Gott selbst ist nur als Spannung und in scheinbaren Widersprüchlichkeiten zu erfahren. In seinen Schriften begegnet zunächst ein „allerhöchster Gott". Bereits im Gebet vor dem Kreuz von San Damiano ist Gott „der Höchste" (vgl. GebKr), und er bleibt es bis zum Sonnengesang: „Höchster, kein Mensch ist würdig, dich zu nennen" (vgl. Sonn 1). „Wir sind nicht würdig, Dich zu nennen", heißt es auch in der nicht bullierten Regel (NbR 23,5), denn Gott ist „unveränderlich, unsichtbar, unbeschreiblich, unaussprechlich, unbegreiflich, unerforschlich" (NbR 23,11).

Erst vor dem Hintergrund dieses allerhöchsten Gottes wird das Staunen über dessen Demut verständlich. „Tu es humilitas. Du bist die Demut" (LobGott 4). Humus ist der Erdboden. Demütig kommt Gott herunter auf diese Erde und macht sich dort klein, schwach und arm. Daher seine große Liebe zum Weihnachtsfest. Darum auch seine Liebe zur Eucharistie: „O erhabene Demut! O demütige Erhabenheit, dass der Herr des Alls ... sich so erniedrigt, dass er sich zu unserem Heil unter der anspruchslosen Gestalt des Brotes verbirgt! Seht, Brüder, die Demut Gottes" (Ord 27f).

In seinem „Lobpreis Gottes" zeigt sich Franziskus überwältigt von dem persönlichen Gegenüber Gottes, über 30 mal stammelt er „Du" – und doch kann er an sein Geheimnis nur rühren, indem er ihn mit fast gegensätzlichen Begriffen umkreist: Er ist der „Große" und „Erhabenste", zugleich aber auch die „Demut" und „Geduld". „Ja wirklich, ... er stellte sich den höchst Einfachen in vielfacher Gestalt vor Augen", weiß Thomas von Celano. In seinem Gebet „stand er Rede und Antwort seinem Richter, dort flehte er zum Vater, dort besprach er sich mit dem Freund, dort spielte er mit dem Bräutigam" (2 C 95). Der immerselbe Gott zeigt sich in Spannungen, ist immer wieder neu, überraschend, anders. Diese Spannung zeigt sich vielleicht nirgendwo so klar wie in der Christusbegegnung auf dem La Verna in der Gleichzeitigkeit von Freude und Schmerz: „Große Wonne durchdrang ihn, und noch tiefere Freude erfasste ihn über den gütigen und gnadenvollen Blick ...; doch sein Hängen am Kreuz und die Bitterkeit seines Leidens erfüllten ihn ganz mit Entsetzen. Und so erhob er sich, sozusagen traurig und freudig zugleich, und Wonne und Betrübnis wechselten in ihm miteinander" (1C 94).

3. Wo und wie begegne ich Gott? Mögliche Antworten auf diese Frage haben die Kirche oft zu zerreißen gedroht. Gott bleibt Geheimnis, der Mensch kann ihn in seiner Entzogenheit nie „begreifen", sondern nur wie von ferne von ihm berührt werden im Denken, in Gebet und Schweigen. Das ist die eine Antwort. Gott ist Mensch geworden, einer von uns, heißt die andere, darum ist der Mensch selbst Ort Gottes, der Einsatz für den Menschen der wahre Gottesdienst. Die erste Aufgabe der Kirche ist es, die Gottesfrage wachzuhalten, sagen die einen. Die erste Aufgabe der

Kirche ist es, sich für die Befreiung des Menschen einzusetzen, sagen die anderen. Für Jesus selbst sind Gottes- und Nächstenliebe eine untrennbare Einheit (vgl. Mt 22,37ff). Darum gehören Mystik und Politik, Kampf und Kontemplation zusammen. In der Praxis allerdings gibt es eine weltvergessene, manchmal menschenverachtende Frömmigkeit, aber auch eine Zuwendung zum Menschen, die Gott aus dem Blick verliert.

Auch Franziskus steht in dieser Spannung. Er steht für viele Themen, die heute aktuell sind: Bewahrung der Schöpfung, geschwisterlicher Umgang, Solidarität mit den Armen, Einsatz für den Frieden. Dass dies alles aber seiner tiefen Verbundenheit mit Gott entspringt, ist oft schwer vermittelbar und scheint für viele heute letztlich auch entbehrlich: Franziskus hat viel zu sagen, auch wenn es Gott nicht gäbe. Andererseits wies schon für Zeitgenossen der Mystiker Franziskus unmissverständlich auf Christus hin, wurde zum alter Christus, zu einem „anderen Christus". So problematisch diese Formulierung ist, so klar ist ihre Intention: Sein ganzes Leben spricht von Christus, macht ihn zur Christusikone des Mittelalters, am Ende seines Lebens noch einmal verdichtet im Realsymbol der Stigmata. Aber dieser Christus hat ihn eben mitten unter die Aussätzigen geführt, dort hat er ihn entdeckt.

Eine spannende Kirche

1. Dass Franziskus im Lauf der Geschichte ganz unterschiedliche, zum Teil gegensätzliche Deutungen erfahren hat, ist nicht nur ein allgemein hermeneutisches Problem, es gründet auch im Reichtum seiner Persönlichkeit. Was war er nun – der vir catholicus (JulOff 1,I), ein systemkonformer Kirchenstabilisator, oder ein rebellischer und vielleicht gefährlicher Kirchenreformator, der dann aber vom System domestiziert, unschädlich gemacht und in der Heiligsprechung sogar für den Erhalt des status quo instrumentalisiert wurde? In den Quellen findet sich sowohl eine unbedingte Kirchentreue als auch, im Rückgriff auf das Evangelium, eine schonungslose Kirchenkritik. Was heute oft polarisiert, ge-

hörte für ihn zusammen. „Stell mein Haus wieder her, das, wie du siehst, ganz verfallen ist!", hatte ihm Christus in San Damiano zugerufen (2 C 10,4). Franziskus erlebt eine einsturzgefährdete Kirche, dafür steht auch der beunruhigende Traum Innozenz III., auf den hin dieser den ersten Brüdern mündlich ihre Lebensform bestätigt (vgl. 2 C 17). Zeitgleich mit Franziskus existieren ja viele Gruppierungen, die wie er darunter leiden, dass sich eine mächtige und reiche Kirche weit vom Evangelium entfernt hat. Aber anders als etwa die Katharer, Albigenser oder Waldenser bleibt er bewusst in der Kirche und baut sie mit auf. Eine Randepisode zeigt, wie er kirchliche Missstände benennt und konkret mit anpackt, um Abhilfe zu schaffen: Oft „nahm er einen Besen mit, um die Kirchen auszukehren. Denn es schmerzte den seligen Franziskus sehr, wenn er in eine Kirche trat und sie nicht gereinigt sah. Deshalb ließ er immer, wenn er dem Volk gepredigt hatte …, alle Priester, die dort anwesend waren, an einem abseits gelegenen Ort versammeln, damit er von den Weltleuten nicht gehört wurde, und predigte ihnen vom Seelenheil. Und vor allem sollten sie sich sorgfältig darum kümmern, die Kirchen und Altäre und alles, was zur Feier des Gottesdienstes gehört, sauber zu halten." (SP 60)

2. Maßgeblich beeinflusst von griechischem Lebensgefühl hat die Tradition aus dem Evangelium zwei fast entgegengesetzte spirituelle Modelle herausgelesen, das tätige und das sog. beschauliche Leben. Franziskus war eine äußerst aktive Persönlichkeit. Seine Biographie ist so reich an äußeren, dramatischen Momenten, dass sie genügend Stoff bietet, um in immer neuen Romanen oder Filmen dargestellt zu werden. Parallel aber läuft eine zweite Spur, die sich weitgehend dem neugierigen Zugriff von außen entzieht. Dafür stehen die Namen der Einsiedeleien, in die sich der Heilige regelmäßig zurückzieht, um dort im Verborgenen Gott zu begegnen: die Carceri, Greccio, Fontecolombo, La Verna, Monte Casale, Le Celle. Wie sehr dieser Zug des eremitischen Daseins das franziskanische Charisma prägt, zeigt etwa die von Franziskus verfasste „Regel für Einsiedeleien". Für Franziskus selbst, so berichten die Quellen, spitzte sich diese Spannung an einem Punkt seines Lebens so zu, dass er versucht war, sich ausschließlich dem Gebet in der Einsamkeit hinzugeben. In

diesem Konflikt zwischen eremitischer Zurückgezogenheit und apostolischer Wandertätigkeit lässt er sich von Bruder Silvester sowie Klara und ihren Schwestern beraten. Am Ende entscheidet er sich gegen die Festlegung auf nur einen der beiden Pole, um gerade die Spannung fruchtbar machen: „Denn Gott hat dich nicht für dich allein erwählt, sondern auch um des Heiles der anderen willen" (Fior 16,12).

3. Die Kirche in Westeuropa erleidet zurzeit einen galoppierenden gesellschaftlichen Relevanzverlust. Die innerkirchlichen Reaktionen darauf sind verschieden. Gegen eine drohende Ghettoisierung fordern nicht wenige einen stärkeren Dialog mit anderen Religionen, Weltanschauungen und gesellschaftlichen Gruppierungen. Der Sauerteig des Evangeliums müsse sozusagen das Ganze von Welt und Gesellschaft durchsäuern, um das Reich Gottes erfahrbar zu machen (vgl. Lk 13,18f). Geradezu entgegengesetzt ist die Forderung nach einem ausgeprägteren Profil: Die Kirche hätte sich schon viel zu viel ihrer Umwelt angepasst und dabei die kritisch-prophetische Kraft des Evangeliums verloren. Hier steht Erneuerung unter der Idee des „Bei Euch aber soll es nicht so sein!" (Mk 10,43) und vollzieht sich durch Entweltlichung, im Zurück zur eindeutigen Lehre, in der kleinen Gemeinde der Entschiedenen und durch eine dezidiert alternative Profilierung.

Auch hier scheint Franziskus eine fast unaufhebbare Spannung zu integrieren. Seine Faszination bis heute gründet auf der Radikalität seiner Christusnachfolge. Adolf Holl hat ihn schon vor Jahrzehnten als den „letzten Christen" bezeichnet. Zugleich aber steht er gerade heute als Symbolfigur für einen offenen und freundschaftlichen interreligiösen Dialog. Der radikale Christusmystiker war bereit, von muslimischer Frömmigkeit zu lernen. Sein „Lobpreis Gottes" könnte inspiriert sein von der muslimischen Anrufung der Namen Gottes, die er auf seiner Orientreise kennengelernt hat. Sicher ist, das er vom Gebetsruf des Muezzin beeinflusst ist, wenn er in einem Brief die „Lenker der Völker" bittet, jeden Abend durch einen Herold oder ein anderes Zeichen das gesamte Volk zum Lob Gottes aufzufordern (vgl. BrLenk 7). Gott ist für ihn „das höchste Gut, das ewige Gut, von dem jegliches Gute kommt, ohne den nichts Gutes ist" (vgl. Vat 2), aber diese profilierte Überzeugung führt nie zu aggressiver Ab- und Ausgrenzung: „Und wenn wir sehen oder hören, wie man Böses sagt oder tut oder Gott lästert, dann wollen wir Gutes sagen und Gutes tun und Gott loben" (NbR 17,19). Gerade die Entschiedenheit für das Gute setzt integrative Energie frei: „Und mag zu ihnen kommen, wer da will, Freund oder Feind, Dieb oder Räuber, so soll er gütig aufgenommen werden" (NbR 7,14).

Eine aktuelle Einladung für heute: Spannungen fruchtbar machen

Was bisher nur in groben Strichen gezeichnet wurde, genügt, um zu zeigen, in welch vielpoligem Spannungsfeld Franziskus seine Berufung verwirklicht. Gerade darin erscheint er erstaunlich aktuell, auch wenn die Kulissen und das Material seiner Biographie ganz anders sind als bei uns. Er lädt ein, Spannungen nicht zu harmonisieren oder gewaltsam zu beseitigen, sondern kreativ auszuhalten und fruchtbar zu machen. Was heißt das?
Zur Zeit von Franziskus war in vielen spirituellen Kreisen ein strenger Dualismus en vogue. Im Weltbild der Katharer zerfiel die Wirklichkeit in zwei feindliche Lager, Gut und Böse, Rein und Unrein standen sich unversöhnbar gegenüber. Dualistisches Denken ist der Nährboden von struktureller Gewalt. Franziskus konnte zum Friedensstifter werden, weil er Spannungen ausgehalten hat.

Spannungen aushalten, das ist kein Plädoyer für Beliebigkeit und einen alles zersetzenden Relativismus. Es meint gerade nicht, dass alles gleich wichtig oder gleich bedeutungslos ist. Spannungen lösen sich auch nicht unbedingt im „goldenen Mittelweg", der leicht zum blassen Mittelmaß und langweiliger Mediokrität verkommt, oder gar im faulen Kompromiss. Spannungen aushalten kann durchaus bedeuten, Extreme zu leben, aber dabei nie den Gegenpol aus dem Blick zu verlieren. Nur in der Spannung bleibt das Ganze bewusst, das immer mindestens zwei Seiten hat. Es gibt eine falsche Toleranz, die jede Festlegung scheut, aus Bequemlichkeit des Denkens oder Feigheit im Handeln. Eine respektvolle Toleranz erkennt gerade vom eigenen Standpunkt aus demütig an, dass das Ganze nochmals mehr ist und begegnet darum dem Anderen mit Ehrfurcht.

Wo das gelingt, wird Spannung fruchtbar. Spannungen können zerreißen, aber sie können auch eine lebendige Dynamik freisetzen. Die vibrierende Mitte zwischen den Polen, das pulsierende Dazwischen, das „Inter-esse", welches das Gegenüber beider Seiten als Kraftquelle entdeckt, bewahrt vor Erstarrung. Die Energie, die zwischen zwei Polen hin- und herspringt, ist ein kostbares Potential für Wachstum und Veränderung. Der griechische Mythos weiß, dass das Ganze nie erfasst werden kann, die Kugel als Symbol der Vollkommenheit ist zerbrochen, aber gerade aus der Suche nach der anderen Hälfte entspringt die Dynamik des Lebens. In der Sehnsucht nach Einswerden trifft sich die Mystik der Religionen mit dem Leiden an der Zerrissenheit vieler Menschen heute.

Spannungen werden fruchtbar, wo sie Integration ermöglichen. Was gibt einem einzelnen Menschen Identität und verhindert, dass er in verschiedene Persönlichkeiten und seine Biographie in zusammenhanglose Episoden auseinanderfällt? Was hält eine Gesellschaft zusammen? Es gibt eine fundamentalistische Identität, die das Vielerlei gewaltsam auf einem monolithischen Block reduziert. Und es gibt das ideologisch verordnete und mit Gewalt durchgesetzte Wir-Gefühl, das in letzter Konsequenz buchstäblich über Leichen geht, das zeigen totalitäre Systeme. Echte Identität dagegen kann mit Differenzen und Vielfalt umgehen. Integration ist nicht Gleichschaltung, sie hält Offenheit aus und ermöglicht Kommunikation.
Gerade eine spannungsreiche Vielfalt kann also auch Zusammenhalt fördern. Jeder Spannungspol verweist ja auf sein Gegenteil, Gegensätze bedingen einander. Monokulturen haben kaum Zukunft. Das weiß auch Franziskus. Nicht Uniformität, sondern in einem Spannungsfeld korrespondierende Unterschiede kennzeichnen seine Bruderschaft. Ein guter Bruder, so sagt er, habe „den Glauben von Bruder Bernhard, die Ein-

falt von Bruder Leo, die Höflichkeit von Bruder Angelus, die Geduld von Bruder Juniperus, die körperliche Kraft von Bruder Johannes, die Unruhe von Bruder Lucidus" (vgl. SP 85). Die gemeinsame Berufung zeigt sich im Reichtum ganz unterschiedlicher Verwirklichungen.

Durch Einseitigkeiten, Extreme und Übertreibungen kann ein Wert in sein Gegenteil kippen. Dies gilt auch für das geistliche Leben. Das Aushalten von Spannungen bewahrt die persönliche Gottesbeziehung davor, in eine naiv-narzisstische Frömmigkeit abzugleiten, in einen engstirnigen Fundamentalismus oder die Instrumentalisierung des Glaubens für sehr durchsichtige eigene Zwecke. Das Wissen, dass Gott immer auch der Andere bleibt, bei aller Nähe der Ferne, in der tröstlichen Zuwendung der irritierend Unbegreifliche, wahrt sein Geheimnis vor jeder übergriffigen Verehrung, die ihn im Begreifenwollen missbraucht. Die Echtheit einer Spiritualität zeigt gerade sich in ihrer Fähigkeit, Spannungen zuzulassen.

Das Franziskanische verwirklicht sich seit 800 Jahren in einer spannenden Vielfalt. Darin liegt seine Gefährdung, denn es kann dazu führen, dass das Profil unscharf wird. Im Vielerlei geht das Alleinstellungsmerkmal verloren. Die ungezählten Spaltungen, Reformen und Neugründungen innerhalb der franziskanischen Familie seit dem Mittelalter bis in unsere Gegenwart spiegeln diese manchmal verwirrende Bandbreite franziskanischer Verwirklichungen, sind aber auch Ausweis des Reichtums und der dynamischen Lebendigkeit der franziskanischen Idee. Die Gefährdung markiert zugleich das Potential und die Aktualität des franziskanischen Charismas heute, in einer zunehmend fragmentarischen Welt nicht zu zerbrechen, sondern Spannungen auszuhalten, zu integrieren und fruchtbar zu machen.

Anmerkungen

1   Die franziskanischen Quellentexte werden im Folgenden zitiert nach D. Berg, L. Lehmann (Hg.): Franziskus-Quellen. Kevelaer 2009, mit den dort gebrauchten Abkürzungen.

Annette Kehnel

Zur Aktualität der Franziskanischen Armut

Freiwillig arm – der neue Trend des 21. Jahrhunderts?

Leben ohne Geld hat derzeit wieder Hochkonjunktur. Sie sind wieder da: die freiwillig Armen, mitten in den europäischen Wohlstandsgesellschaften des frühen 21. Jahrhunderts. Menschen, die das einfache Leben suchen. Sie reisen gerne, mit möglichst wenig Geld, und übernachten am liebsten unter freiem Himmel. Wohnen lieber zur Zwischenmiete als in den eigenen vier Wänden. Verzichten auf überflüssigen Hausrat und Federkissen ebenso wie auf feste Jobs. Erwerben ihre Kleidung über Tauschbörsen, essen kein Fleisch, brauchen keine Autos und ernähren sich – mehr oder weniger regelmäßig – aus den Mülltonnen der Lebensmittelmärkte. Selbstanbauen, Teilen, Selbermachen, Recycling und Upcycling sind angesagt. Und das alles nicht nur in abseitigen Aussteigerkommunen oder religiösen Gemeinschaften, sondern mitten in den kreativen Zentren unserer Gesellschaft. Die Akteure sind junge Menschen der „Generation Start-Up". Man kann sie auf TED-Konferenzen hören, mit Vorträgen über mehr Glück durch weniger Besitz („Less stuff, more happiness"). Mit pfiffigen Slogans, wie z.B. „Befreit mich von schwedischen Möbeln" machen sie Lust auf die Leichtigkeit eines minimalistischen Lebens. Und selbst hochdotierte Schriftstellerinnen – so etwa die Grimme- und Ingeborg-Bachmann Preisträgerin Kathrin Passig – trennen sich von der Last des Privatbesitzes, inklusive sämtlicher Bücher. Besitzlosigkeit und Konsumverzicht machen Schule. Das altbekannte „Weniger-ist-mehr-Prinzip" wird neu entdeckt.[1]
Den einen gilt diese neue Form der freiwilligen Armut als Eintrittskarte zu höheren Stufen der Welterkenntnis, den anderen als eine Möglichkeit der Selbstfindung. Den dritten ist die Erfahrung von Gemeinschaft durch Gastfreundschaft, Zuwendung und Nachbarschaftshilfe am wichtigsten.

Allen gemeinsam ist das Bewusstsein dringenden Handlungsbedarfs angesichts der ökologisch-sozialen Probleme der Gegenwart, konkret angesichts der globalen Ungerechtigkeit, der rücksichtslosen Ausbeutung der Umwelt und des Klimawandels. Mit der Hinwendung zur freiwilligen Armut wird die Abkehr von den Hauptverursacherinnen dieser Probleme vollzogen: Konsumgesellschaft und Wachstumsökonomie.[2]

Freiwillig arm – frivol angesichts der dramatischen Not der unfreiwillig Armen?[3]

Allerdings hat die zunehmende Zahl junger, gutausgebildeter, arbeitsfähiger Menschen, die in den reichsten Ländern der Welt in relativer freiwilliger Armut leben, auch ihre Kehrseite. Denn – so der Vorwurf – sie leisten keinen Beitrag zum Kampf gegen die wirkliche Armut, der doch zu den größten Herausforderungen der Gegenwart zählt. Man müsste doch eigentlich alle Kräfte aufwenden, um endlich die Not der unfreiwillig Armen zu lindern. Auch geht es um Krisenprävention: Hunger, Krankheit, fehlende Chancen und Ausschluss von Märkten, Politik und Bildung sind schließlich die Hauptursachen für Migrationsströme, politische Instabilität und Terrorismus und damit eine massive Gefahr für die Weltsicherheit. Kein Meeting der World Bank Group vergeht ohne die Bekräftigung des Bekenntnisses zur Armutsbekämpfung.[4] Die regelmäßig in Armutsberichten und Surveys wissenschaftlich erfassten Daten zu aktuellen Entwicklungen dokumentieren die Anstrengung und Erfolge, aber auch die Rückschläge im globalen Kampf gegen die Armut auf nationaler und internationaler Ebene. Auch fehlt es nicht an kritischen Stimmen, die der Politik Versagen, Verharmlosung der sozialen Ungerechtigkeiten und Halbherzigkeit im Kampf gegen die Armut vorwerfen.[5] Was tun die freiwillig Armen gegen die unfreiwillige Armut? Sollten diese jungen, gutausgebildeten Menschen der privilegierten Industriegesellschaften nicht vielmehr die Ärmel hoch krempeln, das Bruttosozialprodukt steigern und damit ihren Beitrag zum Wohle der Gesellschaft leisten?

Die freiwillige Armut der Franziskanischen Bewegung

Darf man freiwillig arm sein, angesichts der großen Not der unfreiwillig Armen? Genau diese Frage stellten sich schon die Zeitgenossen im 13. Jahrhundert als der junge, gut ausgebildete Franziskus, vielversprechender Sohn und Erbe des erfolgreichen Tuchhändlers Pietro Bernadone in Assisi, plötzlich den Rückzug aus dem elterlichen Unternehmen antrat. Zunächst wollte er in den Krieg ziehen, brach dieses Unternehmen jedoch ab, wurde krank und verkaufte irgendwann, auf einer Dienstreise im Auftrag seines Vaters, die komplette Ware, einschließlich des Pferdes mit dem er unterwegs war, um „frei von aller Last" zu Fuß zurück zu kehren. Das eingenommene Geld schenkte er einem Armen, der vor den Toren der Stadt in der verfallenen Kirche von San Damiano lebte. Dort zog der nun mittellose Kaufmannssohn zunächst ein, lebte dann – nachdem er in aller Öffentlichkeit auf sein Erbe verzichtet hatte – alleine. Zurückgezogen im Wald, begann er eine verfallene Kirchenruine wiederaufzubauen, und schließlich fingen andere an, seinem Beispiel zu folgen. Die freiwillige Armut machte Schule.

Dank der reichen Überlieferung kennen wir erstaunlich viele Details aus dem Leben dieser freiwillig Armen des 13. Jahrhunderts:[6] Sie lebten ohne festen Wohnsitz, hausten in Höhlen, übernachteten bei gastfreundlichen Menschen oder unter freiem Himmel, zuweilen auch in den steinernen Backöfen, die zu jener Zeit in der Toskana auf freien Feldern in der Nähe der Dörfer aufgestellt waren und deren Restwärme vor der herbstlichen Kälte schützte. Sie reisten gerne. Zum Beispiel nach Syrien, als blinde Passagiere auf einem Handelsschiff.[7] Später im 13. Jahrhundert waren sie die ersten, die den damals neuentdeckten, noch unbekannten Kontinent Asien bereisten und bis nach Karakorum und Peking gelangten.[8] Sie lebten von der Großzügigkeit der anderen und investierten Geld, das man ihnen schenkte, in unprofitable Projekte, z.B. um Lämmer vor Tierquälerei und vor dem Schlachter zu retten.[9] Sie luden Gäste ein, obwohl sie kaum etwas zu Essen im Haus hatten, und erlebten dann, dass zufällig die Nachbarin vorbei kam, um zu fragen, ob sie Fisch und Hummerpastete und zum Nachtisch Trauben und Honig brauchen könnten.[10] Diese Menschen hatten eine ausgeprägte Abscheu gegen feste Wohnsitze, Häuser und Einrichtungen, Hausgeräte und überflüssige Bücher,[11] gegen Federkissen,[12] zu viele Kleider und Tuche[13] und vor allem: gegen Geld.[14]

Die Parallelen zwischen damals und heute geben Anlass zum Schmunzeln. Nicht allein die nahezu identischen Details im Hinblick auf die Praktiken der freiwilligen Armut stimmen überraschend genau überein, sondern auch die Muster in der Reflektion über die Vor- und Nachteile.

Die freiwillige Armut wird gepriesen als Weg in die Freiheit. Weil sie nichts besaßen, brauchten sie nichts zu fürchten, so fasst der Biograph Thomas von Celano kurz nach dem Tod des Franziskus die Lebenshaltung dieser freiwilligen Armen zusammen. „Freedom's just another word for nothing left to lose" heißt das in der Übersetzung unserer Zeit.

Und auch die Kritik des Mittelalters klingt nachvollziehbar. Der einzige Nachteil der Armut, so ein Chronist des 13. Jahrhunderts, sei der, dass man anderen nicht helfen könne. Hier offenbart sich das Unbehagen der Zeit. Ähnlich wie heute werden Bedenken laut. Es gibt doch genug unfreiwillig Arme, die unsere Hilfe brauchen. Warum machen sich junge, arbeitsfähige, gut ausgebildete Männer freiwillig zu Hilfsbedürftigen, um auf Kosten der Gemeinschaft zu leben? Warum streunen sie durch die Straßen, reisen durch die Gegend und liegen den ehrbaren Menschen auf der Tasche? Warum verschwenden sie nicht nur ihre eigene(n) Zeit, sondern auch die anderer Leute?[15]

Zur Rolle der Franziskaner in der Kultur- und Wirtschaftsgeschichte der freiwilligen Armut

Lob und Kritik der freiwilligen Armut scheinen relativ stabilen und überzeitlichen Mustern zu folgen. Das gleiche gilt für die tatsächlichen Möglichkeiten und Grenzen in der Umsetzung dieser Lebensform.

Umso erstaunlicher ist es, dass es bisher keine umfassende Studie zur Geschichte der freiwilligen Armut gibt. Zwar findet man in den gängigen Handbüchern zur Armut in der Regel einen Kurzbeitrag zu den freiwillig Armen,[16] doch fehlt eine differenzierte Aufarbeitung des Phänomens.

Denn noch immer trägt das Thema den Stempel eines rein „religiösen" Phänomens und wird folglich gerne den Kirchenhistorikern überlassen. Das monieren auch die Herausgeber des Bandes „Gelobte Armut" über Armutskonzepte der Franziskaner: „Anders als eine Geschichte der Verschwendung oder des Privateigentums und des Geldes bleibt eine Kulturgeschichte über den „Reichtum" der Armut noch zu schreiben."[17]
In der Kultur- und Wirtschaftsgeschichte der freiwilligen Armut spielt die Franziskanische Bewegung eine ganz herausragende Rolle. Und zwar aus folgenden Gründen.
Erstens: Die Quellenlage zu freiwilligen Armut der Franziskaner ist ganz hervorragend. Zunächst waren die Anhänger des Franz von Assisi nur eine von vielen Armutsbewegungen der Zeit, ebenso wie die Waldenser, die Pauperes Christi, die Humiliaten, Wilhelmiten, Sackbrüder u.a. Mit der Überführung dieser Bewegung in einen Orden im Jahr 1210 wurde die freiwillige Armut auf Dauer gestellt. Franziskus ließ sich vom Papst das Recht der Armut bestätigen, ebenso wie die Erlaubnis zum Betteln und zur Predigt. Andere, ebenfalls in dieser Zeit gegründete Bettelorden sind die Dominikaner, die Karmeliter und die Augustiner-Eremiten. Der große Vorteil der freiwilligen Armut der Franziskaner ist der, dass sie die freiwillige Armut ganz besonders ernst nahmen und daher vieles aufgeschrieben haben, was ihre Erfahrungen, ihre Motivation, ihre Probleme usw. betrifft. Ende des 13. Jahrhunderts kommt es zu einer regelrechten Quellenschwemme, verursacht durch eine Krise im Orden, dem sogenannten Armutsstreit: Ein Konflikt um die Frage, wie arm ein freiwillig Armer denn sein dürfe. Konflikte, damals wie heute, sorgen dafür, dass Ansichten, Positionen, Lösungsversuche verschriftlicht werden. Diese Texte bieten sehr lebendige Einblicke in die Diskurse und Praktiken der Zeit. Hinzu kommen Rechnungsbücher, Inventare, Schenkungen, Testamente und weitere Dokumente, die die Wirtschaftliche Praxis der freiwilligen Armut – wenn auch nur bruchstückhaft – dokumentieren.
Zum zweiten zählen die Bettelorden zu den sicherlich erfolgreichsten und nachhaltigsten Kulturen der freiwilligen Armut in Europa. Mit einer fast beängstigenden Geschwindigkeit breiteten sie sich innerhalb nur einer Generation in sämtlichen Städten Europas aus. Schätzungen zufolge

hatte allein der Franziskanerorden Ende des 13. Jahrhunderts mehr als 40.000 Mitglieder in Konventen, die sich von Stockholm im Norden bis nach Syrakus im Süden, von Caffa am Schwarzen Meer im Osten bis nach Lissabon im Westen erstreckten. Die Lebensform hat die Jahrhunderte überdauert. Die freiwillig armen Franziskaner existieren bis heute, mit weltweit schätzungsweise noch 34.000 Mitgliedern.[18] Es bietet sich hier also die Möglichkeit einer Studie der freiwilligen Armut in der Longue Durée.

Drittens, schließlich, lassen sich an diesem Beispiel ganz besonders deutlich die kreativen Potenziale der freiwilligen Armut aufzeigen. Und ich möchte diesen dritten Punkt abschließend exemplarisch an dem oft unterschätzten Beitrag der freiwilligen Armut zur kulturellen und wirtschaftlichen Entwicklung ihrer Zeit konkretisieren und zwar am Beispiel des Marktes als Resonanzraum dieser Lebensform.

In der Regel werden die freiwillig Armen in ihrer – wenn auch unfreiwilligen – Rolle als Marktteilnehmer übersehen. Und dabei gilt auch hier, damals wie heute, dass die Lebensformen der freiwilligen Armut ihrerseits ganz neue Märkte, Produkte und vor allem neue Formen der Marktteilhabe hervorbringen. Das gilt für die eingangs erwähnten Lebensformen der freiwilligen Armut des 21. Jahrhunderts. Denn auch Konsumverzicht ist ja eine Form des Konsumverhaltens. So führt etwa die Devise „Tauschen statt Kaufen" zur Weiterentwicklung ganz neuer Marktmodelle und zum Ausbau des Marktsektors der Sharing Economy. Die freiwillige Armut hat also eine wichtige Rolle als Marktgestalterin. Sie generiert Nachfrage nach Produkten und Vertriebsstrategien der Armut (Selbstgemachtes, Second-Hand-Produkte, Internetplattformen zum Vertrieb von Eigenproduktionen etc.). Des Weiteren lockt die freiwillige Armut mit ihren Projekten Investoren und lenkt damit Geldströme und übernimmt Trendsetter-Funktionen. Schließlich schafft sie neue Formen der Marktteilhabe durch Konsumverzicht(,) bzw. selektives Konsumverhalten.

Analog hierzu lässt sich die Rolle der Franziskaner des späten 13. Jahrhunderts als Promoter innovativer Formen der Marktteilhabe beschreiben. In ihrem Kampf um die wahre Form der freiwilligen Armut wurden

Ideen und Konzepte neuer Formen der Marktteilhabe entwickelt. Man muss hier vielleicht erklärend ergänzen, dass dieser Konflikt als sogenannter „Armutsstreit" sehr gut erforscht wurde, jedoch vorwiegend als theologisches und politisch-theoretisches Problem. Die Implikationen des Armutsstreites für die zeitgenössische Wirtschaft wurden bisher nur von ganz wenigen ernst genommen. Giacomo Todeschini ist hier eine große Ausnahme.[19]

Er zeigt, wie die Intellektuellen in der franziskanischen Gemeinschaft der freiwillig Armen über die verschiedenen Möglichkeiten des Umgangs mit Besitz nachdachten und wie daraus Theorien zur Produktivität des Kapitals zugunsten des Gemeinwohls entstanden. Die Unterscheidung etwa zwischen Eigentum (proprietas), Besitz (possessio), Nießbrauch (usus fructus), Benutzungsrecht (ius utendi), einfachem Gebrauch (simplex facti usus = usus pauper) geht auf diese Diskussionen um die wahre Form der freiwilligen Armut zurück. Die hier entwickelte Terminologie und Praxis im möglichen Umgang mit den Gütern gab den Experten der freiwilligen Armut eine wichtige Rolle nicht nur als Marktteilnehmer, sondern auch als treibende Kraft in der Entstehung und Verfeinerung der Geldwirtschaft und des Bankenwesens. Die Einführung etwa kommunaler Pfandleihanstalten, der sogenannten Monti di Pietà in den oberitalienischen Städten, deren Ziel es war, den Bürgen der Städte zu Kleinkrediten und damit zur Marktteilhabe zu verhelfen, ist maßgeblich auf Initiativen und vor allem auf die Verbreitung dieser Idee durch die Experten der freiwilligen Armut zurück zu führen. Die ersten dieser Pfandleihanstalten wurde in Perugia im Jahr 1462, in Orvieto 1463, in Siena und in Florenz 1473 gegründet. Eine der treibenden Kräfte war der Franziskaner Michele Carcano. Anfangs verlief die Entwicklung schleppend. Doch trugen die Predigten der Bettelmönche zum Aufschwung dieser Institutionen bei. Bis 1509 wurden 88 Montes in Italien gegründet.[20] Dass den ‚freiwillig Armen' das Schicksal der ‚unfreiwillig Armen' ein Anliegen war, muss hier nicht eigens betont werden. Was die Franziskaner beschäftigte, war die Möglichkeit einer ökonomischen Ethik. Das schlägt sich in ihren Predigthandbüchern, Beichtspiegeln und Exempla-Sammlungen ebenso nieder wie im theoretischen Schrifttum. Zu den führenden Autoren zählen Roland von Cremona, Peter von Tarentais, Alexander von Hales, Johannes von La Rochelle, Bonaventura, Matthias von Acquasparta, Richard von Middleton und ganz besonders wichtig Johannes Petrus Olivi. Erst in jüngster Zeit wird diese Konzentration der Franziskaner gewissermaßen ‚enttheologisiert' und im Hinblick auf ihr kreatives Potential zu Fragen und Möglichkeiten einer gerechten Wirtschaft, auf Themen wie Besitzrechte, Tausch, Kauf und Verkauf, Pacht und Leihe, dem Wert von Waren und dem Wert von Arbeit wieder entdeckt. Im Zentrum der franziskanischen Wirtschaftskonzepte steht – und dass ist eine Entdeckung, die wir weiter verfolgen müssen – das „Bedürfnis", die Frage also, was not tut. Was brauchen die Menschen, um in Würde ihren Lebensunterhalt verdienen zu können? Dass es dabei nicht um Vorläufer moderner (sprich kapitalistischer) Wirtschaftsformen geht, sondern um Konzepte, die am besten unter dem Begriff der pluralen Ökonomien zu fassen wären, hat Odd Langholm in seinen umfassenden Studien zu Wirtschaftstheorien des Mittelalters hervorgehoben.[21]

Die freiwillige Armut der mittelalterlichen Franziskaner zählt zu den treibenden Kräften nicht nur der kulturellen, sondern auch der wirtschaftlichen Entwicklungen des Abendlandes. Das Leben in Gemeinschaften relativer freiwilliger Armut ermöglichte die Entfaltung kreativer Potentiale, die weit über die Grenzen der eigenen Ordensgemeinschaft hinaus wirkten. Vielleicht – diese Überlegung sei hier zum Abschluss erlaubt – ist es doch kein Zufall, dass ausgerechnet ein „freiwillig Armer", der Franziskaner Luca Pacioli (gest. 1517), als Erfinder der Doppelten Buchführung bis heute in kaum einer Einführung zur Buchführung fehlt.[22]

Anmerkungen

1 Hier nur stellvertretend für die zahlreichen Selbsterfahrungsberichte zum Thema: Taubert Greta, Von einer, die ausstieg: Wie ich der Konsumgesellschaft den Rücken kehrte und wahren Reichtum fand, Köln 2016. Der TED Talk Speaker Graham Hill, „Less Stuff, More Happiness" ist Architekt und entwirft Kleinstraumwohnungen (TreeHugger.com). Schmidbauer, Wolfgang, Weniger ist manchmal mehr. Die Psychologie des Konsumverzichts, München 1992.
2 Paech Nico, Befreiung vom Überfluss. Auf dem Weg in die Postwachstumsökonomie, München 2012.
3 Müller, Burkhard, Kapital im Bettelsack. Freiwillig arm – frivol angesichts von unfreiwilliger Armut in der Welt?, in: Süddeutsche Zeitung Nr. 44 (23. Februar 2011), S. 13.
4 Zuletzt Jim-Yong-Kim am 19. April 2018 beim Frühjahrstreffen der World Bank Group in Washington DC http://www.worldbank.org/en/news/speech/2018/04/19/world-bank-group-president-jim-yong-kim-opening-remarks-at-the-2018-spring-meetings-opening-press-conference.
5 Hier nur stellvertretend für Viele: Butterwegge, Christoph, Armut in einem reichen Land. Wie das Problem verharmlost und verdrängt wird, 2. Aufl. Frankfurt am Main/New York 2009. Chen, Tingyun / Hallaert, Jean-Jacques / Pitt, Alexander / Queyranne, HaonanQu, Maximilien /Rhee, Alaina / Shabunina, Anna / Vandenbussche, Jérôme / Yackovlev, Irene, Inequality and Poverty Across Generations in the European Union, IMF StaffDiscussion Note No. 18/01, January 2018, S. 10. file:///Users/administrator/Downloads/sdn1801%20(2).pdf.
6 Thomas von Celano, Leben und Wunder des Heiligen Franziskus von Assisi. Einführung, Übersetzung, Anmerkungen, hg. v. Engelbert Grau (=Franziskanische Quellenschriften 5), 1994, S. 73-216, hier S. 114 (1 Cel 39), ebenda auch der Hinweis auf die Backöfen als Nachtquartier.
7 ebd. S. 128f, 1 Cel 55.
8 Auch die Reiselust dieser freiwillig Armen ist in den Quellen gut dokumentiert. Folgende Bettelmönche hinterließen Berichte über ihre Asienreisen: Bruder Julian, Ascelin von Cremona, Simon von St. Quentin und Andreas von Longjumeau, Wilhelm von Rubruk, Odericus von Pordenone, Ricoldus de Montecroce, Johannes von Montecorvino, Johannes von Plano Carpini. Siehe Münkler, Marina, Die

Beschreibung Ostasiens in den Augenzeugenberichten des 13. und 14. Jahrhunderts, Berlin 2000; Reichert, Volker E., Begegnungen mit China. Die Entdeckung Ostasiens im Mittelalter (Beiträge zur Geschichte und Quellenkunde des Mittelalters 15), Sigmaringen 1992.

9   Thomas von Celano, Leben und Wunder, hg. v. Engelbert Grau, S. 150f, 1 Cel 77-79.
10 ebd. S. 262, 2 Cel 44.
11 ebd. S. 276f, 2 Cel 60.
12 ebd. S. 279f, 2 Cel 64.
13 ebd. S. 284, 2 Cel 69.
14 ebd. S. 281-4, 2 Cel 65-68.
15 Geltner Guy (Ed.), William of Saint Amour's De Periculis Novissimorum Temporum: Edition, Translation, and Introduction (Dallas Medieval Texts and Translations 8), Leuven 2008, Ders., Brethren Behaving Badly: A Deviant Approach to Medieval Antifraternalism, in: Speculum 85 (2010), S. 47-64.
16 Bell, Peter/Suchow, Dirk, Freiwillige Armut, in: Uerlings, Herbert / Trauth, Nina / Clemens, Lukas (Hg.), Armut. Perspektiven in Kunst und Gesellschaft. Katalog zur Ausstellung, Darmstadt 2011, S. 48f; Volz Fritz Rüdiger, ‚Freiwillige Armut'. Zum Zusammenhang von Askese und Besitzlosigkeit, in: Huster Ernst Ulrich, Boeckh Jürgen, Mogge-Grotjahn Hildegard (Hg.), Handbuch Armut und Soziale Ausgrenzung, Berlin 2008, S. 184-90.
17 Heimann, Heinz-Dieter / Hilsebein, Angelica / Schmies, Bernd / Stiegemann, Christoph (Hg.), Gelobte Armut. Armutskonzepte der franziskanischen Ordensfamilie vom Mittelalter bis in die Gegenwart, Paderborn/München/Wien/Zürich 2012, S. xi.
18 Schwaiger, Georg, Mönchtum, Orden, Klöster. Von den Anfängen bis zur Gegenwart, München, 1998, S. 196, 218.
19 Todeschini, Giacomo, Franciscan Wealth. From Voluntary Poverty to Market Society, übers. von Donatella Melucci, New York 2009. Todeschini, Giacomo, Il prezzo della salvezza. Lessici medievali del pensiero economico. Rom 1994. Todeschini, Giacomo, Oeconomica franciscana I. Proposte di una nuova lettura delle fonti dell'etica economica medievale. In: Rivista di Storia e Letteratura Religiosa 12 (1976) 15-77.Todeschini, Giacomo: Oeconomica Franciscana II. Pietro di Giovanni Olivi come fonte per la storia dell'etica economica medievale. In: Rivista di Storia e Letteratura religiosa 13 (1977) 461-494.

20 Siehe dazu das Forschungsprojekt „Kleinkredit und Marktteilhabe" am Lehrstuhl für Mittelalterliche Geschichte der Universität Mannheim. Sowie Skambraks, Tanja, Expertise im Dienste der Caritas. Die Monti di Pietà zwischen gelehrtem Wissen und Erfahrungswissen, in: Marian Füssel / Philip Knäble / Nina Elsemann (Ed.), Wissen und Wirtschaft. Expertenkulturen und Märkte vom 13. bis 18. Jahrhundert, Göttingen 2017, 401-17.

21 Langholm, Odd, The Economic Ethics of the Mendicant Orders: a Paradigm and a Legacy, in: Etica e Politica: Le theorie dei frati mendicanti nel due e trecento. Atti des XXVI Convegno internatzionale, Assisi 15-17 ottobre 1998, Spoleto 1999, S. 153-172. Langholm, Odd, Economics in the Medieval Schools, Leiden / New York / Köln 1992.

22 Wüstemann, Jens, Buchführung. Case by Case, 3. Frankfurt ³2009, S. 5.

Udo Friedrich Schmälzle ofm

Orden und ihre Werke
– Fragmente einer Positionsbestimmung

Viele Stiftungen, Krankenhäuser, Schulen und andere soziale Einrichtungen berufen sich in der Namensgebung auf Franz und Klara von Assisi. Diese Namensgebung hat eine Geschichte. Viele dieser Ordensgemeinschaften und Kongregationen wurden in einer Zeit gegründet, in der ganze Gruppen von Menschen in der Folge von Industrialisierung und Technisierung im sozialen Abseits landeten und ohne eine medizinische und soziale Versorgung ihr Dasein fristen mussten.
Engagierte Männer und Frauen haben damals die Zeichen der Zeit damals erkannt, Ordensgemeinschaften gegründet und mit Gleichgesinnten Einrichtungen geschaffen, die auf der einen Seite Menschen aus dem Arbeitermilieu ohne eine richtige schulische und berufliche Ausbildung qualifizierten und auf der anderen Seite das Überleben von Kranken, Alten und Behinderten, für die es noch keine soziale Absicherung gab, sicherten. In dieser Zeit liegt auch die Geburtsstunde der Mauritzer Franziskanerinnen.

Die Gestalt eines Franz von Assisi mit seiner Bekehrungsgeschichte, die er im Testament in der Begegnung mit dem Aussätzigen verankerte, faszinierte und motivierte diese Gründungsgestalten vor mehr als hundert Jahren. Es waren christliche Frauen und Männer, die bereit waren, sich den sozialen Herausforderungen ihrer Zeit zu stellen.
Bildung und Ausbildung wurden in der Gründungsphase in vielen Einrichtungen bereits durch das interne Sozialisationskonzept der Ordenseinrichtungen und die sie prägenden Statuten und Regeln abgesichert. Gerade in den Ordensgemeinschaften der Schwestern brachten viele Frauen bereits beim Ordenseintritt eine entsprechende berufliche Qualifizierung mit, die dann in den folgenden Jahren mit dem spirituellen

Ausbildungsprogramm innerhalb der Ordensgemeinschaften erweitert und weiterentwickelt wurde. Neuen Herausforderungen begegneten die Ordensgemeinschaften mit entsprechenden Fort- und Weiterbildungsprogrammen für ihre Schwestern in den Einrichtungen.

Dass wir in diesen Zeiten, in denen hauptsächlich Ordensangehörige, also Schwestern, Brüder und Patres, in diesen Werken und Einrichtungen tätig waren, nicht nur mit einer heilen Welt konfrontiert sind, zeigen verschiedene aktuelle Dokumentationen zur früheren Arbeit in diesen Einrichtungen. Sie beschäftigen sich historisch mit den Vorgängen in einigen Ordenseinrichtungen und weisen nach, dass auch früher vielfach Ordensangehörige durch ihre pastorale, pflegerische oder pädagogische Praxis gegen Geist, Spiritualität und Auftrag ihrer Gründungsgestalten gehandelt haben. Ordensgewand und Ordenszugehörigkeit sichern noch nicht per se das christliche Profil solcher Einrichtungen.

Trotzdem, die „Corporate Identity" dieser Werke und Einrichtungen wurde bis in die zweite Hälfte des zwanzigsten Jahrhunderts getragen vom Lebenszeugnis dieser Ordensleute. Ihr Beispiel, ihr unermüdliches und in manchen Fällen geradezu heroisches Engagement für die Menschen, die sich ihnen anvertrauten, prägten diese Werke. Ihr Leben in Armut und ihre Selbstlosigkeit bildeten über Jahrzehnte auch die Grundlage für die ökonomische und finanzielle Absicherung von Krankenhäusern, Schulen und anderen caritativen Einrichtungen bis zu dem Zeitpunkt, ab dem sie nicht mehr mit ihrem eigenen Personal ihre Werke absichern konnten, sondern Krankenhäuser, Schulen und Bildungseinrichtungen auf neue wirtschaftliche und personelle und professionelle Grundlagen gestellt werden mussten.

Ordenseinrichtungen im Transformationsprozess

Mit dem Zweiten Vatikanum beginnt in der katholischen Kirche eine Zeitenwende. Viele der traditionellen Reformkonzilien setzen direkt an den Strukturen der Kirche und an der Arbeit von Priestern und Ordensleuten an und versuchten auf diesem Weg den Neuaufbruch in der Kirche zu organisieren. Wenn wir den Forschungen folgen, die sich mit den Anfängen des Zweiten Vatikanums beschäftigen, dann fand Papst Johannes XXIII. ein solches Reformkonzept in den Schubladen vor, die ihm sein Vorgänger Papst Pius XII. hinterlassen hatte. Papst Johannes XXIII. knüpfte nicht an diese Tradition an, entschied sich für die Einberufung eines ökumenisch ausgerichteten Konzils und forderte die Konzilsväter zum „Sprung nach vorwärts" und zu „einem neuen Pfingsten" auf. Das Konzil blieb für die Ordensgemeinschaften und für die Kleriker in der Kirche nicht ohne Folgen. Nach dem Konzil sind bis heute Orden, Kongregationen, ja selbst die Diözesen mit einem Rückgang der geistlichen Berufe konfrontiert. Die Zukunft vieler Einrichtungen und Werke ist gefährdet, da sie nicht mehr mit eigenen Leuten weitergeführt werden können.

Das Zweite Vatikanum wurde für die katholische Kirche zu so etwas wie einer „Sollbruchstelle", zu einem radikalen „Wendepunkt", der in den Ordensgemeinschaften und Diözesen einen radikalen Transformationsprozess ausgelöst hat, der bis heute noch nicht zu Ende ist. Papst Paul VI. spricht bereits zehn Jahre nach dem Konzil im apostolischen Schreiben „Evangelii nuntiandi" von einem „Bruch zwischen Evangelium und Kultur" und bezeichnet diesen Bruch als „Drama unserer Zeitepoche". Er gibt jedoch nicht auf, sondern fordert dazu auf, „die Kultur, genauer die Kulturen auf mutige Weise zu evangelisieren" (EN 20).

Was das für die Kirche und die Orden mit ihren Werken konkret heißt, hat Helmut Peukert, der den Begriff der „Sollbruchstelle" eingeführt hat, einmal folgendermaßen beschrieben: „Eine Kultur lebt nur weiter, wenn sie in ihrem Sinn von der nachwachsenden Generation für sich rekonstruiert und im Zweifelsfall verändert, erneuert und transformiert werden kann. Unter neuzeitlichen Bedingungen steht das Projekt von Kultur immer erneut an seinem Anfang"[1]. Genau vor so einem Anfang stehen die Ordensgemeinschaften mit ihren Werken seit dem Konzil, aber nicht nur sie. In der Zwischenzeit haben auch die Bischöfe begriffen, dass sie mit ihren Gemeinden und diözesanen Strukturen vor einem ähnlichen Transformationsprozess stehen.

Wie ist nun den Orden dieser Transformationsprozess gelungen? Die größten Herausforderungen kamen auf die Schwestern- und Brüdergemeinschaften zu, die mit ihren Kliniken, Behindertenwerken, Schulen und Hochschulen sich auf neue Strukturen und Organisationsformen einlassen mussten. Es ist in der Tat erstaunlich, wie dies z.B. den Mauritzer Franziskanerinnen mit ihren großen Werken gelungen ist.
Trotzdem gibt es Baustellen und Risiken. Die Konkurrenz zwischen privaten, staatlichen und kirchlichen Einrichtungen im medizinischen, caritativen und im pädagogischen Bereich verschärft sich. Es besteht die Gefahr, dass Fragen einer spirituellen Orientierung immer mehr in den Hintergrund treten, während gleichzeitig Profit und Ertrag und damit die reine Kosten-Nutzen-Kalkulation die Programmatik und Planung bestimmen.
In diesem Transformationsprozess wird die Frage nach den spirituellen Grundlagen von kirchlichen Werken und nach ihrer Profilierung gegenüber säkularen Einrichtungen ihrer Art immer wichtiger, gerade wenn es um die Einstellungen und das Verhalten der Männer und Frauen geht, die mit ihrer Arbeitskraft nicht nur das Fortbestehen dieser Werke sichern sollen, sondern mit der Unterzeichnung ihres Arbeitsvertrages auch auf die christliche und spirituelle Tradition dieser Werke verpflichtet werden. Dabei ist grundsätzlich zu klären, welche Bedeutung den spirituellen Grundlagen der kirchlichen Einrichtungen überhaupt noch zukommt, noch radikaler, ob es überhaupt möglich ist, den Geist und die spirituellen Grundlagen der Gründergenerationen handlungsrelevant in die heutige Zeit hinüberzuretten.

Profilierung caritativer Einrichtungen in der säkularen Zivilgesellschaft

Dieser Transformationsprozess innerhalb der caritativen Einrichtungen der Kirche wird innerhalb und außerhalb der Kirche aufmerksam beobachtet und kritisch begleitet. Bereits Niklas Luhmann hat die Vermutung geäußert, dass die Kirchen mit caritativen Diensten, die „Schwächen der geistigen Kommunikation durch soziale Dienstleitungen zu kompensieren" versuchen² und spricht die Empfehlung aus: Die Kirche soll sich auf Spiritualität und „geistliche Kommunikation" konzentrieren und diese Bereiche strikt von den sozialen Dienstleistungen trennen.

Kardinal Lehmann hat schon in den neunziger Jahren des letzten Jahrhunderts vor einer Instrumentalisierung von Caritas und Diakonie gewarnt und „von der Kirche geleisteten sozialen Diensten" mehr als „Menschendienlichkeit" und „soziale Nützlichkeit"³ gefordert. Was beinhaltet aber dieses „mehr"? Wenn man diese Frage stellt, bekommt man wenig Antworten. Michael Ebertz beschränkt sich in dieser Zeit auf eine Negativliste. Er diagnostiziert in den caritativen Einrichtungen:

- einen Verlust der ausdrücklich christlichen Motivation in der Mitarbeiterschaft;
- eine Vernachlässigung der konfessionellen Orientierung bei der Einstellung durch die Verantwortlichen;
- eine Dominanz von professionellen Ausbildungs-, Fachlichkeits- und Kompetenzkriterien bei Einstellungen;
- Brüche in der kirchlichen und konfessionellen Biographie von Mitarbeiterinnen und Mitarbeitern.[4]

Auf diese Anfragen reagierte der Deutsche Caritasverband zum hundertjährigen Jubiläum mit einer Leitbildstudie und einem empirisch fundierten Leitbildprozess (1997). Im Mittelpunkt stand die Frage nach dem spirituellen Profil des Verbandes. Zwei von drei der Tausenden Angestellten bestätigten in einer repräsentativen Studie, dass bei ihrer täglichen Arbeit „der christliche Glaube eine wichtige Rolle spielt". Vier von fünf aus der Gruppe der sogenannten kirchendistanzierten Angestellten forderten von dem Verband ein stärkeres Engagement für die wirklich Armen[5]. Bereits 30 Jahre nach dem Konzil hat sich in diesen Daten gezeigt, dass nicht nur Ordensleute Garanten für ein spirituelles Profil darstellen können, sondern auch christliche Frauen und Männer mit ihrem Glaubenszeugnis der Caritas und Kirche ein Gesicht geben wollen.

Eine Trennung von Diakonie und geistlich spirituellen Vollzügen und eine daraus resultierende Abkoppelung der caritativen Werke von der Kirche würde den Intentionen der Gründungsmütter und Gründungsväter, die vor mehr als hundert Jahren die Grundlagen für viele dieser Einrichtungen gelegt haben, widersprechen. Ihre Arbeit war getragen vom biblischen Mandat: „Ich war hungrig und ihr habt mich gespeist" (Mt 25). Gerade in den sozialen Werken sind wir auch heute wieder mit einem schleichenden Prozess der Entsolidarisierung und Verarmung in großen Gruppen unserer Gesellschaft konfrontiert, der geradezu nach Menschen ruft, die wieder bereit sind, sich in den Dienst von Menschen zu stellen, die ohne den Mitmenschen nicht überleben.

Dies verschärft natürlich die Frage nach der spirituellen Verankerung der Mitarbeiterinnen und Mitarbeiter in den caritativen Werken. Die kritischen Anfragen, die am Ende des letzten Jahrhunderts an die caritativen Einrichtungen und Werke gestellt wurden, sind jedoch in den letzten beiden Jahrzehnten verstummt. Die Gründe dafür liegen in den Grenzerfahrungen, die in unserer säkularisierten Zivilgesellschaft in der Konfrontation mit einem laufenden Entsolidarisierungsprozess nicht mehr verdrängt werden können. Nicht eine Ethik der Stellvertretung und Solidarität, sondern eine entsolidarisierende Ethik der Selbstdurchsetzung und Selbstbehauptung ist der Normalfall und prägt immer stärker unsere Kultur der Gewinner.

Wenn wir den Analysen von Miegel und Wahl[6] folgen, dann ist es eine Utopie, die Logik des Marktes mit einer übergeordneten Wertstruktur – sprich einem franziskanischen Leitbild – unter Kontrolle zu nehmen. Nach diesem Konzept ist das einzige Regulativ des Marktes das Individuum und seine Bedürfnisse. Diese Dynamik eines sich selbst steuernden Gesellschaftsprozesses und der daraus resultierende Profanisierungsschub prägen die Neigungen und Verhaltensweisen von Individuen und Gemeinwesen und durchdringen deren Selbstverständnis sowie ihr Verständnis von gesellschaftlichen Organisationen und Institutionen.

Die spirituellen Herausforderungen bleiben

Mit den spirituellen Wurzeln und sozialen Folgen dieses Prozesses beschäftigt sich Martin Walser, der 1981 in seiner Dankrede bei der Büchner-Preisverleihung in Stuttgart zum Thema gesprochen hat: „Woran Gott stirbt". Dabei setzt er sich auch kritisch mit den bereits angesprochenen Tendenzen und Positionen in der Sozialforschung auseinander, die das soziale Engagement von Caritas und Kirche radikal in Frage stellen. Er gibt sich nicht, wie Miegel und Wahl, damit zufrieden, dass wir auf Gedeih und Verderb einem Entsolidarisierungsprozess ausgesetzt sind, sondern sucht nach einer Wurzelbehandlung dieses Prozesses. Er zeigt auf, was auf dem Spiel steht, wenn die Frage nach Gott und damit auch die Frage nach Spiritualität und Religiosität ausgeblendet und verdrängt werden. Welche neuen „Geister" und „Götzen" bestimmen das Denken und Handeln von Menschen?

„Der die Welt beschimpfende Daumenlutscher ist unser Muster.
Dem Daumenlutscher stirbt kein Gott.
Er ist sein eigener Gott.
Nicht die Leere der Gottlosigkeit ist sein Horror,
sondern der Nächste, der Nebenmensch.
Wie er sich selbst Gott ist, so ist ihm der Nebenmensch die Hölle.
Solidarität und Mitleiden wird verdächtigt. (…)
Unser Gott schreit andauernd durch die Gegend:
Du hast es dir alles selber zuzuschreiben.
Dem Leidenden salzt das das Leiden,
dem Genießenden den Genuss!"[7]

Die gegenwärtigen Ereignisse in Deutschland, wenn es um die Integration von Fremden, Migranten und Migrantinnen und den Armen in unserer Gesellschaft geht, bestätigen die Analysen von Walser. Die Gesellschaft der Gewinner merkt nicht, welcher Götze ihr im Nacken sitzt und das Verhalten steuert. „Der Andere" wird zum Objekt der Ausbeutung für die eigene Selbstentfaltung: Männer gegen Frauen, Arbeitgeber gegen Arbeitnehmer, Reiche gegen Arme, Gesunde gegen Kranke, Behinderte gegen Nichtbehinderte, Junge gegen Alte, Industrieländer gegenüber Entwicklungsländern, Christen gegen Muslime, Gläubige gegen Ungläubige.

Wie kann diese Logik des Marktes überwunden werden? Wie kann verhindert werden, dass in den sozialen Organisationen der Kirche nicht dieser Individualisierungs- und Profanisierungsschub den erkenntnis- und handlungsleitenden Code dieser Einrichtungen steuert, sondern dass die Kirche über diese Organisationen ihr geschichtlich erprobtes christliches Widerstandspotenzial zum Tragen bringt?

Können christliche Einrichtungen wie Krankenhäuser im Sozialwesen das werden, was Homolka für den Umweltschutz am Beispiel von Greenpeace als „Wachhunde" beschreibt? Eine „global handelnde Ökonomie zerstört gewachsene Sozialordnungen und reißt die Kluft zwischen arm und reich immer weiter auf. Im reichen Norden wird erst dereguliert und privatisiert. Jetzt kündigen die wirtschaftlichen Eliten ihre Teilhabe am gesellschaftlichen Zusammenhalt auf und folgen dem Gesetz der geringsten Kosten. Die Politik sieht dem zu. Scheinbar steuerlos treiben wir einem neuen Jahrtausend entgegen, das weit davon entfernt ist, eine universelle Ordnung auszubilden und menschlichen Halt zu geben."[8]

Wilhelm Damberg und Traugott Jähnichen treffen jedenfalls in ihrer Studie zu „neuen sozialen Bewegungen" in dem gegebenen Transformationsprozess der beiden Kirchen weg „von herkömmlicher Kirchlichkeit" (orthodoxe Ideenhaushalte, gottesdienstliche Praktiken) auf „eine erstaunliche Konstante: die Identifikation beider Kirchen mit Caritas und Diakonie, d.h. der Zuschreibung einer entsprechenden hohen Kompetenz samt gleicher Erwartungshaltung durch die Bevölkerung der Bundesrepublik. Diese Konstante lässt sich in den evangelischen Kirchenmitgliedschaftsuntersuchungen ebenso ablesen wie in einer vergleichbaren Erhebung der Deutschen Bischofskonferenz. Authentisches christliches Handeln wird mehr denn je mit sozial-diakonischem oder caritativem Handeln im Kontext der Zivilgesellschaft identifiziert"[9]. Dieses Handeln prägt auch die Gründungsgestalten der Mauritzer Franziskanerinnen.
Die Art und Weise, wie sich die Kirchen mit ihren Gemeinden, caritativen und diakonischen Einrichtungen in der Migrationshilfe eingebracht

haben und bis heute einbringen, zeigt, dass sie in der Tat die Arbeit an dem von Papst Paul VI. beklagten „Bruch zwischen Evangelium und Kultur" (EN 20) aufgenommen haben.

Der Weg von Franziskus mit seinen Schwestern und Brüdern

Es gehört geradezu zum Code der franziskanischen Bewegung in der katholischen Kirche, nicht den Trends des Zeitgeistes zu folgen, sondern den Spuren des Nazareners. Wenn wir den Lebensdaten von Franziskus folgen, dann erleben wir in der Jugend einen Franz, der voll nach den Regeln der geltenden mittelalterlichen Ständegesellschaft tickt. Wie kam es jedoch zum Bruch mit diesem Lebenskonzept?
Volker Leppin[10] geht in seinem Buch im Abschnitt „Wilde Jugend oder frühe Heiligkeit" ausführlich auf diese Lebensphase ein. Der zentrale Treibsatz in dieser Phase kulminiert in der Frage: Was willst du Herr, das ich tun soll? Der Bruch mit den bisherigen Lebensformen und der Bruch mit seiner Familie fordern von ihm ganz neue Entscheidungen. Orientierung sucht er mit seinen ersten Gefährten an den Prinzipien des Evangeliums. Seine Biographien lassen keinen Zweifel daran, dass dieser Prozess der Ablösung von seiner Familie, seinem Freundeskreis und seiner bisherigen Lebenspraxis verbunden war mit Erfahrungen des Verlacht-werdens, der Einsamkeit und der Ausgrenzung.
Wenn wir uns mit unseren Werken und Einrichtungen fragen, ob es überhaupt möglich ist, aus der gegebenen Kultur der Gewinner auszusteigen, dann ist das erste, was von uns gefordert ist, sich an den Prinzipien des Evangeliums zu orientieren und Entscheidungen zu treffen. In seinem Testament spricht Franziskus deutlich die Bezugsgrößen an, mit denen er die entstandene Leere bewältigen konnte. Es waren zwei Begegnungen, die Franziskus verändert haben, die ihn gebildet haben: Die Begegnung und Auseinandersetzung mit Gott, dem Höchsten, der ihn vor dem Kreuz in San Damiano angesprochen hat und ihm den Auftrag gab: „Stell mein Haus wieder her" (3C2,6; FQ426)[11] und die konkrete Begegnung mit dem Aussätzigen vor den Toren der Stadt.

Diese Option für die Armen war auch die Option, die viele Gründungsgestalten, die in den vergangenen Jahrhunderten sich den sozialen Herausforderungen stellten, entscheidend prägte und zum Handeln ermutigte. Ich spitze es noch einmal auf die Frage zu, ob diese Optionen auch in der heutigen Situation von unseren Mitarbeiterinnen und Mitarbeitern eingefordert werden kann? Sicher in einem anderen Kontext als in der Zeit von Franziskus und Klara.[12] Hilfreich für uns könnte sein, dass Franziskus diese Unmittelbarkeit der Gotteserfahrung nicht nur für sich selbst und seine Brüder beanspruchte, gewissermaßen sich zu einem selbsternannten Guru hochstilisierte, sondern, dass er diese Gottesbeziehungen jeder Schwester und jedem Bruder zugesprochen hat. Die Quellen berichten von ihm, dass er am Ende des Lebens ganz gelassen sein Lebenskonzept in die Hände Gottes gelegt hat: „Ich habe das Meine getan, was Euer ist möge euch Christus lehren" (2C214,9)!

Gott wird damit zum zentralen Akteur, auf den sich Franziskus beruft und von dem er sich bilden lässt. Dabei vertraut er fest auf das Wirken des Heiligen Geistes in jedem Bruder und jeder Schwester. Diese Orientierung am Evangelium und damit auch die Orientierung an der Aktion für die Armen, bildet bis heute die identitätsstiftende Grundlage der franziskanischen Bewegung. Diese Spiritualität macht Franziskus nicht nur bei den Brüdern fest und bei den Schwestern der Klara, sondern von derselben Dynamik können sich alle Menschen ergreifen lassen und es wird die Kunst sein, diese Dynamik in den verschiedenen Einrichtungen und Werken am Leben zu erhalten.

Anmerkungen

1 Peukert, Helmut, Reflexion am Ort der Verantwortung. Herausforderungen durch Wilhelm Flitners pädagogisches Denken, in: Ders./Scheuerl, Hans (Hg.), Ortsbe-

stimmung der Erziehungswissenschaft. Wilhelm Flitner und die Frage nach einer allgemeinen Erziehungswissenschaft im 20. Jahrhundert, Weinheim/Basel 1992, 15–27, hier: 22.

2   Niklas Luhmann, Funktionen der Religion, Frankfurt/M. 1977 (1982, S.58)

3   vgl. Bischof Karl Lehmann, Nachwort: In: Gerhard Schmied, Kirchenaustritt als abgebrochener Tausch. Analysen von Lebenslaufinterviews im Rhein-Main-Raum, Mainz 1994, S. 21.

4   Michael N. Ebertz, „Leitbildnerei" in sozialen Dienstleistungsorganisationen über den Zwang zur Selbstthematisierung von organisierter Diakonie und Caritas. In: Rainer Öhlschläger/ Hans-Martin Brühl (Hg.), Unternehmen Barmherzigkeit. Identität und Wandel sozialer Dienstleistungen. Rahmenbedingen – Perspektiven – Praxisbeispiele, Baden-Baden 1996, 39 bis 51, hier S. 44.

5   Schmälzle, Udo F., Caritasmitarbeiter verwirklichen Kirche, in: Deutscher Caritasverband/Baldas, Eugen/Gleich, Johannes M./Schmälzle, Udo F. (Hg.), Meinungsbild Caritas. Die Allensbachstudie zum Leitbildprozess, Bd. 2, Perspektiven, Freiburg 1997, 92-109, S.102.

6   Miegel, Meinhard/Wahl, Stephanie, Das Ende des Individuums. Die Kultur des Westens zerstört sich selbst, München 1993 a.a.O., S. 142.

7   Martin Walser: Büchner-Preis-Reden 1972-1983, Stuttgart 1984, 167-174, 173.

8   Walter Homolka: Wachhunde, mehr nicht. Greenpeace und andere: Über die Bedeutung(,) regierungsunabhängiger Organisationen im 21. Jahrhundert. In: Süddeutsche Zeitung am Wochenende, Nr. 186, 14./15.08.1999, 1.

9   Damberg, Wilhelm/Jähnichen, Traugott (Hg.), Neue Soziale Bewegungen als Herausforderung sozialkirchlichen Handelns, Stuttgart 2015, S.29.

10 Volker Leppin, Franz von Assisi, wbgTHEIS, Darmstadt 2018, 39-62.

11 Vgl.: Berg, Dieter/Lehmann, Leonhard (Hg.), FranziskusQuellen. Die Schriften des heiligen Franziskus, Lebensbeschreibungen, Chroniken und Zeugnisse über ihn und seinen Orden, Kevelaer 2009.

12 Was dies konkret in den heutigen zivilgesellschaftlichen Herausforderungen bedeuten kann, wird differenziert am Beispiel der Profilentwicklung für Schulen und pädagogische Einrichtungen mit franziskanischer Ausrichtung in den „Franziskanischen Akzenten" Band 19 aufgezeigt. Vgl. Udo F. Schmälzle, 'Wissen, Bildung und Schule neu denken, Zugänge zu einem franziskanischen Bildungskonzept', Echter, Würzburg 2018.

Nadia Rudolf von Rohr OSF

Sterbeprozesse und Aufbrüche in franziskanischen Laienbewegungen

Anfang Sommer 2018 kam Soan, das zweite Kind meiner Schwester, tot zur Welt. Im Ringen um Fassung haben wir in den Tagen und Wochen danach immer wieder erfahren, dass Soan mit uns ist – lebendig –, wenn auch ganz anders als wir das erwartet haben.
Soans Weg hat uns auf seine Weise deutlich gemacht, dass unsere Vorstellung von Tod und Leben, von Lebendigkeit, sehr eingeschränkt ist. Wir machen uns bestimmte Bilder davon, haben fixe Erwartungen und sind diesen verhaftet. Der Vergleich mag drastisch sein, aber so ähnlich ist es auch mit dem Sterben und Leben beziehungsweise mit der Lebendigkeit in unseren Franziskanischen Gemeinschaften. Wir haben Erinnerungen an früher, daran, wie es einmal war, als die Zukunft noch rosig schien – und wir meinen zu wissen, wie es aussehen müsste, wenn unsere Bewegung wieder eine blühende wäre. Nicht selten wird dieses Blühen an Quantitäten festgemacht.

Fakt ist, unsere Mitglieder werden immer älter und wir werden immer weniger. Der «Generationen-Gap» umfasst inzwischen mehr als eine Generation. Immer deutlicher wird es, dass bewährte Strukturen und Gefäße überholt sind und nicht mehr funktionieren. Es scheint, dass wir es verpasst haben, früh genug die Weichen zu stellen, andere Akzente zu setzen, uns um Beziehung zur Jugend zu bemühen. Es wächst nichts nach, wir sind am Aussterben. Das ist die eine Perspektive. Sie führt dazu, dass wir uns immer mehr zurückziehen auf unsere Inseln, sprich in unsere Gemeinschaften, und uns zunehmend isolieren. Dass wir bewahren und verwalten, was noch da ist, Strukturzwängen das Diktat überlassen und am Ende in Schönheit sterben.

Es knospt unter den Blättern

Die andere Perspektive ist die, dass alles seine Zeit hat, dass Aufgaben erfüllt sind und Daseinsformen vollendet. Diese Art Ende kann der Anfang sein von etwas Neuem.
Hilde Domin sagt: „Es knospt unter den Blättern. Das nennen sie Herbst." Wenn wir Zukunft wollen, darf weder, was war, noch was aktuell ist, unser gegenwärtiges Sein einschränken. Es gilt, sich zu besinnen und sich neu darüber klar zu werden, wer wir sind und was wir eigentlich wollen. Zeiten der Unsicherheit fordern ein klares Profil. Das ist die grosse Chance, die im Sterbeprozess liegt – dass wir loslassen, was gewesen ist und uns neu vor Augen führen, was allem Vergehenden zum Trotz fortdauert. Die Bereitschaft, alles zu lassen, macht frei in ganz neuen Bahnen zu denken. Die Erfahrung zeigt, dass am Ende bleibt, was uns trägt. Der Grund, auf dem wir stehen, und die Wurzeln, aus denen wir unser Sein beziehen, werden neu spürbar.

Schritte Richtung Zukunft

Wir haben das jüngst erfahren in einem Strategieprozess, den wir im Rat der Franziskanischen Gemeinschaft der Deutschen Schweiz (OFS) miteinander gestaltet haben.
Wie andere Gemeinschaften der Franziskanischen Familie auch, sehen wir uns konfrontiert mit der Tatsache, dass uns unsere Basis wegstirbt. Nachwuchs fehlt weitgehend. Dazu kommen, verbunden mit unserem Bildungshaus und der Geschäftsstelle, finanzielle Verpflichtungen und Herausforderungen, für die es keine einfachen Lösungen gibt. Alles in allem steht die Zukunft des OFS in der deutschsprachigen Schweiz in Frage. Vor diesem Hintergrund also haben wir uns begleitet auf den Weg gemacht, um Strategien zu entwickeln, wie nächste Schritte zu gestalten seien. Am Anfang des Prozesses war es auch eine Option, dass wir zum Schluss kommen, die Franziskanische Gemeinschaft innert nützlicher Frist aufzulösen, unser Bildungshaus aufzugeben und damit das letzte

Kapitel unserer Geschichte zu Ende zu schreiben. Schnell wurde allerdings klar, dass diese Option nicht in Frage kommt, genauso wenig wie die, den Kopf in den Sand zu stecken und einfach weiter zu machen, bis es halt nicht mehr geht.

Uns hat ein biblisches Bild geholfen, unserer Situation und möglichen Zukunftsperspektiven Ausdruck zu geben. Wir haben vorbereitend und begleitend mit der Geschichte des Exodus gearbeitet: Das Volk ist seit längerem unterwegs, nun einige Zeit schon in der Wüste. Die Fleischtöpfe liegen lange zurück und locken in der Erinnerung. Das Ziel liegt in der Ferne und ist noch nicht ersichtlich. So im Ungewissen und ohne klar absehbaren Weg vor sich nehmen die Motivation ab und der Missmut zu. Das Kreisen um sich selbst beansprucht mehr und mehr Energie für sich. In unserem Prozess wurde schnell klar: Wir wollen vorwärts gehen! Wir haben immer noch das Privileg, dass wir Menschen in unseren Reihen haben, die die Rolle des Moses einnehmen können und wollen. Sie setzen Energien frei, die im Volk auf dankbares Echo stossen. Und wir haben immer noch ein Volk! Zwar sind wir nicht mehr in den Massen unterwegs wie auch schon und wir sind älter geworden, aber wir sind noch immer unterwegs! Und das wollen wir auch in Zukunft bleiben. In der Bibel heisst es: „Denn wo zwei oder drei in meinem Namen versammelt sind, da bin ich mitten unter ihnen" (Mt 18,20). Wo zwei oder drei … – nicht wo zweitausend oder dreitausend!

Dem Prozess voraus ging allerdings die Bereitschaft, dass alles möglich sein soll, jeder denkbare Ausgang eine Option. Umso bestärkender war dann die Erfahrung, dass wir alle davon ausgehen, dass wir Zukunft haben! Darüber nachzudenken, nicht ob, sondern wie wir diese gestalten, setzte bei allen neu Energie frei. Auch wenn diese Zukunft noch nicht geschaffen ist, und auch wenn das Ziel, auf das wir zugehen, noch im Dunst verschwommen liegt, so haben wir uns doch gegenseitig dazu ermutigt, Schritte zu wagen, Visionen zu entwickeln und Massnahmen zu ergreifen, die uns auf dem Weg weitergehen lassen.

Für das Gelingen der nächsten Prozessphasen sind zwei weitere Dinge zentral. Zum einen ist es uns wichtig, Vergangenes wertzuschätzen. Unzählige Menschen haben diesen Weg vor uns beschritten und nach ihrem besten Wissen und Gewissen unsere Franziskanische Gemeinschaft geformt, unser Charisma gelebt. Es ist eine langjährige Geschichte, die uns prägt und die wir in unserem „Rucksack" auch mit in die Zukunft tragen. Dass wir bis heute lebendig geblieben sind, dass franziskanische Spiritualität spür- und erlebbar ist und Menschen bei uns Heimat finden, erfüllt uns mit Dankbarkeit und Stolz. Vieles war und ist gut und daran freuen wir uns.

Ein zweites, ganz wichtiges Element ist das gegenseitige Vertrauen, dass alles, was mir an Gedanken durch den Kopf geht, auch ausgesprochen werden darf. Wir folgen dabei dem „Eucharistischen Grundgesetz": Nur was auf den Tisch kommt, kann verwandelt werden. Diese Art der Offenheit und Transparenz macht möglich, dass wir am Ende auf ein gemeinsames Ziel zugehen. Vielleicht stehen wir nicht immer am selben Punkt, schauen in unterschiedliche Richtungen, haben andere Perspektiven. Solange wir uns aber einander zeigen, wissen wir, wo wir stehen, und können uns immer wieder neu und gemeinsam ausrichten.

Dabei hilft Jesu Ratschlag für ein erfülltes Leben, den er dem fragenden, reichen Jüngling gibt und der zur Basis wurde für das Ordensleben (vgl. Mk 10, 17-21). Anselm Grün und Andrea Schwarz haben in ihrem Buch „Und alles lassen, weil er mich nicht lässt" (Herder, Freiburg i.Br. 1995/2006) die evangelischen Räte Jesu - Armut, Gehorsam, Keuschheit - ins Heute gedeutet und in andere Begriffe gefasst. Sie tun dies auf eine Weise, die diesen Ratschlägen Gültigkeit verleiht für alle Lebensformen, auch ausserhalb von regulierten Ordensgemeinschaften. Die Begriffe lauten: loslassen, zulassen, sich einlassen.

Bezogen auf unseren Strategieprozess heisst das zum Beispiel: Ich muss zulassen, dass meine Schwestern und Brüder Dinge anders wahrnehmen, sie anders werten, daraus anderes folgern. Ich bin eingeladen mich einzulassen auf Visionen anderer, auf deren Gedanken und Ideen, auf Neuland. Das bedeutet immer wieder, loszulassen: eigene Ideen, Vorstellungen, Zukunftsvisionen.

Die Bereitschaft loszulassen, zuzulassen und sich einzulassen hat uns in unserem Prozess ermöglicht, dass wir darin Momente des Glücks und der Gnade erlebten, die uns neu vor Augen führten, worum es uns eigentlich geht.

Schlüssel zur Zukunft

Ich meine, darin liegt der Schlüssel zu unserer Zukunft: Wenn wir um den Kern der Sache wissen und uns darüber im Klaren sind, dass es uns nur darum gehen kann, diesen Kern zu bewahren und was in ihm liegt weiterhin zum Blühen zu bringen, dann macht uns das frei von Sachzwängen und fixen Vorstellungen über das Wie.
Unsere Berufung ist es, mit franziskanischem Charisma das Evangelium zu beobachten und zu verkünden, allen Geschöpfen und bis ans Ende der Welt. Für uns als franziskanische Laien – im kirchenrechtlichen Sinne – heisst das, unser Leben in der Welt so zu gestalten, dass wir anderen dadurch zur Inspiration werden. Es gehört zur speziellen Ausprägung unseres Ordens, dass wir in der Welt leben. Zwar sind auch wir gemeinschaftlich unterwegs, aber wir leben in je eigenen Lebensrealitäten und versuchen, diese franziskanisch inspiriert zu gestalten. Die Sorge um unsere Zukunft gilt demnach weniger unseren existentiellen Umständen als dem Fortdauern unserer Spiritualität.

Dass es uns nicht mehr gelingt, diese an jüngere Menschen weiterzugeben, hat, wie schon erwähnt, damit zu tun, dass wir es verpasst haben, den Kontakt zur Jugend zu pflegen. Als die Schwestern und Brüder des Ersten Ordens und der verschiedenen Kongregationen sich aus dem Schulwesen zurückzogen, hat der Franziskanische Laienorden (OFS) keine Anstalten gemacht, sich Alternativen zu überlegen. Jahrzehntelang haben sich Scharen von Jungterziaren aus den Schulen rekrutiert (der Begriff leitet sich ab von der ehemaligen Bezeichnung „Dritter Orden", die in jüngerer Zeit ersetzt wurde durch die offizielle lateinische Namensgebung Ordo Franciscanus Saecularis). Dieser Nachwuchs blieb ohne entsprechende Bezugspersonen aus. Heute ist es schwierig, den Kontakt wieder herzustellen. Es fehlt an personellen und auch finanziellen Ressourcen. Nur ganz wenige von uns sind in ihrem Lebensumfeld hier am Puls der Zeit, mal ganz abgesehen davon, dass sinnvolle und nachhaltige Jugendarbeit heute ganz andere Kompetenzen erfordert, als wir sie einfach so abrufen können.

Ein Zweites, was im Hinschauen auf die Gegenwart deutlich wird, ist der fehlende Kontakt zu Brennpunkten in unserer Gesellschaft. Während frühere diakonische Werke der Franziskanischen Gemeinschaft – wie zum Beispiel die Väter- und Mütterberatung, Pflegedienste oder Alterswohnungsbauten – in eigenständige Stiftungen übergingen oder anderweitig institutionalisiert wurden, ist unser letztes verbliebenes Werk ein Bildungshaus.

Das Mattli Antoniushaus leistet ohne Frage wertvolle Dienste im Erfüllen unseres Verkündigungsauftrags. Aber es bleibt dabei ein Ort, an den aktiv suchende Menschen hinkommen, um sich Inspiration zu holen und Gemeinschaft zu erleben. Wo hingegen gehen wir hin, um vor Ort präsent zu sein? Wo kommen Menschen mit uns an ihrem Lebensort in Kontakt? Wie sind wir wahrnehmbar, da, wo das Leben pulsiert, wo Fragen drängen, Schwierigkeiten gelöst sein wollen, Sehnsüchte wachsen? Wir haben in unserem Rat festgestellt, dass uns da über die Jahre hinweg ein wesentliches Standbein abhandengekommen ist. Wir sind zu wenig sichtbar. Menschen finden uns, wenn sie uns suchen, aber das reicht nicht. Wir müssen wieder mehr da sein, wo das Leben spielt, unmittelbar ansprechbar, vor Ort. Wir brauchen noch mehr Welt in unseren Gemeinschaften. Wir müssen wieder mehr an die Peripherie!

Geschwisterliche Verbundenheit schafft weiten Raum

Das können und müssen wir nicht alleine tun. Uns fehlen die nötigen Ressourcen und Kapazitäten, um grössere Projekte zu lancieren beziehungsweise langfristig am Leben zu erhalten. Aber gemeinsam mit unseren Schwestern und Brüdern der anderen Ordenszweige kann es gelingen. Es braucht definitiv intensivere Formen des Miteinanders in geschwisterlicher Verbundenheit. Wir tun gut daran, uns unseres gemeinsamen Bo-

dens zu vergewissern und Synergien zu nutzen, genauso wie spezifische Ausprägungen unserer Charismen als wertvolle Vielfalt einzubringen.
Als franziskanisch inspirierte Menschen, die im Leben stehen, sind wir davon überzeugt, dass die franziskanische Spiritualität auch die nächsten 800 Jahre noch Bestand hat. An den existentiellen Grundfragen des Menschseins hat sich über die Jahrhunderte nicht viel geändert und an den weiterführenden Antworten darauf im Grunde auch nicht. Die Lebensentwürfe von Franz und Klara sprechen vielschichtig auch in unsere Zeit und unsere Lebenswirklichkeiten. Was wir leisten müssen, ist die Übersetzungsarbeit für Menschen, denen der Zugang zu Spiritualität und Glaube nicht mehr gelingt, vielleicht sogar nicht mehr sinnvoll erscheint oder denen ein solcher aus kirchenpolitischen Gründen nicht gewährt wird. Da haben wir viel zu tun und auch einiges zu bieten.
Am erfolgreichsten sind wir dabei, wenn wir uns Franziskus' Empfehlung zu Herzen nehmen und unser Leben sprechen lassen an Stelle davon, viele Worte zu machen. Das bewegt heute zwar keine Massen, lässt uns aber hie und da Geschwister finden, die die Familie wertvoll ergänzen.

Heilende Gegenwart

Ich persönlich vertraue dabei auf die heilende Gegenwart. So wie für unsere Gemeinschaft geht es auch für mich darum, zu leben, was Gott ganz persönlich in mich gelegt hat. Eugen Drewermann formuliert es so: „Es ist das Wichtigste, was wir im Leben lernen können: das eigene Wesen zu finden und ihm treu zu bleiben. Allein darauf kommt es an, und nur auf diese Weise dienen wir Gott ganz: dass wir begreifen, wer wir selber sind, und den Mut gewinnen, uns selber zu leben. Denn es gibt Melodien, es gibt Worte, es gibt Bilder, es gibt Gesänge, die nur in uns, in unserer Seele schlummern, und es bildet die zentrale Aufgabe unseres Lebens, sie auszusagen und auszusingen. Einzig zu diesem Zweck sind wir gemacht; und keine andere Aufgabe ist wichtiger, als herauszufinden, welch ein Reichtum in uns liegt. Erst dann wird unser Herz ganz, erst dann wird unsere Seele weit, erst dann wird unser Denken stark. Und erst mit allen

Kräften, die in uns angelegt sind, dienen und preisen wir unseren Schöpfer, wie er es verdient."

Damit das gelingt, muss ich immer wieder innehalten, im Jetzt ankommen und nach Innen lauschen – mich einholen lassen in meiner Gegenwart. Mich niederlassen in meine Mitte, dorthin, wo ich an Gott grenze, wo mein Leben an sein Leben rührt (vgl. A. Albrecht).
Wenn ich so im Hören bin, mich in Gott wahrnehme und Ihn in mir, dann darf ich darauf vertrauen, dass sein Geist mich darin beseelt, das Jetzt zu gestalten und dadurch das Morgen werden zu lassen. Wir sollten uns weniger Sorgen machen um die Zukunft und uns mehr darum kümmern, die Zeichen der Gegenwart zu lesen. Wir dürfen darauf vertrauen, dass wir nicht mehr müssen als säen. Das Wachsen dürfen wir getrost einem andern überlassen.
Ganz da zu sein, wo es mich jetzt braucht, mich ganz dem zu widmen, was jetzt dran ist, empfinde ich als große Kunst und immer wieder als Herausforderung – zumal ich zu denen gehöre, die gerne „machen". Auch darin liegt eine Art Loslassen begründet: Die Zukunft ein Stück weit aus der Hand zu geben und darauf zu vertrauen, dass stimmig gestaltete Gegenwart eben diese Zukunft verlässlich formt.

Das heißt, wir müssen unsere bestimmten Bilder und fixen Vorstellungen einer solchen Zukunft in Frage stellen. Ganz konkret meint das zum Beispiel unsere Idee von Nachwuchs zu hinterfragen. Wenn wir von Nachwuchs sprechen, haben wir meist „die Jungen" im Sinn, sprich Menschen zwischen 18 und 35 Jahren. Wir entwickeln Strategien und überlegen uns, wie wir mit ihnen in Kontakt kommen, um sie letzten Endes in den Hafen unserer Gemeinschaften zu führen. Nicht selten wird Berufungspastoral so zu einer Instrumentalisierung der Jugendlichen und nimmt sie in ihren spezifischen Lebenswelten und Bedürfnissen nicht ernst.

Schaut man die demographische Entwicklung in Westeuropa für die kommenden zwei Jahrzehnte an, dann wird deutlich, dass unsere naheliegende Zukunft möglicherweise nicht die Jungen sind, sondern die

Alten! Die Altersstruktur zum Beispiel der Schweizer Bevölkerung wird beträchtliche Veränderungen erfahren. Ursachen dieser Alterung in den nächsten dreißig Jahren sind zum einen der Rückgang der Geburtenzahlen in den vergangenen Jahrzehnten, zum anderen die geburtenstarken Jahrgänge, die zwischen 1950 und 1970 in der Schweiz geboren oder in diesem Zeitraum und bis heute in die Schweiz eingewandert sind. Durch die fortlaufende Erhöhung der Lebenserwartung, die dazu führt, dass ein größerer Anteil Personen ein hohes Alter erreicht, verstärkt sich die Bevölkerungsalterung zusätzlich. Aufgrund der auf einem tiefen Niveau stagnierenden Geburtenhäufigkeit und der fortlaufend sinkenden Sterblichkeitsrate nach 2045 wird der Anteil der älteren Personen auch dann noch hoch bleiben, wenn die Babyboom-Generation in über fünfzig Jahren nicht mehr lebt.

Der Anteil an Menschen zwischen 65 und 80 Jahren wird in den kommenden Jahren also stetig ansteigen. Diese Altersgruppe verfügt über körperliche und geistige Fitness und einen komfortablen Geldbeutel. Sie ist aktiv und hat ein Interesse daran, sich über ihre Pensionierung hinaus zu engagieren. In der Schweiz kennt man Einrichtungen wie die Altersuniversität oder die Pro Senectute, die sich etabliert haben als Anbieter sinnvoller Tätigkeiten, von Freizeitbeschäftigung sowie inspirierenden Quellen der persönlichen Auseinandersetzung mit sich selbst und der Welt. Gut vorstellbar, dass diese Dienstleister in der Zukunft überfordert sein werden. Sie laufen Gefahr, die rasant wachsende Nachfrage nicht befriedigen zu können und brauchen möglicherweise dringend Partner. Vielleicht wären wir als Franziskanische Gemeinschaft ein solch geeigneter Partner? Wir bieten Bildung an, organisieren Reisen und Kurse, engagieren uns gesellschaftlich in Projekten, bieten eine Plattform für gemeinschaftliche Erlebnisse und sind nicht zuletzt Werten verpflichtet, die dieser Generation wichtig sind.

Wieso nicht einmal in diese Richtung denken und uns außerhalb unserer eigenen franziskanischen Familie Partner suchen, die gemeinsam mit uns Zukunft gestalten?

Wovor wir uns hüten müssen

Wir werden wohl Wege gehen müssen, an die wir noch gar nicht gedacht haben. Dafür wollen wir offen sein und uns inspirieren lassen von den Zeichen der Zeit – und auch von Franziskus, dem „Gaukler Gottes", der sich nicht zu schade war für vermeintliche Verrücktheiten.
Wovor wir uns dabei hüten müssen und wogegen wir uns verwahren wollen, sind einige „Ungeister", wie Br. Heribert Ahrens sie nennt. Er, von dem in dieser Festschrift auch zu lesen ist, hat diese in einem Referat, das er 2011 vor der Generalversammlung der Interfranziskanischen Arbeitsgemeinschaft INFAG in Zug hielt, wie folgt benannt:
der „Ungeist der Schwarzmalerei" (alles geht bergab), der „Ungeist der Schönfärberei" (Gott wird es schon richten), der „Ungeist der Magie der großen Zahlen" (Wie viele seid ihr noch?), der „Ungeist der Verherrlichung der Vergangenheit" (früher, da waren wir …), der „Ungeist der Schuldzuweisung", der „Ungeist des ‚nur Reagierens'", der „Ungeist der Angst", der „Ungeist des Rückzugs ins Private" und der „Ungeist der Gleichgültigkeit".
Es gilt, sich dem Geist der tatsächlichen Chancen zu öffnen und genau hinzuschauen auf das, was ist und das, was werden will. Es gilt, uns nicht fesseln zu lassen, von dem, was war und nicht lähmen zu lassen, von dem, was nicht ist. Mut ist gefragt, auch unkonventionelle Wege zu beschreiten und sich dem Geist, der das Leben in die Hand nimmt, zu öffnen. Es müssen die richtigen Fragen gestellt werden. Wer kein Risiko eingeht, geht das größte Risiko ein. Br. Heribert zitierte damals Jean-Claude Juncker, den amtsältesten Regierungschef der EU: „Was muss ich tun, um die Welt zu zerstören? Nichts."

Um ein Stück Leben reicher

Solange wir uns noch betreffen lassen, leben wir.
Die Sorge um unsere Zukunft kann existentielle Masse annehmen und, wie es das Volk Israel in der Wüste erfahren hat, zu lebensbedrohlichen

Blockaden führen. Besser wir lernen neu Jesu Zusage zu vertrauen, dass Gott sorgt. Dabei müssen wir uns lediglich gewahr sein, dass seine Fürsorge nicht unbedingt die von uns erwartete Form annimmt. Aber im Wissen darum, dass Gott Zukunft verheißt, werden Schritte möglich – auch in ein Morgen, das jetzt noch im Nebel liegt.

Der Ungeister sind viele, Sterbeprozesse kreativ zu bewältigen und dabei konstruktive Wege in die Zukunft zu finden, ist und bleibt aktuell unsere größte Herausforderung. Wir vertrauen dabei aber darauf, dass wir aus diesem Prozess gestärkt und gereift hervorgehen – um ein Stück Leben reicher.

Stefan Federbusch ofm

Die Zusammenarbeit franziskanisch inspirierter Menschen

Die Vielfalt der franziskanischen Ordenslandschaft wird gerne als „Franziskanische Familie" bezeichnet. Sie ist weltweit gesehen die größte Ordensfamilie mit ca. einer Million Mitgliedern. Eine Familie umfasst die Generationenlinie von Großeltern, Eltern und Kindern sowie Enkeln und Urenkeln. In der Franziskanischen Familie finden wir die „Stammeltern" Franziskus (1181 - 1226) und Klara (1193 - 1253) und auf sie zurückgehend eine Fülle von franziskanisch und klarianisch inspirierten Gemeinschaften.

Im Bild eines Baumes dargestellt: Klara und Franziskus bilden den doppelgliedrigen Stamm, der aus dem Wurzelgrund des Evangeliums in der Nachfolge Jesu seine Kraft zieht. Aus dem Stamm erwachsen der Erste Orden mit den Männergemeinschaften von Franziskanern, Minoriten und Kapuzinern, der Zweite Orden mit den kontemplativen Frauengemeinschaften von Klarissen, Klarissen-Kapuzinerinnen und Klaraschwestern sowie der Dritte Orden, der sich noch einmal verzweigt in den regulierten Dritten Orden, dem sowohl Frauen- wie Männergemeinschaften angehören, und in den Ordo Franciscanus Saecularis (OFS), die Laiengemeinschaft, früher in Deutschland Franziskanische Gemeinschaft genannt. Hinzu kommen franziskanische Säkularinstitute sowie Franziskanische Bewegungen, Organisationen und Initiativen.
Die heute existierenden Gemeinschaften sind in verschiedenen Jahrhunderten entstanden. Es finden sich eigenständige Gründungen ebenso wie Reformzweige. Die Kapuziner beispielsweise sind im 16. Jahrhundert aus einer Reformbewegung innerhalb des Franziskanerordens hervorgegangen. Bei den aktiven Frauengemeinschaften des regulierten Dritten Ordens handelt es sich teilweise ebenfalls um Gründungen, die von be-

reits bestehenden Gemeinschaften ausgehen, so dass sich „Mutter-Tochter-Beziehungen" ergeben oder auch schon mal zu hören ist: „Das sind unsere Cousinen".

Die Interfranziskanische Arbeitsgemeinschaft

Angesichts der großen Vielfalt und Mitgliederzahl ist es nur allzu logisch und sinnvoll, dass eine Vernetzung und Zusammenarbeit stattfindet. In Deutschland geschah dies verstärkt seit dem 15. April 1982 mit der Gründung der Interfranziskanischen Arbeitsgemeinschaft (INFAG). Ihr gehören fast alle franziskanisch-klarianischen Ordensgemeinschaften an. Der Zusammenschluss gliedert sich in die seit 1992 bestehenden Regionen Deutschland – Luxemburg – Belgien, Österreich – Südtirol sowie Schweiz, die sich jeweils eine eigene Struktur gegeben haben, aber unter dem Dach der INFAG mit ihrer Geschäftsstelle in Würzburg zusammengeschlossen sind. Zur Region Deutschland – Luxemburg - Belgien gehören heute insgesamt 71 Mitglieder, darunter 13 männliche und 49 weibliche Ordensgemeinschaften sowie neun weitere Mitglieder wie der Ordo Franciscanus Saecularis (OFS - Franziskanische Gemeinschaft), ein Säkularinstitut und andere Institutionen. Der Information und der Vernetzung untereinander dienen die INFAG-Nachrichten, seit 2002 als online-Version. Eine Auflistung der Mitgliedsgemeinschaften und nähere Informationen finden sich auf der Website www.infag.de.
Die Zusammenarbeit der Gemeinschaften erfolgte in der Präsenz nach außen auf allen Katholikentagen und Ökumenischen Kirchentagen seit 1982 (seit 2005 wahrgenommen von der Netzwerkinitiative clara.francesco) und im Ort franziskanischer Begegnung – Santo Stefano in Assisi – seit 1986. Seit der Gründung sind die alle drei Jahre wechselweise stattfindende Mitgliederversammlung sowie das Osterkapitel das Grundgerüst für Begegnung und Austausch. In den Anfängen bildeten sich Arbeitsgruppen zu verschiedenen beruflichen Schwerpunkten: INFAG-jugend, INFAG-pädagogisch, INFAG-pastoral sowie zum Bereich Exerzitien. Diese Arbeitsgruppen existieren nicht mehr. Lediglich die Arbeitsgruppe

Gerechtigkeit, Frieden und Bewahrung der Schöpfung konnte bis heute aufrechterhalten werden. Ein wesentlicher Akzent der INFAG liegt mit ihrem Bildungsprogramm im Bereich franziskanisch-klarianischer Spiritualität. Dazu wurde in den Anfangsjahren der „Franziskanische Fernkurs" konzipiert und in zahlreichen Werkwochen vermittelt. Seit 2010 sind verschiedene Module eines „Franziskanischen Spiritualitätswegs" online verfügbar. Mehrfach wurde eine Mitarbeiterschulung zum Franziskanischen Spiritualitätsweg durchgeführt. Sie dient dazu, auch Nichtordensmitgliedern wie den Mitarbeiterinnen und Mitarbeitern in franziskanischen Einrichtungen eine fundierte Einführung in die franziskanisch-klarianische Spiritualität zu ermöglichen und so auch dort, wo keine Ordensleute mehr präsent sind, die franziskanisch-klarianische Idee lebendig zu erhalten.

Für den Dachverband liegen die Herausforderungen in den Schwierigkeiten, denen sich auch die einzelnen Gemeinschaften zu stellen haben: Die Zahl der Mitglieder in den Gemeinschaften schrumpft massiv, die Überalterung erfordert eine andere Angebotsstruktur. Während bei der Gründung der INFAG noch von ca. 30.000 Mitgliedern ausgegangen werden kann, ist die Zahl auf rund 10.000 gesunken (davon sind ca. 2.000 Mitglieder des OFS). Laut Statistik der Deutschen Ordensoberen-Konferenz von Ende 2017 ging die Zahl der Ordensfrauen in den letzten zwanzig Jahren um 20.000 auf 15.000 Schwestern zurück. Von diesen sind 84 % über 65 Jahre alt und nur 5 % unter 50 Jahren, also etwa 750 Schwestern. Bei den Männern ist die Zahl im selben Zeitraum um 2.079 auf 3.642 gesunken. Von diesen sind 55 % der Mitglieder über 65 Jahre alt und 19 % unter 50 Jahre, also 692 Brüder. In ähnlichen Relationen dürften sich die Zahlen für die Franziskanische Familie bewegen.

Zusammenarbeit von Ordensgemeinschaften

Die klassische Form von Zusammenarbeit sah in der Regel dergestalt aus, dass die Männergemeinschaften für die Frauengemeinschaften einen

„Spiritual" stellten, also einen geistlichen Begleiter, dessen Kompetenz unterschiedlich ausgestaltet war. Bis zum Tod von Pater Guido Rautenstrauch 2009 wurden auch die Franziskanerinnen von Münster-St. Mauritz von einem Franziskaner betreut, der zugleich Krankenhausseelsorger war. Eine weitere klassische Form war die Mitarbeit von Schwestern in Einrichtungen der Brüder, vorrangig im Bereich der Hauswirtschaft. Dies galt beispielsweise für das Bildungshaus der Franziskaner in Ohrbeck (bei Osnabrück) und das Exerzitienhaus in Hofheim (bei Frankfurt), in denen Thuiner Franziskanerinnen beschäftigt waren. Umgekehrt gab es die Mitarbeit von Brüdern in Einrichtungen der Schwestern, beispielsweise der Kapuziner im Bildungshaus der Franziskanerinnen von Reute. Die Reuter Franziskanerinnen und die Kapuziner gestalten gemeinsam das Haus zum Mitleben in Stühlingen (nahe der schweizerischen Grenze). In der Jugendpastoral arbeiten die Kapuziner mit den Franziskanerinnen von Sießen zusammen. Angesichts der Überalterung der Gemeinschaften hat sich in den letzten Jahren eine neue Form der Kooperation herauskristallisiert, die in Zukunft verstärkt genutzt werden dürfte. Dies gilt insbesondere für kleinere (eigenständige) Gemeinschaften, die keine Möglichkeit mehr haben, ihre Mitglieder selbst zu pflegen. Sie finden Aufnahme in den Pflegeeinrichtungen von größeren Gemeinschaften. So sind beispielsweise die Klarissen von Paderborn 2014 zu den Franziskanerinnen von Salzkotten gezogen und die Klarissen-Kapuzinerinnen 2015 von Balsbach zu den Franziskanerinnen von Gengenbach.

Kooperationen der Mauritzer Franziskanerinnen

Eine Phase der intensiveren Zusammenarbeit der Mauritzer Franziskanerinnen mit den Franziskanern hat es in den 90er Jahren des letzten Jahrhunderts und im ersten Jahrzehnt des 21. Jahrhunderts gegeben. Bereits länger zurückliegend ist die Phase, in der die Schwestern von 1966 - 1991 den gemeinsamen Haushalt mit den Franziskanern in Mühlen (Oldenburger Land) geführt und den Gemeindekindergarten des Ortes geleitet haben. In Werl (Westfalen) war von 2001 - 2004 eine Schwester als

Köchin bei den Franziskanern eingesetzt. In Berlin-Pankow lebten von 1992 - 2004 insgesamt fünf Schwestern jeweils in Dreierkonstellationen im Franziskanerkloster mit. Ihre Aufgaben lagen im Bereich der Suppenküche als Köchin, im Sakristeidienst sowie im Aufbau des Hospizdienstes Tauwerk, der HIV-Infizierte und deren Freunde und Familien begleitet. In Halberstadt haben die Schwestern von 1996 - 2006 zusammen mit den Franziskanern die Wärmestube geführt, die Kleiderkammer verwaltet und sich um die Schulaufgabenhilfe für die Kinder gekümmert, die zum Essen kamen. In Dortmund lebte von 1999 - 2010 ebenfalls ein Konvent bei den Brüdern mit. Ob es durchgängig drei Schwestern waren oder auch mal mehr, ist in der Chronik der Franziskaner in Dortmund nicht vermerkt. Die Schwestern waren in der sozialen Arbeit tätig, arbeiteten im Hospiz, kümmerten sich hauptamtlich als Altenpflegerin sowie ehrenamtlich um die Bewohner/innen des Bruder-Jordan-Hauses (Seniorenheim der Caritas) sowie um die Obdachlosen, die an die Pforte des Franziskanerklosters kamen. Insgesamt fällt auf, dass die Angaben in den Chroniken zumindest der Brüderkonvente relativ spärlich und sporadisch sind. Teils sind nicht einmal die Namen der Schwestern vermerkt. Zwischen den Zeilen lässt sich erahnen, dass es neben der konstruktiven Zusammenarbeit auch Schwierigkeiten gab und nicht immer alle Brüder die Kooperation befürworteten. Immerhin werden Feste gewürdigt, wie der 65. Geburtstag von Schwester Marieta Stohldreier, der Leiterin der Suppenküche in Halberstadt, der 1999 „mit großem Bahnhof" begangen wurde. Im Jahr 2003 wurde ihr großes Engagement von der Stadt mit der Auszeichnung der Ehrennadel „Silberner Roland" gewürdigt.

Eine Kooperation pflegen die Mauritzer Franziskanerinnen seit 1999 mit den Kapuzinern. Die Schwestern pflegen im Münsteraner Konvent in der Kapuzinerstraße die kranken und alten Brüder, übernehmen hauswirtschaftliche Arbeiten und sorgen für die Sakristei.

Gemeinsame Konvente mit Mitgliedern unterschiedlicher Gemeinschaften gibt es heute vergleichsweise selten. Ein solcher Konvent besteht seit 2007 in Münster im Pfarrheim der Überwasserkirche am Katthagen aus je zwei Schwestern der Lüdinghauser Franziskanerinnen und der Mauritzer Franziskanerinnen. Die Schwestern gehen ihren verschiedenen beruflichen Tätigkeiten nach, bieten Gebetszeiten in der Überwasserkirche und im Studentenwohnheim an und sind in der Stadt präsent.

Interfranziskanische Projekte

Aktuell zeigt sich, dass trotz oder gerade wegen des Zusammenschrumpfens der Gemeinschaften gemeinsame Projekte schwierig sind. Ein neuer Versuch wurde 2017 gestartet, wo nach dem Weggang der Franziskaner das Kloster in Hermeskeil mit neuem Leben erfüllt werden sollte. Im Rahmen eines INFAG-Projektes haben die Franziskanerinnen von Waldbreitbach, Dillingen und Sießen je eine Schwester zur Verfügung gestellt, die als interfranziskanische Kommunität ein Konzept für ein Geistliches Zentrum entwickeln und umsetzen.

Sehr gut gelaufen ist ein gemeinsames Noviziatsprojekt im Jahr 2015 im Katharinenkloster in Münster. Fünfzehn Novizinnen aus elf Gemeinschaften nahmen an der dreimonatigen Gemeinschaftserfahrung teil. Ein zweites Projekt fand 2018 in Hermeskeil statt. Beteiligt waren sieben Novizinnen aus fünf Gemeinschaften. Ziel ist es, dass auch Schwestern, die in ihrer Gemeinschaft alleine in der Ausbildungsphase sind, eine Gruppenerfahrung machen und sich untereinander vernetzen. Auf Zukunft hin wird der Ausbildungsbereich eines der Felder sein, in denen Kooperationen sinnvoll sind.

Werkstatt Zukunft Orden – Werkstatt franziskanisches Charisma

Mit der Frage, wie das franziskanische Charisma in die Zukunft getragen werden kann, beschäftigte sich 2014 eine „Werkstatt Zukunft Orden" und 2016 eine „Werkstatt franziskanisches Charisma". Zu beiden Veranstaltungen waren auch Nichtordensleute eingeladen. Im Sinne der Kundschafter-Geschichte aus dem Buch Numeri (13,1 - 14,10) gilt es, nach Perspektiven, Neuaufbrüchen und alternativen Formen franziskanischen Lebens Ausschau zu halten. Es wurde deutlich, dass die franziskanisch-klarianische Spiritualität nur gemeinsam gelebt werden kann und es wurden Ideen gesponnen, in welcher Weise dies möglich ist. Bislang sind daraus aber (leider) keine konkreten Projekte erwachsen. Es bildeten sich Regionalgruppen, die das Anliegen weiter verfolgt haben.

Zusammenarbeit mit „Laien"

In den letzten Jahren sind die Möglichkeiten einer verstärkten Zusammenarbeit mit „Laien" in den Fokus gerückt. Aktuell hat sich leider kein besseres Wort herauskristallisiert, das für die Nichtordensleute steht. Von daher gebrauche ich hier den unschönen Begriff „Laien". Im Umfeld einiger Mitgliedsgemeinschaften haben sich sogenannte „Weggemeinschaften" gebildet, die als „Assoziierte" (= Angegliederte) am spirituellen und praktischen Leben der Ordensgemeinschaft stärker Anteil nehmen möchten. Die „Weggemeinschaft" der Mauritzer Franziskanerinnen ist einer von etwa 15 Kreisen, die in ähnlichen Modellen diese neue Form des Miteinanders erproben. Es sind dies: „Ge(h)meinsam" der Franziskanerinnen Olpe, „Weggemeinschaft" der Franziskanerinnen Aachen, „Tau-Apostolat" der Franziskanerinnen Krefeld, „Taugemeinschaft" der Franziskanerinnen Maria Stern Augsburg, „Comitgliedschaft" der Franziskanerinnen Erlenbad, „Assoziierte Mitglieder" der Franziskanerinnen Waldbreitbach, „Koinonia" der Franziskanerinnen Salzkotten, „Franziskanischer Kreis Akzente" der Franziskanerinnen Reute, „Weggemeinschaft" der Franziskanerinnen von Münster-St. Mauritz und der Franziskanerinnen Vierzehnheiligen, „Antonia-Werr-Kreis" der Franziskanerinnen Oberzell, „Weggemeinschaft" der Franziskanerinnen Heiligenbronn, „Gemeinschaft Lebensbaum" der Franziskanerinnen Hegne. Einige Gemeinschaften wie „San Damiano" der Franziskanerbrüder Hausen und „Franziskanischer Aufbruch" der Franziskanerinnen Au am Inn sind noch im Aufbau.

Bei bisher fünf Treffen für diese Zusammenschlüsse im Rahmen der IN-FAG wurden das Kennenlernen und Voneinanderwissen gefördert sowie die Chancen und Grenzen der verschiedenen Formen erörtert. Die Strukturierung, Leitungsverantwortung, Art der Treffen, Aufnahmeriten, äußeren Zeichen sowie die Art und Verbindlichkeit des Versprechens sind sehr unterschiedlich geregelt. Zunächst einmal sind die Weggemeinschaften in ihrer regionalen Verankerung stark auf die jeweilige Gemeinschaft (oft auf das Mutterhaus) und deren konkrete Spiritualität bezogen. Ist das Eigene ein wenig gefestigt, kann der Blick über den Tellerrand erfolgen und eine Vernetzung stattfinden. Mittlerweile ist die erste Weggemeinschaft (Koinonia Salzkotten) der INFAG beigetreten und bereichert als neue Strukturform die Franziskanische Familie. Ebenfalls neu aufgenommen wurde die franziskanisch-klarianische Gruppe „pace e bene", die aus Klerikern und Laien besteht. Während die Weggemeinschaften in der Regel eine Gesamtgruppe bilden, zeichnet sich die Bewegung „Vivere", die von Franziskanern angestoßen wurde, durch verschiedene Regionalgruppen aus.

Ausblick

Wer nach den Perspektiven fragt, wird nüchtern feststellen müssen, dass sich die Situation der Ordensgemeinschaften weiter verschärfen wird. Es geht realistischerweise nicht mehr um Umbrüche, sondern um radikale Abbrüche. Viele Gemeinschaften haben keine Mitglieder unter fünfzig Jahren mehr und müssen sich der Frage stellen, ob es noch verantwortlich ist, jüngere Kandidatinnen aufzunehmen. Wenn das Durchschnittsalter bei achtzig Jahren liegt, dann prägt dies das Lebensgefühl der Mitglieder. Die Themen und Fragen einer alternden, sterbenden Gemeinschaft sind andere als die einer jungen dynamisch wachsenden Gemeinschaft. Die franziskanische Landkarte dünnt sich stetig weiter aus, weil die Filialen nach und nach aufgegeben werden und die älteren Schwestern zurück in die Mutterhäuser und Pflegeheime ziehen. Einige franziskanische Ordensgemeinschaften werden von der Landkarte Deutschlands komplett verschwinden, andere sich in wesentlich kleineren Kommunitäten noch eine Weile halten können. Der größere Teil der Schwestern und Brüder wird sich allein schon aus Altersgründen in Pflegeeinrichtungen wiederfinden.

Wie geschildert, liegt das Spezifikum der franziskanischen Ordensgemeinschaften u.a. darin, dass sie eine große Familie bilden. Gerade die Geschwisterlichkeit im Zusammenspiel von Frauen und Männern stellt eine Bereicherung und Chance dar. In einer Familie mag es nicht immer harmonisch und konfliktfrei zugehen, aber sie gewährleistet ein Potential an Unterstützungsmöglichkeiten. Einige seien abschließend benannt.

Die Abbrüche in Kirche und Orden sind verbunden mit Trauerprozessen. Eine gemeinsame Aufgabe der Ordensgemeinschaften sehe ich darin, nicht nur die Erfahrungen der not-wendigen Umstrukturierungen zu teilen, sondern auch die Erfahrungen der ebenso not-wendigen spirituellen Prozesse. Die Frage, was Gott uns mit der Situation sagen will, beschäftigt viele Mitglieder. Die Tatsache, dass im Sinne von „Alles hat seine Zeit" (vgl. Koh 3,1 - 8) die Zeit der Orden beziehungsweise eine bestimmte Sozialform von christlichem Leben offensichtlich zu Ende geht, ist mehr als eine rationale Erkenntnis. Sie ist eine emotionale Herausforderung, die aus der Perspektive des Glaubens bewältigt werden will. Dies ist ein erstes Feld wichtiger gegenseitiger Hilfestellung.

Ein zweites Feld sehe ich in der Frage der Lebenskultur. Orden sind ja kein Selbstzweck, sondern mit dem Auftrag unterwegs, mit ihrem je spezifischen Charisma Reich Gottes zu gestalten. Wenn es um den Mut zum Aufbruch geht, um Grenzgänge und Wagnisse zum Experiment im Land der Zukunft, dann betrifft dies nur noch einen geringen Teil der Mitglieder der Ordensgemeinschaften. Das personelle Potential zu gemeinschaftsübergreifenden Projekten oder zum Zusammenleben unterschiedlicher Lebensformen zwischen Ordensmitgliedern und Nichtordensleuten ist gering. Es gibt immer weniger „seekers", immer weniger Suchende, die sich mit Enthusiasmus und Abenteuerlust auf den Weg machen, um neue Pfade zu bahnen und neue spirituelle Formen auszuprobieren. Die meisten Ordensmitglieder sind eher den „dwellers" zuzurechnen, den Sesshaften, die sich im Bestehenden eingerichtet haben. Auch sie bleiben von den Veränderungen nicht unberührt, antworten darauf aber eher mit den traditionellen Formen. Um lebendig zu bleiben, braucht jede Gemeinschaft zumindest einige „seekers". Sofern es diese in der Gemeinschaft selber nicht mehr gibt, stellt sich die Frage, ob es von außen Möglichkeiten gibt, z.B. durch Laien für diesen Aspekt offen zu sein. Die Herausforderungen, Lebens-Räume zu teilen, einander auf Augenhöhe zu begegnen und als Suchende an der Seite der Menschen zu sein, bleiben auch für alternde Gemeinschaften. Sie werden ihren Akzent mehr auf das „Sein" als auf das „Machen" legen, mehr auf eine noch mögliche Präsenz als auf große Projekte. Dies betrifft insbesondere die Gemeinschaften, die umfassend im sozialen Bereich (Krankenhäuser, Altenheime, Kindergärten, Jugendeinrichtungen usw.) tätig waren. Wenn sie diesen Auftrag nicht mehr wahrnehmen können, bedarf es einer neuen „Vision" für die Gemeinschaft, wie sie ihr geistliches Leben (contemplatio), ihr Engagement für andere Menschen (compassio) und ihr Gemeinschaftsleben (communio) gestalten wollen.

Ein drittes Feld betrifft die Vernetzung jüngerer Schwestern und Brüder. In der INFAG zeigt sich das Problem, jüngere Ordensleute in die Aktivitäten einzubinden. Oft sind sie durch ihre berufliche Tätigkeit und die Verantwortlichkeiten in den eigenen Gemeinschaften stark in Anspruch genommen, so dass wenig Zeit und Kraft verbleibt, sich darüber hinaus für die Franziskanische Familie zu engagieren. Durch verschiedene Veranstaltungen wie das Ordensjugendkapitel wird versucht, das gegenseitige Kennenlernen zu fördern und dadurch zu einem größeren Interesse und zu einer stärkeren Vernetzung beizutragen.

Ein viertes Feld ergibt sich in der konkreten gegenseitigen Unterstützung von Gemeinschaften. Wie bereits im Beitrag genannt, kann eine konkrete Hilfestellung in der gemeinsamen Ordensausbildung liegen oder in der Aufnahme von Mitgliedern einer anderen Gemeinschaft in die eigenen

Pflegeeinrichtungen. Eine ganz neue Herausforderung ergibt sich dann, wenn eine Gemeinschaft nicht mehr in der Lage ist, sich selbst zu leiten und zu verwalten. Hier besteht die Möglichkeit, dass eine Schwester einer anderen Gemeinschaft mit der Leitung beauftragt wird. Dies war beispielsweise bei den Barmherzigen Schwestern von der Heiligen Elisabeth in Essen der Fall, wo die Mauritzer Franziskanerin Schwester Diethilde Bövingloh 2014 das Amt der Generaloberin übernahm und ab 2017 zur Generaladministratorin bestellt wurde. Vorstellbar ist auch, dass Laien diese Funktion übernehmen. In den Niederlanden experimentieren erste Gemeinschaften mit diesem Modell. Ihre Erfahrungen können auch für Gemeinschaften in Deutschland fruchtbar werden.

Im Solidarwerk der Orden haben sich die Ordensgemeinschaften verpflichtet, sich im Bedarfsfall finanziell beizustehen. Im Sinne der Geschwisterlichkeit gilt dies für die Mitglieder der Franziskanischen Familie nicht nur für die finanziellen Belange. Die Solidarität sollte sich auf alle Bereiche erstrecken, die sich mit den Veränderungsprozessen und Herausforderungen unserer Zeit ergeben, sowohl materiell als auch spirituell. Die Umbau- und Rückbauprozesse kosten die Gemeinschaften viel Zeit und Kraft. Dabei darf der Blick für die nicht verloren gehen, die mit uns Ordensleuten mit franziskanisch-klarianischen Herzen unterwegs sind und bereit, dieses Charisma im Hier und Heute zu leben und in die Zukunft zu führen. In welchen (vielleicht ganz neuen) Formen der Zusammenarbeit und des Zusammenlebens dies geschehen kann, ist in weiteren Suchprozessen zu erkunden und mit Mut zum Experiment auszuprobieren. Franziskus hat den Seinen am Ende seines Lebens mit auf den Weg gegeben: „Ich habe das Meine getan. Was Euer ist, möge Euch Christus lehren!" Möge sein Geist uns zeigen, welche Schritte zu gehen und in allen Begrenzungen zu wagen sind.

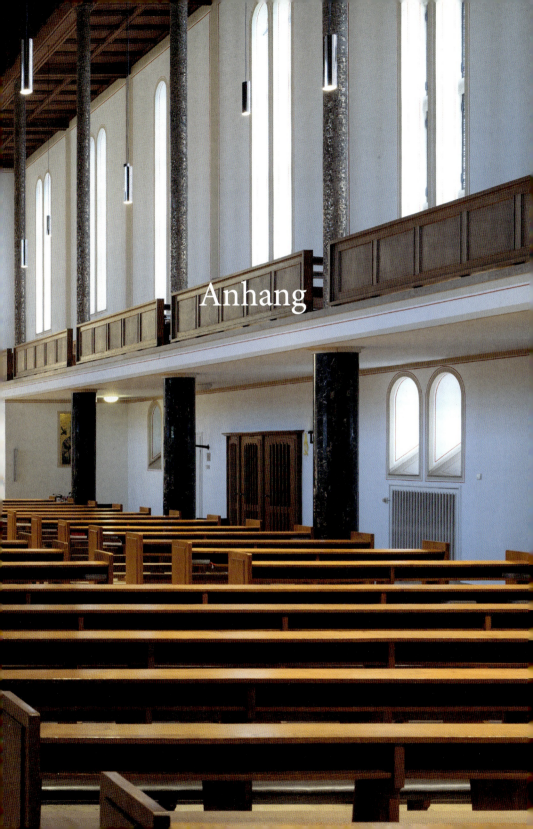
Anhang

Statistische Daten von 1994 – 2019

Entwicklung der Mitgliederzahlen

Stand. 1. Januar 2019

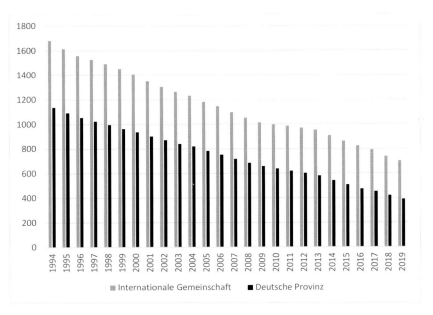

Die Zahl der Mitglieder hat sich im Berichtszeitraum kontinuierlich verringert:
international von 1683 auf 702 Schwestern
in der deutschen Provinz von 1138 auf 390 Schwestern.

Generaloberinnen und Provinzoberinnen in Deutschland

Generaloberinnen:

1976 – 1994   Schwester M. Angela Schrudde, Deutsche Provinz

1994 – 2006   Schwester Mary Ann Minor, Amerikanische Provinz

2006 – 2018   Schwester Sherrey Murphy, Amerikanische Provinz

2018 – heute   Schwester M. Margarete Ulager, Deutsche Provinz

Provinzoberinnen:

Rheinische Provinz Christ König:
bis 1998   Schwester M. Aloysi Stroinski

Westfälische Provinz Maria Königin:
bis 1998   Schwester M. Walfriede Schlautmann

Am 4. Januar 1998 wurden die beiden Provinzen zusammengelegt zu einer Deutschen Provinz.

1998 – 2005   Schwester M. Theresina Dehne

2005 – 2013   Schwester M. Birgitte Herrmann

2013 – heute   Schwester M. Herbertis Lubek

Generalkapitel und deutsche Provinzkapitel

Alle sechs Jahre finden die Generalkapitel statt.
Die Provinzkapitel haben einen vierjährigen Turnus.

Jahr:	Kapitel:	Kapitelsthema:
1994	Generalkapitel	„Einheit – die Gabe Gottes an uns und unsere Antwort als Krankenschwestern vom Regulierten Dritten Orden des hl. Franziskus"
1997	Provinzkapitel	„Der Herr selbst zieht vor dir her" (vgl. Dtn 9,3)
2000	Generalkapitel	„… Für das Leben der Welt" (Joh 6,51)
2001	Provinzkapitel	„… Darum wähle das Leben!" (Dtn 30,19)
2005	Provinzkapitel	„Heute, wenn ihr meine Stimme hört …" (vgl. Ps 95,7)
2006	Generalkapitel	„Bringe Christ heilende Gegenwart …" Mission Statement)
2009	Provinzkapitel	„Lenke unsere Schritte …" (vgl. Ps 23, 3)
2012	Generalkapitel	„Miteinander unsere Zukunft gestalten" (Vorbeitungsteam)
2013	Provinzkapitel	„Frieden und Gutes" (Segenswunsch des. hl. Franziskus)
2017	Provinzkapitel	„Er ging mit ihnen! – Der Weg erschließt sich im Gehen" (vgl. Lk 24, 13ff)
2018	Generalkapitel	„… Wo immer wir sind und was immer wir tun!" (GK Art. 67)

Niederlassungen und Dienste in Deutschland und in den Niederlanden

Gegründet:	Ort:	Niederlassung:	Tätigkeit:
1922	Ahaus-Wüllen	St. Josefs-Haus	Ambulante Pflege / Pastorale Dienste
1992	Berlin	Tauwerk	Aidshilfe / Hospizbetreuung
1879	Brake /Unterw.	St. Bernhard-Hospital	Krankenpflege / Pastorale Dienste
1860	Damme	Krankenhaus St. Elisabeth	Krankenpflege / Pastorale Dienste
2007	Dinslaken	Evgl. Krankenhaus	Krankenhausseelsorge
1852	Dorsten	Sr. Elisbeth-Krankenhaus	Krankenpflege
1899	Ennigerloh	St. Josefs-Haus	Pastorale Dienste
2007	Esterwegen	Kloster Esterwegen	Zweckfreie Präsenz für Besucher
1897	Gronau	St. Antonius-Hospital	Krankenhausseelsorge / Pastorale Dienste
1857	Haltern am See	Sr. Sixtus-Hospital	Ambulante Pflege / Krankenhausseelsorge
1898	Hamminkeln-Dingden	St. Josefs-Haus	Übergreifende Dienste
1862	Haselünne	St. Vinzenz-Hospital	Krankenpflege / Übergreifende Dienste / Pastorale Dienste
2003	Kiel	Haus Damiano	Pastorale Dienste / Geistliches Zentrum
2018	Köln	Universitätsklinik	Interne Revision
1992	Leeuwarden / Niederlande	Pfarrgemeinde	Pastorale Dienste
1855	Lingen / Ems	St. Bonifatius-Hospital	Krankenhausseelsorge / Pastorale Dienste

2007	Lingen-Biene	Schwesternhaus	Gemeindepastoral / Referentin im LWH
1856	Lohne	St. Franziskus-Hospital	Krankenhausseelsorge
1925	Lohne – Kroge	St. Anna-Stift	Ordenseigenes Altenpflegeheim
1865	Löningen	St. Anna-Klinik	Krankenhausseelsorge
1951	Lüdinghausen-Seppenrade	St. Josefs-Haus	Ordenseigenes Erholungshaus / Seniorenheim
1912	Marl-Hamm	Pfarrgemeinde St. Barbara	Pastorale Dienste
1962	Meerbusch-Lank	St. Elisabeth-Hospital	Krankenpflege
1853	Münster	Mutterhaus mit Generalat, Provinzialat und Noviziat	Gästebetreuung Ordensleitung Ordensausbildung
1982	Münster	St. Heriburg-Haus	Ordenseigenes Altenpflegeheim
1857	Münster	St. Franziskus-Hospital	Krankenpflege / Pastorale Dienste
1999	Münster	Johannes-Hospiz	Krankenpflege / Hauswirtschaftliche Dienste
1999	Münster	Kapuzinerkloster	Altenpflege / Hauswirtschaftliche Dienste
2011	Münster	Konvent ‚Franziskanerinnen an Überwasser'	Interfranziskanisches Gemeinschaftsleben / Citypastoral
2007	Münster	Pfarrgemeinde Heilig Kreuz Evangelisches Krankenhaus	Gemeinde- und Krankenhausseelsorge

Fortsetzung: Niederlassungen und Dienste in Deutschland und in den Niederlanden

1856	Nettetal-Hinsbeck	Marienheim	Altenpflege
1916	Nordwalde	St. Franziskus-Haus	Ordenseigenes Altenpflegeheim
1885	Oberhausen-Osterfeld	St. Marien-Hospital	Altenpflege / Pastorale Dienste
1995	Oldenburg	Pius-Hospital	Krankenhausseelsorge
2007	Recklinghausen	Probsteigemeinde St. Peter	Gemeinde- und Altenheimseelsorge
1889	Sendenhorst	St. Josefs-Stift	Pastorale Dienste
1865	Stadtlohn	Krankenhaus Maria Hilf	Übergreifende Dienste
1897	Südlohn	Henricus-Stift	Altenpflege / Pastorale Dienste
1844	Telgte	Maria- Hilf-St.Rochus	Ordenseigenes Altenheim Übergreifende Dienste im Hospital / Pastorale Dienste
1990	Telgte	Krankenhaus Maria Frieden	Seelsorge / Übergreifende Dienste
1990	Telgte	Schwesternhaus St. Klara	Pastorale Dienste / Pilgerseelsorge
1854	Vreden	St. Marien-Hospital	Krankenhausseelsorge / Bibliotheksdienst
2014	Weeze	Pfarrgemeinde St. Cyriakus	Pastorale Dienste / Küsterdienste
2006	Werne	Schwesternhaus	Pastorale Dienste / Küsterdienste

Konvente, die zwischen 1994 und 2019 geschlossen wurden

Zeit:	Ort:	Niederlassung:	Tätigkeit:
1858 – 2016	Ahaus	St. Marien-Krankenhaus	Krankenpflege
2007 - 2013	Ahaus	Haus Abraham	Obdachlosenbetreuung
1898 – 2005	Alpen	St. Marien-Stift	Altenpflege
1914 – 2003	Altenberge	St. Johannes-Hospital	Krankenpflege
1860 – 2000	Ankum	St. Marien-Hospital	Krankenpflege
2006 – 2009	Bardowick	Marianus-Zentrum	Hospizdienst
1866 – 2009	Billerbeck	St. Ludgerus-Stift	Altenpflege
1974 – 2005	Bochum	Priesterseminar	Hauswirtschaftliche Dienste
1909 – 2006	Bottrop-Kirchhellen	St. Antonius-Hospital	Krankenpflege
1860 – 2013	Bremen	St. Joseph-Stift	Krankenpflege
2011 – 2015	Bremen-Oslebshausen	Privatwohnung	Soziale Dienste
2006 – 2016	Bremerhaven	St. Joseph-Hospital	Pastorale Dienste
1863 – 1999	Cloppenburg	St. Josefs-Hospital	Krankenpflege
1873 – 2015	Datteln	St. Vincenz-Hospital	Krankenpflege / Hospizdienst
2000 – 2010	Dortmund	Franziskanerkloster	Altenpflege
1977 – 1998	Dortmund-Berghofen	Schwesternhaus	Ambulante Pflege

Fortsetzung: Konvente, die zwischen 1994 und 2019 geschlossen wurden

1984 – 2007	Duisburg	Privatwohnung	Hilfe für polnische Aussiedler
1963 – 2011	Emsbüren	St. Elisabeth-Heim	Pastorale Dienste / Pfortendienst
1991 – 2009	Essen-Frillendorf	Konvent St. Raphael	Therapie suchtkranker Ordensfrauen – gemeinsames Wohnen / Pastorale Dienste
2013 - 2018	Essen-Schönebeck	Barmherzige Schwestern von der hl. Elisabeth	Generaloberin / Generaladministratorin
2014 - 2018	Frankfurt	Agaplesion - Markuskrankenhaus	Interne Revision / Palliativpflege
1867 – 1995	Friesoythe	St. Marien-Stift	Krankenpflege
1931 - 2018	Garrel	St. Canisius-Haus	Ambulante Pflege / Kindergarten
2001 – 2002	Genf / Schweiz	Vereinte Nationen (UN)	Vertretung für Franciscans International
1894 – 2001	Gladbeck	St. Barbara-Hospital	Krankenpflege
1972- 2004	Grefrath	Elisabeth-Haus	Ambulante Pflege
1884 – 2014	Greven	Maria-Josef-Hospital	Krankenpflege
1885 – 2013	Gronau-Epe	St. Agatha-Domizil	Altenpflege
1996 – 2006	Halberstadt	Franziskanerkloster	Dienst in der Wärmestube
1991 - 2009	Hamm-Heessen	St. Barbara-Klinik	Pflegedienst / Verwaltung
1899 – 2016	Havixbeck-Tilbeck	Stift Tilbeck	Psychiatrische Pflege

Fortsetzung: Konvente, die zwischen 1994 und 2019 geschlossen wurden

1890 - 2010	Hörstel-Riesenbeck	St. Elisabeth-Haus	Altenpflege
1891 – 2004	Horstmar	St. Gertrudis-Haus	Krankenpflege / Altenpflege
1866 – 2007	Hückeswagen	St. Marien-Hospital	Krankenpflege / Ambulante Pflege
1946 – 2017	Ibbenbüren-Püsselbüren	Haus St. Hedwig	Altenpflege
1875 – 2012	Issum-Sevelen	St. Antonius-Haus	Altenpflege
1988 – 1997	Kamp-Lintfort	Provinzialat Christ König	Provinzleitung
1967 – 2016	Kamp-Lintfort	St. Bernhard-Hospital	Krankenpflege
1975 – 2007	Kamp-Lintfort	Konvent Alverna	Ordenseigenes Altenheim
1997 – 2005	Kamp-Lintfort	St. Paulus-Gemeinde	Pastorale Dienste
1998 – 2003	Kiel	Konvent St. Georg	Pastorale Dienste
1998 - 2005	Kiel	Haus Michael	Pflegeleitung Uniklinik Kiel
1998 - 2006	Krefeld	St. Stephanus-Gemeinde	Gemeindearbeit
1865 - 2019	Leer / Ostfr.	St. Borromäus-Hospital	Krankenpflege / Pastorale Dienste
1931 - 2018	Lindern	St. Josefs-Haus	Ambulante Pflege / Kindergarten
1989 – 1999	Lingen-Holthausen	Ludwig-Windhorst-Haus	Referententätigkeit
1856 - 2010	Lüdinghausen	St. Marien-Hospital	Krankenpflege

Fortsetzung: Konvente, die zwischen 1994 und 2019 geschlossen wurden

1865 – 2014	Lünen	St. Marien-Hospital	Krankenpflege
1994 - 2005	Marl-Hüls	Pfarrgemeinde St. Konrad	Pastorale Dienste
1885 – 2017	Mettingen	St. Elisabeth-Hospital	Krankenpflege
1893 – 2009	Moers	St. Josephs-Krankenhaus	Krankenpflege
1856 - 2018	Möhnesee-Körbecke	St. Elisabeth-Haus	Altenpflege
1919 - 2001	Molbergen	St. Johannes-Stift	Ambulante Pflege
2004 – 2012	Münster	St. Franziskus-Stiftung	Vorstand / Interne Revision
1972 – 2005	Münster	Priesterseminar	Hauswirtschaftliche Dienste
1990 – 2008	Münster	Haus Jakoba	Gastfreundschaft
2003 – 2008	Münster, Warendorfer Straße	Haus der Begegnung	Gastfreundschaft / Mitleben auf Zeit
1994 - 2017	Münster	Bischof-Hermann-Stiftung	Wohnungslosenbetreuung
1945 – 2000	Neuenkirchen / Kr. Steinfurt	Kloster St. Arnold	Hauswirtschaftliche Dienste
1905 – 2010	Neuenkirchen / Oldbg.	St. Marien-Stift	Betreuung Suchtkranker
1982 - 1999	Neuenkirchen-Vörden	St. Josefs-Stift	Ambulante Pflege
1855 – 1990	Nottuln	St. Gerburgis-Hospital	Krankenpflege
1897 – 1999	Recke	St. Benedictus-Hospital	Krankenpflege

Fortsetzung: Konvente, die zwischen 1994 und 2019 geschlossen wurden

1903 – 2007	Recklinghausen	St. Elisabeth-Krankenhaus	Krankenpflege / Hospizpflege / Seelsorge
1998 - 2013	Rheinberg-Orsoy	Pfarrgemeinde St. Nikolaus	Pastorale Dienste
1997 - 2007	Sassenberg	Pfarrgemeinde St. Johannes	Pastorale Dienste
1871 – 2012	Schermbeck	St. Marienheim	Altenpflege
1947 – 2001	Senden-Bösensell	Schwesternhaus	Ambulante Pflege
1923 - 1999	Steinbild-Kluse	St. Franziskus-Haus	Ambulante Pflege / Kindergarten
1863 – 2002	Steinfurt Borghorst	St. Marien-Hospital	Krankenpflege
1874 – 2001	Straelen	St. Marien-Hospital	Altenpflege / Pastorale Dienste
1844 -2015	Telgte	St. Rochus-Hospital	Psychiatrische Pflege
1988 – 1997	Telgte	Provinzialat Maria Königin	Provinzleitung
1978 – 2013	Telgte	Christoph-Bernsmeyer-Haus	Gästebetreuung
1912 – 2016	Wadersloh-Liesborn	St. Josef-Haus	Heilpädagogische Leitung / Pastorale Dienste
2011 – 2014	Warendorf	Pfarrhaus St. Marien	Pastorale Dienste
2009 – 2015	Warendorf-Milte	Kloster Vinnenberg	Gästebetreuung / Pastorale Dienste
1900 -2014	Wilhelmshaven	St. Willehad-Hospital	Krankenpflege

Besondere Ereignisse

1994 Feier des 150-jährigen Ordensjubiläums.
1994 Das Generalkapitel empfiehlt der Gerералleitung, die beiden deutschen Provinzen zu verselbständigen und das Generalat vom deutschen Mutterhaus zu trennen.
1997 Die deutschen und niederländischen Konvente werden zu einer Deutschen Provinz zusammengefasst.
1997 Einführung des Leitbildes für die Hospitalgesellschaften der Mauritzer Franziskanerinnen auf der Grundlage des Selbstverständnisses der Franziskanerinnen.
1997 Gründung der St. Franziskus-Stiftung Münster.
1998 Die Schwestern der Generalleitung gründen einen eigenen Konvent und ziehen aus dem Mutterhaus in das Haus Maikottenweg 175 in Münster.
1998 Initiierung von „Projekt 2000-X", das sich mit der Gebäudesituation auf dem Mutterhausgelände befasst und zukunftsfähige Planungen erarbeiten soll, die den Bedürfnissen der kleiner werdenden Gemeinschaft Rechnung tragen.
2000 Internationales Mission Statement – Unser internationales Selbstverständnis und Sendungsauftrag werden durch das Generalkapitel in Kraft gesetzt.
2000 Einweihung des neuen Mutterhausgebäudes mit der Mutterhauspforte, dem Gästebereich, dem Refektorium und sechs Wohngruppen für die Schwestern.
Der Konvent des Mutterhauses und der des St. Franziskus-Hospitals werden zusammengelegt.
2001 Gründung der Weggemeinschaft. 2002 werden die ersten sechs Mitglieder aufgenommen.
2003 Prälat Wilhelm Geelink, der geistliche Direktor und Spiritual der Ordensgemeinschaft (1969 - 2004) feiert sein Goldenes Priesterjubiläum. Er stirbt am 29. Januar 2004.
2004 Der Karmelit Pater Prof. Dr. Dr. Michael Plattig O.Carm. wird Spiritual der Ordensgemeinschaft.

2004 Übergabe der Krankenhäuser der Mauritzer Franziskanerinnen in die St. Franziskus-Stiftung.
2007 Einweihung des neuen Altenheimes St. Heriburghaus in Münster.
2008 2. Juni ist der 150. Sterbetag von Pater Christoph Bernsmeyer. Aus diesem Anlass widmet das Heimatmuseum in Telgte der Geschichte des Ordens eine Sonderausstellung.
2010 Schwestern des Konventes Maria-Hilf und des St. Rochus-Konventes in Telgte beziehen das neue Klostergebäude mit angeschlossenem Wohnheim. Es soll auch eine dauerhafte Erinnerungsstätte an die Ordensgründung sein.
2011 Einer ausländischen Familie wird im St. Josefs-Haus in Seppenrade Klosterasyl gewährt.
2011 Gründung der St. Anna-Stift Lohne-Kroge GmbH, gemeinsam mit den Pflegedienst Zerhusen & Blömer.
2012 Übernahme des Hauses St. Anna-Stift, Lohne-Kroge, durch den Pflegedienst Zerhusen & Blömer als öffentliche Senioreneinrichtung, in das jetzt auch Nicht-Ordensmitglieder aufgenommen werden.
2012 Schwester Diethilde Bövingloh scheidet zum Ende des Jahres als letzte Ordensschwester aus dem Vorstand der St. Franziskus-Stiftung aus.
2012 Die koreanische Schwester Ute Lee geht zurück in ihre Heimat, um dort die neuen jungen koreanischen Schwestern zu unterstützen.
2013 Das „Projekt 2000-X" wird überführt in die Planung: „Neues wächst…". Es entsteht u.a. ein neues Ordensgebäude auf dem Mutterhausgelände, das später einmal das Mutterhaus werden kann.
2014 Mit dem Ende der Amtszeit von Schwester Birgitte Hermann als Provinzoberin und Vorsitzende des Kuratoriums der St. Franziskus-Stiftung wird der Vorsitz an das Nicht-Ordensmitglied Prof. Dr. jur. Michael Wolffgang übergeben. Dem Kuratorium gehört weiterhin eine Franziskanerin als stellvertretende Vorsitzende an.

2014 Schwester Diethilde Bövingloh wird vom Bischof von Essen für drei Jahre als externe Generaloberin der Barmherzigen Schwestern von der hl. Elisabeth zu Essen eingesetzt. Danach übernimmt sie das Amt der Generaladministratorin.

2015 Aufnahme von minderjährigen unbegleiteten Flüchtlingen im St. Josefs-Haus in Lüdinghausen-Seppenrade. Sie werden vom DRK Coesfeld betreut.

2017 Maria Goldmann wird die erste freie Koordinatorin für den Konvent Maria-Hilf-St. Rochus in Telgte.

2017 Abgabe der ersten Gebäudeteile des Mutterhauses an das St. Franziskus-Hospital und an die St. Franziskus-Stiftung.

2018 101. Katholikentag in Münster, der auch auf dem Mutterhaus- und dem Hospitalgelände gefeiert wird. Sein Thema lautet: „Suche Frieden".

2018 Zum ersten Mal findet das Generalkapitel außerhalb Münsters im amerikanischen Mutterhaus in Springfield / Illinois statt.

2018 Das Mutterhaus in Münster bekommt eine neue Adresse: Franziskusweg 2.

2019 Feier des 175jährigen Ordensjubiläums der Internationalen Kongregation.

Wir sind Mitglieder einer internationalen, multikulturellen Kongregation von Franziskanerinnen.
Internationales Mission Statement

Glossar

Akedia Trägheit, Lustlosigkeit oder Überdruss, die im Mönchstum als Versuchungen angesehen werden, die dazu führen können, sich in eine illusionäre Welt hineinzuversetzen.
Albigenser Wander- und Volksprediger im Mittelalter.
Apokalypse Geheime Offenbarung – letztes Buch der Hl. Schrift.
Apostolat Aufgabe, die im Auftrag der Kirche übernommen wird.
Approbationsdekret Anerkennungsurkunde.
Aussätzigenhospiz Einrichtung, die im Mittelalter und bis in die Neuzeit vor den Toren der Stadt eingerichtet wurde für Menschen, die an Leprose (Aussatz) erkrankt waren, um sie zu isolieren und so die Ausbreitung dieser Infektionskrankheit zu verhindern. Sie wurden auch Leprosenhaus genannt.
Bettelorden Auch Mendikanten-Orden genannt: christliche Ordensgemeinschaften, die sich dem evangelischen Rat der Armut in besonderem Maß verpflichtet fühlen. Sie leben von Almosen.
Buch Numeri Das vierte Buch Mose im Alten Testament der Bibel.
Bullierte Regel Die zweite Ordensregel des hl. Franziskus, die vom Papst anerkannt wurde.
Carceri Beliebter Rückzugsort von Franziskus in den Wäldern oberhalb der Stadt Assisi.
Canon Juris Canonici Der Codex des kanonischen (kirchlichen) Rechtes; ist die Grundlage der Kirchengesetze für die lateinische Kirche. Aktuelle Fassung vom 25.01.1983.
Charisma / Charismatiker Etwas, das dem Menschen von Gott geschenkt wurde, eine geistliche Fähigkeit oder eine besondere Gabe.
Cingulum Die Kordel, mit der das liturgische Untergewand (Albe) beim kath. Gottesdienst zusammengehalten wird. Franziskus trug eine Kordel um seine Kutte, ein einfaches Kleid. Diese Tradition hat sich in der Franziskanischen Familie fortgesetzt. Bis zur Änderung der Ordenstracht 1988 trugen die Mauritzer Franziskanerinnen ebenfalls eine Kordel.

Diakon / Diakonat Weiheamt in der kath. Kirche mit Beauftragung für die Seelsorge und die sozialen Dienste der Kirche.

Dreigefährtenlegende Erzählungen und Legenden, die drei der ersten Gefährten von Franziskus aufgeschrieben haben.

dweller Engl. Begriff für Menschen, Bewohner, die sich im Bestehenden eingerichtet haben. Sie sind wenig offen für Neues.

Einsiedelei Kleine Orte (Zellen), in der Menschen vorübergehend oder für immer allein leben, um hier Gott näher zu kommen.

Eremitage s. Einsiedelei.

Evangelische Räte Im Evangelium verankerte Ratschläge, das Leben nach dem Beispiel Jesu und nach seinem Geist auszurichten. Die Ordensleute verpflichten sich auf die drei Räte der Keuschheit oder der Ehelosigkeit um des Himmelreiches willen, der Armut und des Gehorsams.

Ewige Profess s. Profess

Exerzitien Geistliche Übungen, die abseits des alltäglichen Lebens zu einer intensiven Besinnung und Begegnung mit Gott führen sollen.

Filiationsurkunde Alter Begriff für Geburtsurkunde.

Fonte Colombo Einsiedelei bei Assisi. Hier schrieb Franziskus seine Erste Ordensregel.

forma minorum Lebensprinzip des hl. Franziskus und der Franziskaner: das Mindersein. Sie nennen sich Minderbrüder.

Formation Begriff, der im Generalkapitel 2000 von den Mauritzer Franziskanerinnen für die umfassende und lebenslange Aus-, Fort- und Weiterbildung eingeführt wurde (GK 2000, Kap. 5).

franciscans international (FI) - A voice at the United Nations   Eine franziskanische Stimme bei den Vereinten Nationen. Seit 1989 ist FI als Nicht-Regierungsorganisation bei den Vereinten Nationen akkreditiert und zudem informelle Beraterin im UN-Sicherheitsrat.

Franziskanische Spiritualität Leben aus dem Geist und nach dem Beispiel des hl. Franziskus.

Franziskanisch-klarianische Bewegung Bewegung von Menschen, die ihr Leben aus dem Geist des hl. Franziskus und der hl. Klara gestalten wollen.

fraternitas Lat. Name für die Brüdergemeinschaft der Franziskaner und anderer geistlicher Gemeinschaften.

Fresco / Fresko Wandmalerei, bei der die Farbe direkt auf die Wand gemalt wird. Die Fresken in der Basilika San Francesco in Assisi erzählen Begebenheiten aus dem Leben von Franziskus.

Fundamentalistische Identität Eine übersteigerte Form religiösen Selbstverständnisses, die sich ausdrücklich auf die Bibel als Fundament und wörtlich inspiriertes Wort Gottes beruft.

Gaudium et spes Pastorale Konstitution des II. Vatikanums über die Kirche in der Welt von heute.

Gelübde Das öffentliche Versprechen, nach den evangelischen Räten zu leben und sich unter eine Ordensregel zu stellen.

Generaladministratorin Leiterin einer Ordensgemeinschaft im Sinne des Kirchen- und des Eigenrechts, ohne selbst deren Mitglied zu sein.

Generalkonstitutionen Verbindliche Weisungen, die für die gesamte Gemeinschaft Gültigkeit besitzen. Sie werden erarbeitet und beschlossen auf den Generalkapiteln.

Generalvikar Ständiger Vertreter des Bischofs einer Diözese für den Bereich der Verwaltung (CIC 1983, Cann. 475ff).

Generalvikariat Zentrale Verwaltungsbehörde einer Diözese.

Generalvikarin Stellvertreterin der Generaloberin.

Genossenschaft der Krankenschwestern nach der III. Regel des hl. Franziskus Name des zivilen Rechtsträgers der Deutschen Ordensprovinz.

Greccio Italienische Gemeinde in der Provinz Rieti. Hier hat Franziskus in der Mariengrotte mit einem Krippenspiel die Menschwerdung Jesu „verlebendigt" und so die bis heute beliebte Weihnachtskrippe ins Leben gerufen.

Habit Ursprüngliche Kleidung der Franziskaner, die in angepasster Form auch von den Franziskanerinnen getragen wurde. Nach dem II. Vatikanum wurde der Habit oft gegen ein einfaches Kleid eingetauscht. Immer soll diese Kleidung ein Zeichen der Armut und Anspruchslosigkeit sein.

Hermeneutik Lehre von der Auslegung und Erklärung eines Textes oder eines Kunst- oder Musikwerks mit dem Ziel, Sinnzusammenhänge in Lebensäußerungen aller Art aus sich selbst heraus zu verstehen.

Kutte s. Habit.

Honorius III. Honorius der Dritte, Papst von 1216 – 1220. Er bestätigte die franziskanische Ordensregel.

Ijob Buch des Alten Testaments, das die Geschichte des Ijob erzählt.

Innozenz III. Innozenz der Dritte, Papst von 1198 – 1216. Er sah in einem Traum, dass Franziskus die Kirche stützte, und bestätigte daraufhin mündlich die Regel des hl. Franziskus.

Interfranziskanische Arbeitsgemeinschaft Zusammenschluss fast aller Ordensgemeinschaften der franziskanisch-klarianischen Familie im deutschen Sprachraum (INFAG).

Interfranziskanische Kommunität Mitglieder unterschiedlicher franziskanischer Gemeinschaften leben miteinander in einem Konvent.

Laterankonzil, IV. Das Vierte Laterankonzil (1213 – 1215) durch Papst Innozenz III. einberufen und im Lateran abgehalten, dem römischen Sitz des Papstes im Mittelalter.

Juniorat Zeit zwischen der ersten und der ewigen Profess, in der das neue Ordensmitglied weiter in die Gemeinschaft und in die Spiritualität hineinwächst. Die religiöse Weiterbildung und die berufliche Ausbildung oder der berufliche Einsatz sind integrierte Bestandteile (GK 2000, Art. 88 ff).

Kandidatur Die Zeit, in der sich eine Frau intensiv mit dem Leben in einer Ordensgemeinschaft auseinandersetzt und einen festen Kontakt zur Gemeinschaft pflegt.

Kanonisches Jahr Kirchenrechtlich vorgeschriebenes Jahr der Einführung in das Ordensleben, bevor die Gelübde abgelegt werden können.

Kapitel Die Versammlung der Ordensmitglieder, bei der wichtige Themen besprochen und zukunftsweisende Entscheidungen getroffen werden. Seit Beginn des Franziskanerordens werden sie gepflegt, „um das zu behandeln, was sich auf Gott bezieht" (Franziskus) und

„was zum Nutzen und Frommen des Klosters ist, soll von allen Schwestern beraten werden" (Klara). Die Kapitel bieten den Raum dafür, die gemeinsame Verantwortung aller wahrzunehmen (GK 2000, Art. 102 ff). Sie sind im Kirchen- und Ordensrecht verankert und werden auf allen Organisationsebenen durchgeführt: General-, Provinz-, Regional- und Konventskapitel.

Katharer Griechisch: „Die Reinen", Wander- und Volksprediger im Mittelalter. Sie nannten sich auch „Arme Christi".

Klara-Regel Ordensregel der hl. Klara und der Klarissen.

Kongregation Ordensgemeinschaften, die meistens im 19. Jahrhundert entstanden sind. Sie widmen sich primär sozial-karitativen Aufgaben. Erst seit der Reform des Kirchenrechts von 1917 fanden die Kongregationen volle kirchliche Anerkennung wie die alten Orden. Seit dem Zweiten Vatikanischen Konzil und der Kirchenrechtsreform von 1983 lautet der gemeinsame Oberbegriff für Orden und Kongregationen ‚instituta religiosa', Institute des geweihten Lebens.

Konvent Eine Gruppe von Schwestern, die in einer bestimmten Niederlassung und unter der Leitung einer Konventsoberin lebt oder dieser zugeordnet ist (GK 2006, Art. 224).

Kommunität s. Konvent.

La Verna Italienischer Name für den Berg Alverna = heiliger Berg, auf dem sich die Kapelle Santa Maria degli Angeli Portiuncula befindet, der Franziskus sehr verbunden war.

Le Celle Eine franziskanische Einsiedelei nahe der Stadt Cortona in der italienischen Provinz Arezzo.

Leprosenhaus s. Aussätzigenhospiz

Lumen gentium Dogmatische Konstitution des II. Vatikanums über die Kirche: „Christus ist das Licht der Völker".

Madeleine Delbrêl Französische Schriftstellerin und katholische Mystikerin (1904 - 1964).

Malaria Infektionskrankheit, an der auch Franziskus litt.

Mediokrität Durchschnitt, Mittelmaß.

Minister Der Obere in der franziskanischen Tradition, der der Diener aller sein soll.

Mission Statement Selbstverständnis und Sendungsauftrag der Kongregation der Mauritzer Franziskanerinnen - beschlossen im GK 2000.

Monte Casale Einsiedelei, die 1213 vom hl. Franziskus selbst gegründet wurde.

Monte di Pietà „Berg der Barmherzigkeit" in Italien, nach dem im späten Mittelalter und der frühen Neuzeit Pfandleihgeschäfte bezeichnet wurden, die Armen Kleinkredite gegen Pfand und geringe Zinsen gewährten.

Mystik Christliche Mystik: Gotteserfahrung im Alltag.

Mystiker Jemand, der Gott erfahren hat und diese Erfahrung in sein Leben integriert.

Nicht bullierte Regel Erste Ordensregel des hl. Franziskus, die vom Papst nicht anerkannt wurde.

Noviziat Zeit für die intensive Einübung in das Ordensleben. Die Novizin lernt die grundlegende Einheit von geistlichem, gemeinschaftlichem und apostolischem Leben kennen. Es wird das Leben der evangelischen Räte eingeübt. Das Noviziat dauert zwei Jahre (GK 2000, Art. 83ff).

Novizin s. Noviziat.

Oberin Leiterin der Ordensgemeinschaft: General-, Provinz-, Regional- und Konventsoberin (GK 2000, Art. 225ff).

Ordenskommunität Ordensgemeinschaft vor Ort, s. Konvent.

Ordensregel Die Zusammenfassung der Ziele, Verhaltensweisen und Vorschriften, die im Hinblick auf die Lebensweise einer Ordensgemeinschaft schriftlich formuliert werden.

pace e bene „Frieden und Heil", „Frieden und Gutes" – Ital. Gruß des hl. Franziskus, der in den franziskanischen Gemeinschaften geläufig ist. Mit ihm werden oft die Briefe unterzeichnet, die an andere Franziskaner/innen geschickt werden.

Partizipativer Führungsstil Die Führungskraft lässt alle Mitglieder verantwortlich an den Entscheidungen mitwirken.

Pastoraler Dienst Seelsorglicher Dienst in der kath. Kirche.

Pastoralreferent/in Es ist die Bezeichnung für einen Beruf in der katholischen Kirche. Pastoralreferenten/-innen verfügen üblicherweise über ein/en Diplom/Magister in katholischer Theologie und eine kirchliche, meist innerdiözesane Ausbildung.

Portiuncula Kapelle Volkstümlicher Name der Kapelle Santa Maria degli Angeli Portiuncula unterhalb der Stadt Assisi. Franziskus hat sie wieder aufgebaut. Sie wurde zur Heimat der Franziskaner. Von hier aus sandte Franziskus die Brüder zum Missionieren in die Welt.

Postulat Erste Einführungszeit in das Ordensleben, in der die Postulantin am Gemeinschaftsleben teilnimmt. Die Zeit dient als Orientierungsphase und dauert zwischen sechs Monaten bis zu zwei Jahren (GK 2000, Art. 81ff).

Präambel Bezeichnet eine meist feierliche, in gehobener Sprache abgefasste Erklärung am Anfang einer Urkunde, insbesondere einer Verfassung. Die Generalkonstitutionen und die Provinzstatuten beginnen mit einer Präambel, die in die nachfolgenden Kapitel einführen.

prekär Situation, aus der man ohne Hilfe kaum herauskommen kann.

Profess Das öffentliche Versprechen einer Novizin vor der Kirche und vor der General- oder Provinzoberin, in der Ordensgemeinschaft nach den Ordensregeln und Vorschriften zu leben und sich aktiv in die Gemeinschaft einzubringen. Dadurch bindet sich die Schwester an die Gemeinschaft und die Gemeinschaft trägt Sorge für sie. Zuerst wird die Profess für eine bestimmte Zeit (zeitliche Profess) von ein bis zwei Jahren abgelegt. Nach mindestens fünf Jahren erfolgt die endgültige Bindung an die Gemeinschaft in der Ewigen Profess.

Promotor Jemand der Neues anstoßen möchte.

Provinz Regionale Untergliederung der Gesamtgemeinschaft, die über eine eigene Leitung und finanzielle Autonomie verfügt. Eine Provinz stellt die Grundeinheit der Kongregation dar. Die Mauritzer Franziskanerinnen sind gegliedert in die deutsche, polnische, amerikanische, japanische und indische Provinz (GK 2000, Art. 171ff).

Provinzstatuten Verbindliche Weisungen, die auf der Grundlage der Generalkonstitutionen für jede Provinz erarbeitet werden. Sie berücksichtigen die lokalen Bedingungen.

Ratsschwester Gehört zur jeweiligen Ordensleitung als General-, Provinz,- Regional- und Konventsratsschwester, auch Rätin genannt. Sie unterstützt die Oberin mit Rat und Anregungen und nimmt im Auftrag der Oberin bestimmte Aufgaben wahr. Bei besonderen Amtshandlungen ist die Zustimmung des Rates erforderlich (GK 200, Art. 157ff).

Rätin s. Ratsschwester.

Refektorium Speisesaal einer Ordensgemeinschaft.

Regionaltreffen Regelmäßige Zusammenkünfte aller Schwestern in den einzelnen Regionen der deutschen Provinz.

Regulierter Dritter Orden des hl. Franziskus Gemeinschaften, die nach der klösterlichen Dritten Regel des hl. Franziskus leben. Sie leben in brüderlicher und schwesterlicher Gemeinschaft und widmen sich der apostolischen Tätigkeit in verschiedenen Formen. Weltweit gibt es 28 Brüder- und 387 Schwesternorden. Im deutschsprachigen Raum sind es vier Brüder- und 46 Schwesterngemeinschaften.

Religionspädagogik Sie behandelt die Fragen der religiösen Erziehung.

Schlussdokument Veröffentlichung der Beschlüsse und Empfehlungen der General- und Provinzkapitel. Seit 1988 wird zusätzlich ein im Kapitel erarbeiteter spiritueller Text vorangestellt, der sich in den meisten Fällen aus dem Kapitelsthema ergibt. Die Beschlüsse sind bis zum nächsten Kapitel bindend und werden danach auf ihre Bedeutung und Aktualität überprüft. Das hat den Vorteil, dass die Konstitutionen nicht bei jedem Kapitel geändert werden müssen.

seeker Engl. für Sucher, Menschen, die nach Neuem Ausschau halten.

Sharing Economy Das systematische Ausleihen von Gegenständen und gegenseitiges Bereitstellen von Räumen und Flächen. Im Mittelpunkt steht der Gemeinschaftskonsum.

Solidarwerk der Orden Es wurde 1991 von der Deutschen Ordensobernkonferenz (DOK) gegründet mit der Verpflichtung, sich im Bedarfsfall finanziell beizustehen.

SOLWODI „Solidarity with Women in distress" – internationale Menschenrechtsorganisation zur Beratung und Betreuung der Opfer von Menschenhandel, Zwangsprostitution und Beziehungsgewalt.

Sozialgesetzbuch XI Gesetzliche Regelung der Sozialen Pflegeversicherung.

Spiritual Geistlicher Begleiter.

Stigmatisation Das Auftreten der Wundmale Christi am Körper eines lebenden Menschen. Franziskus empfing die Wundmale am 17. September 1224 auf dem Berg La Verna. Damit wurde die von Franziskus angestrebte Gleichförmigkeit mit Jesus auch nach außen sichtbar.

Stigmatisierung s. Stigmatisation.

Tau Es ist der kleinste Buchstabe im griechischen Alphabet. Das Alte Testament versteht es als ein Zeichen der Befreiung. Mit diesem Zeichen segnete Franziskus seine Brüder und damit unterzeichnete er seine Briefe. Es wurde zu einem Erkennungszeichen für ihn und alle, die ihm nachfolgen.

Taw Der letzte Buchstabe des hebräischen Alphabetes, der in der Antike als verkürzte Unterschrift eingesetzt wurde.

Thomas von Celano Thomas war Franziskaner und Biograf des hl. Franziskus. Er kam aus Celano, einer kleinen Stadt in den Abruzzen (1190 – 1260).

Tora / Thora Die Tora, auch Thora, ist der erste Teil der hebräischen Bibel. Sie besteht aus fünf Büchern. Im Deutschen ist sie auch unter dem griechischen Namen Pentateuch bekannt.

Vikarin Stellvertreterin der höheren Ordensoberin: General- und Provinzvikarin (GK 2000, Art. 152ff; 204ff).

Waldenser Wander- und Volksprediger im Mittelalter.

World Bank Group Die in der amerikanischen Hauptstadt Washington D.C. angesiedelte Weltbankgruppe ist eine multinationale Entwicklungsbank. Sie hatte ursprünglich den Zweck, den Wiederaufbau der vom Zweiten Weltkrieg verwüsteten Staaten zu finanzieren.

Zeitliche Profess s. Profess

Zingulum s. Cingulum

Zölibat Die Verpflichtung zur Ehelosigkeit zu übernehmen. Es ist die Lebensform der römisch-katholischen Priester.

Zweites Vatikanisches Konzil Das II. allgemeine (weltumspannende) Konzil, das im Vatikan in Rom von 1962 bis 1965 stattfand und zu großen Reformen in der Kirche und in den Orden führte.

Vatikanum s. Zweites Vatikanisches Konzil.

Abkürzungen

1 C / 2 C	Thomas von Celano, 1. oder 2. Lebensbeschreibung oder Memoriale
AIDS / Aids	Acquired Immune Deficiency Syndrome, erworbenes Immunschwächesyndrom; bezeichnet eine spezifische Kombination von Symptomen, die beim Menschen infolge der durch Infektion mit dem HI-Virus, HIV induzierte Zerstörung des Immunsystems hervorrufen. Seit 1981 ist AIDS als eigenständige Krankheit erkannt.
AT	Altes oder Erstes Testament der Bibel
BGBl.	Bundesgesetzblatt
BR / BReg.	Bullierte Regel – die vom Papst anerkennte Ordensregel des hl. Franziskus
BrLenk	Brief an die Lenker der Völker
Can	Canon – Bezeichnung für die Einteilung der Abschnitte des CIC
CCFMC	Grundkurs zum franziskanisch-missionarischen Charisma
CIC	Codex Juris Canonici, Kanonisches Recht, Kirchenrecht
DOK	Deutsche Ordensobernkonferenz
DRK	Deutsches Rotes Kreuz
Dtn	Buch Deuteronomium, AT
Eph	Brief des Apostels Paulus an die Gemeinde in Ephesus
Ez	Buch des Propheten Ezechiel, AT
FI	franciscans international – franziskanische Vertretung bei den UN
Fior	Fioretti - ‚Blümelein des hl. Franziskus'
GebKr	Gebet vor dem Kreuzbild von San Damiano
Gef	Dreigefährtenlegende

GK	Generalkonstitutionen
GL 1 + 2	1. und 2. Brief: Rundschreiben, die Franziskus an die Gläubigen (Öffentlichkeit) schrieb
GmbH	Gesellschaft mit beschränkter Haftung
GrTug	Gruß an die Tugenden, Gebet von Franziskus
HIV	Das Humane Immundefizienz-Virus
Hl	Heilig / Heiliger
IbF	Innerbetriebliche Fortbildung
IFE	Internationales Formationsprogramm
INFAG / infag	Interfranziskanische Arbeitsgemeinschaft
IDP	Institut für Diakonat und pastorale Dienste
ISRCEP	International spiritual renewal cultural experience program (engl.) Internationales spirituelles Erneuerungs- und Kultur-Austauschprogramm (dtsch.) der Mauritzer Franziskanerinnen
Joh	Evangelium nach Johannes
Jord	Jordan von Giano, Chronik der frühen franziskanischen Familie
Jul	Julian von Speyer, schrieb das Werk: Franziskus-Leben
JulOff	Julian von Speyer, Franziskus-Offizium (Stundengebet der Kirche)
Kap	Kapitel
KatHO	Katholische Fachhochschule; hier ist die KatHO Nordrhein-Westfalen gemeint mit ihrem Hauptsitz in Köln und ihren Außenstellen in Aachen, Münster und Paderborn.
Koh	Kohelet, Weisheitsbuch im AT
Kor	1. und 2. Brief an die Korinther, die der Apostel Paulus an die Gemeinde in Korinth geschrieben hat, NT
KZ	Konzentrationslager
LobGott	Lob Gottes, Gebet von Franziskus
LWH	Ludwig-Windhorst-Haus Lingen

MDK	Medizinischer Dienst der Krankenkassen
Mk	Evangelium nach Markus
Mt	Evangelium nach Matthäus
NbR	Nicht Bullierte Regel – nicht vom Papst anerkannt
NGO	Non governmental organization (engl.), Nicht-Regierungsorganisation oder Nicht-staatliche Organisation
NT	Neues oder Zweites Testament der Bibel
O. Carm.	Ordo Carmelitarum, lateinischer Name für den Karmelitenorden
OFM / ofm	Ordo Fratrum Minorum, lateinischer Name für den Franziskanerorden
OFMCap / ofmcap	Ordo Fratrum Minorum Capuccinorum, lateinischer Name für den Kapuzinerorden
OFS	Ordo Franciscus Secularis, lateinischer Name für die Franziskanischen Laienorden, vormals ‚Dritter Orden' des hl. Franziskus
Ord	Brief von Franziskus an alle Brüder oder den gesamten Orden
OSF / osf	Ordo Franciscanus Saecularis, lateinischer Name für den Regulierten Dritten Orden des hl. Franziskus – u.a. Mauritzer Franziskanerinnen
Phil	Brief an die Philipper, den der Apostel Paulus an die Gemeinde in Philippi schrieb, NT
PK	Provinzstatuten
PS	Psalm / Buch der Psalmen, AT
SC	Sacrum Commercium - Bund des hl. Franziskus mit der Herrin Armut
SD	Schlussdokument
SGB XI	Elftes Sozialgesetzbuch
Sonn	Sonnengesang des hl. Franziskus
SP	Speculum perfectionis – Spiegel der Vollkommenheit, Älteste Legende über Franziskus, verfasst von Bruder Leo

TED	Ursprünglich eine alljährliche Innovations-Konferenz in Monterey, Kalifornien, die vor allem bekannt wurde durch die TED-Talks-Website, auf der die besten Vorträge als Videos kostenlos ins Netz gestellt werden. Gründer waren Richard Saul Wurman u.a.
Test	Testament des hl. Franziskus
UN	Vereinte Nationen
Uni	Universität hier auch Universitätsklinik
Vat	Meditation zum Vaterunser
VermKl	Vermächtnis des hl. Franziskus für die hl. Klara und ihre Schwestern
Weish	Buch der Weisheit, AT
ZKTh	Zeitschrift für Katholische Theologie - Zeitschrift der Österreichischen Jesuitenprovinz, die an der Katholisch-Theologischen Fakultät der Universität Innsbruck angesiedelt ist.

Literaturverzeichnis

Arens, Heribert: Menschen führen mit Franz von Assisi, topos premium, Kevelaer 2017.

Benke, Christoph: Sehnsucht nach Spiritualität, Ignatianische Impulse 20, Echter-Verlag Würzburg 2007.

Berg, Dieter und Leonhard Lehmann (Hg.): Franziskus-Quellen – Die Schriften des heiligen Franziskus, Lebensbeschreibungen, Chroniken und Zeugnisse über ihn und seinen Orden, hg. im Auftrag der Provinziale der deutschsprachigen Franziskaner, Kapuziner und Minoriten, Butzon & Bercker, Edition T Coelde, Kevelaer 2009.

Bövingloh, Diethilde: Die Bedeutung der Orden für die Entwicklung des christlichen Krankendienstes, in: Perspektiven konfessioneller Krankenhäuser – Festschrift für Dr. Rudolf Kösters, Eigenverlag 2004.

Bövingloh, Diethilde: Dienst im Zeichen des Tau, Thiekötter-Druck, Münster 2012.

Bövingloh, Diethilde: Die Elisabeth-Schwestern seit 2013, in: Frings, Bernhard, Die Essener Elisabeth-Schwestern von 1843 – 2017 – Gelebte Barmherzigkeit „vor Ort", Aschendorff-Verlag, Münster 2017.

Butterwegge, Christoph: Armut in einem reichen Land. Wie das Problem verharmlost und verdrängt wird, Campus Verlag, Frankfurt am Main/ New York ²2009.

Codex Juris Canonici – Codex des kanonischen Rechts: Erstveröffentlichung durch Papst Johannes Paul II. am 25.01. 1983, Hrsg. im Auftrag der Deutschen und der Berliner Bischofskonferenz, Verlag Butzon & Bercker, Kevelaer 1984.

Delbrêl, Madeleine: Der kleine Mönch - Ein geistliches Notizbüchlein, Herder-Verlag, Freiburg 1986.

Die Bibel – Einheitsübersetzung der Heiligen Schrift, Gesamtausgabe, hg. Im Auftrag der Deutschen Bischofskonferenz, Katholische Bibelanstalt, Stuttgart 2017.

Dokument über den Leitungsdienst, Kongregation der Krankenschwestern vom Regulierten Dritten Orden des hl. Franziskus/Münster, Eigenverlag 2000.

Domin, Hilde: Gedichte, Fischer-Verlag, Frankfurt 1995.

Drewermann, Eugen: Worte für ein unentdecktes Land, Herder-Verlag, Freiburg 1990.

Evagrios Pontikos: Über die acht Gedanken, eingel. u. übersetzt v. G. Bunge, Weisung der Väter Bd. 3, Beuron 2007.

Fischer, Michael: Barmherzigkeit provoziert – Vom heilenden Dienst zum kirchlichen Dienstleistungsunternehmen, 1. Band der Mauritzer Schriften, CMZ-Verlag, Rheinbach ²2012.

Fischer, Michael: Das konfessionelle Krankenhaus – Begründung und Gestaltung aus theologischer und unternehmerischer Perspektive, Lit-Verlag, Münster ³2012.

Freundeskreis Heimathaus Münsterland e.V., Telgte (Hg.): Die Mauritzer Franziskanerinnen – Schriftenreihe zur religiösen Kultur, Band 2, Bearbeiter Werner Frese, Schriftleiter Thomas Ostendorf, Ardey-Verlag, Münster 1994.

Hardick, Lothar und Engelbert Grau (Hg.): Die Schriften des heiligen Franziskus von Assisi, Coelde-Verlag, Werl 1963, 1972 und 1980.

Heimann, Heinz-Dieter / Hilsebein, Angelica / Schmies, Bernd / Stiegemann, Christoph (Hg.): Gelobte Armut. Armutskonzepte der franziskanischen Ordensfamilie vom Mittelalter bis in die Gegenwart, Ferdinand Schöningh Verlag, Paderborn/München/Wien/Zürich 2012.

Heres, Horst: Dachauer Gemäldegalerie, Museumsverein Dachau e.V., Druckerei und Verlagsanstalt Bayerland, Dachau 1985.

Hertling, Ludwig von: Die professio der Kleriker und die Entstehung der drei Gelübde, in: Zeitschrift der österreichischen Jesuiten (ZKTh), Innsbruck 1932.

Lehmann, Leonhard: Franziskus – Meister des Gebets. Eine Einführung, Topos plus, Kevelaer 2007.

Lurker, Manfred: Wörterbuch biblischer Bilder und Symbole, Kösel-Verlag, München 1978.

Metz, Johann Baptist: Zeit der Orden? – Zur Mystik und Politik der Nachfolge (1979), Topos plus, Kevelaer 2014.

Müller, Burkhard: Kapital im Bettelsack. Freiwillig arm – frivol angesichts von unfreiwilliger Armut in der Welt?, in: Süddeutsche Zeitung Nr. 44 (23. Februar 2011).

Paech, Nico: Befreiung vom Überfluss. Auf dem Weg in die Postwachstumsökonomie, oekom- Verlag, München 2012.

Plattig, Michael: Lustlosigkeit und Langeweile als Entwicklungsindikator. Überlegungen zur Praxis der Geistlichen Begleitung, in: meditation 36 (2010), Heft 1.

Plattig, Michael: Barmherzig sein heißt sanftmütig werden – Anmerkungen zur Tugend der Sanftmut, in: Göckener, Norbert (Hg.), Barmherzigkeit verändert. Facetten eines lebensbereichernden Weges, Dialogverlag, Münster 2008.

Richtlinien für die Formation in der Deutschen Provinz, Kongregation der Krankenschwestern vom Regulierten Dritten Orden des hl. Franziskus/Münster, Eigenverlag 2000.

Schmidbauer, Wolfgang: Weniger ist manchmal mehr. Die Psychologie des Konsumverzichts, Verlag Rowohlt Tb., Hamburg 1992.

Schwaiger, Georg: Mönchtum, Orden, Klöster. Von den Anfängen bis zur Gegenwart, Beck'sche Reihe, München 1998.

Skambraks, Tanja: Expertise im Dienste der Caritas. Die Monti di Pietà zwischen gelehrtem Wissen und Erfahrungswissen, in: Marian Füssel / Philip Knäble / Nina Elsemann (Ed.), Wissen und Wirtschaft. Expertenkulturen und Märkte vom 13. bis 18. Jahrhundert, Verlag V & R, Göttingen 2017.

Taubert, Greta: Von einer, die ausstieg: Wie ich der Konsumgesellschaft den Rücken kehrte und wahren Reichtum fand, Bastei-Lübbe Verlag, Köln 2016.

Thomas von Aquin: Summa theologiae, eines der Hauptwerke aus der Zeit von 1265 bis 1273, Erstveröffentlichung 1483, heute u.a. im Internethandel erhältlich.

Thomas von Celano: Leben und Wunder des Heiligen Franziskus von Assisi. Einführung, Übersetzung, Anmerkungen, hg. von Engelbert Grau (Franziskanische Quellenschriften 5), Coelde-Verlag, Werl 1994.

Volz, Fritz Rüdiger: ‚Freiwillige Armut'. Zum Zusammenhang von Askese und Besitzlosigkeit, in: Huster, Ernst Ulrich, Boeck, Jürgen, Mogge-Grotjahn, Hildegard (Hg.), Handbuch Armut und soziale Ausgrenzung, Springer Verlag, Berlin 2008.

Wüstemann, Jens: Buchführung. Case by Case, Verlag R & W, Frankfurt ³2009.

Zekorn, Stefan: Gelassenheit und Einkehr. Zu Grundlage und Gestalt geistlichen Lebens bei Johannes Tauler, Studien zur systematischen und spirituellen Theologie 10, Echter-Verlag, Würzburg 1993.

Zischka, Ulrike: Zur sakralen und profanen Anwendung des Knotenmotivs als magisches Mittel. Symbol oder Dekor?, Herbert Utz Verlag, München 1977.

Autoren

Schwester M. Birgitte Herrmann, Jg. 1949, Profess 1972, Oberin des Klosters Esterwegen und Supervisorin, Mitglied des Formationsteams der Ordensgemeinschaft

Schwester M. Diethilde Bövingloh, Jg. 1946, Profess 1973, Generaladministratorin der Barmherzigen Schwestern von der hl. Elisabeth, Essen

Schwester M. Hannelore Huesmann, Jg. 1960, Profess 1990, Leiterin des TAU-Werkes Berlin

Schwester M. Herbertis Lubek, Jg. 1944, Profess 1966, Provinzoberin der Deutschen Provinz

Schwester M. Irmgardis Taphorn, Jg. 1962, Profess 1985, Provinzökonomin

Schwester M. Maria Sieverding, Jg. 1945, Profess 1970, Oberin des Altenheimes Franziskushaus Nordwalde

Schwester Maria Magdalena Jardin, Jg. 1967, Profess 1991, Leiterin des Gästeklosters „Haus Damiano" Kiel

Schwester M. Theodore Hofschen, Jg. 1939, Profess 1962, Leiterin der Weggemeinschaft

Schwester M. Walfriede Schlautmann, Jg. 1931, Profess 1955, Seniorin im St. Anna-Stift Lohne-Kroge, ehemalige Leiterin der Weggemeinschaft

Cornelius Bohl ofm, Jg. 1961, Dr. theol., Provinzialminister der Deutschen Franziskanerprovinz, München

Stefan Federbusch ofm, Jg. 1967, Leiter Exerzitienhaus/Franziskanisches Zentrum für Stille und Begegnung, Hofheim am Taunus

Michael Fischer, Jg. 1962, Prof. Dr. theol., St. Franziskus-Stiftung Münster und Professor an der Privaten Universität für Gesundheitswissenschaften (UMIT), Hall in Tirol/Österreich

Annette Kehnel, Jg. 1963, Prof. Dr. phil., Professorin für Mittelalterliche Geschichte, Universität Mannheim

Martina Kreidler-Kos, Jg. 1967, Dr. theol., Diözesanreferentin für Ehe- und Familienpastoral, Osnabrück

Niklaus Kuster ofmcap, Jg. 1962, Dr. theol., Lehrtätigkeit an mehreren europäischen Universitäten, Olten/Schweiz

Nadia Rudolf von Rohr, Jg. 1975, Leiterin der Zentrale der Franziskanischen Laienbewegung (FG) der deutschen Schweiz, Morschach/Schweiz

Udo Friedrich Schmälzle ofm, Jg. 1943, Prof. em. Dr. theol. Professor für Pastoraltheologie und Religionspädagogik, Universität Münster

Impressum

Bibliografische Information der Deutschen Bibliothek
Die Deutsche Bibliothek verzeichnet diese Publikation in der Deutschen Nationalbibliografie; detaillierte bibliografische Daten sind im Internet über <http://dnb.ddb.de> abrufbar.

© 2019 Aschendorff Verlag GmbH & Co. KG, Münster

www.aschendorff-buchverlag.de

Das Werk ist urheberrechtlich geschützt. Die dadurch begründeten Rechte, insbesondere die der Übersetzung, des Nachdrucks, der Entnahme von Abbildungen, der Funksendung, der Wiedergabe auf fotomechanischem oder ähnlichem Wege und der Speicherung in Datenverarbeitungsanlagen bleiben, auch bei nur auszugsweiser Verwertung, vorbehalten. Die Vergütungsansprüche des § 54 UrhG Abs. 1 werden durch die Verwertungsgesellschaft Wort wahrgenommen.

Kongregation der Krankenschwestern vom Regulierten III. Orden des hl. Franziskus zu Münster-St. Mauritz (Mauritzer Franziskanerinnen)

Alle Fotos: Stephan Kube, Greven
mit Ausnahme von S. 11: Ordensarchiv
Satz: Stephan Kube
Printed in Germany

Gedruckt auf säurefreiem, alterungsbeständigem Papier
ISBN 978-3-402-24593-4